Virgen de la Cabeza
Bailén
Linares
Montoro
Andújar
Villa del Río
Alcolea
Bajulance
Porcuna
Sta. María de Trassierra
CÓRDOBA
Cañete de
JAÉN
Almodovar del Río
Fernán-Nú
La Carlota
Río Genil
Montemayor
Aguilar de la Frontera
Almedinilla
Puente-Genil
Lucena
Herrera
Rute
Estepa
Pinos-Puente
GRANADA
Río Genil
Aguadulce
Iznájar
Lachar
Santafé
Osuna
Loja
La Vega
Campillos
Antequera
Alhama de Granada
Dúrcal
Teba
El-Chorro
Colmenar
Alcalá del Valle
Ardales
Alora
Vélez-Málaga
La Caleta
Nerja
Salobreña
Ronda la Vieja
El Burgo
Pizarra
Almuñecar
Ronda
Yunquera
Alozaina
Torre del Mar
Motril
nach Almería
Benaoján
Coin
Cartama
MALAGA
Serrania de Ronda
Alhaurin
Torremolinos
Mijas
Marbella
Fuengirola
Sierra Bermeja
San Pedro de Alcántara
Estepona
Costa del Sol
ellar de la Frontera
San Roque
Gibraltar
MITTELMEER
el Bujeo
Cabrito
Ceuta

ALFONSO LOWE

Andalusien

Alfonso Lowe

Andalusien

Bearbeitet
von
André Herrmann

Prestel-Verlag

Frontispiz:

Der mit Azulejos verzierte Glockenturm
der Kirche San Juan Bautista in La Palma del Condado
bei Huelva.

Übersetzt aus dem Englischen von Heidi Conrad.

Die Originalausgabe erschien bei Collins
in London unter dem Titel
»The Companion Guide to the South of Spain«

Die vorliegende Neuausgabe
der vierten Auflage wurde vollständig
überarbeitet und neugestaltet.

CIP-Titelaufnahme der Deutschen Bibliothek:

Lowe, Alfonso:
Andalusien / Alfonso Lowe
4., vollständig überarbeitete und neugestaltete Auflage.
Übersetzung: Heidi Conrad. Bearbeitung: André Herrmann
München: Prestel, 1992

Prestel-Verlag, Mandlstraße 26, 8000 München 40
Telefon 089 – 38 17 09-0, Telefax 089 – 38 17 09 35
Lithographie: Osiris, München
Satz, Druck und Bindung:
Passavia Druckerei GmbH Passau

ISBN 3-7913-1205-7

Inhalt

KARTEN UND PLÄNE

Vorwort

Alfonso Lowes Führer durch den Süden Spaniens erschien zum ersten Mal 1972 in England unter dem Titel »The Companion Guide to South of Spain« und zur gleichen Zeit unter dem Titel »Spaniens Süden« in deutscher Sprache beim Prestel Verlag. Seitdem hatte dieser ausgezeichnete Begleiter zu den schönsten Sehenswürdigkeiten Córdobas, Sevillas und Granadas drei Auflagen erlebt. Eine erneute Auflage ließ aber einen unkorrigierten Nachdruck nicht mehr zu und machte eine gründliche Überarbeitung unumgänglich; zu viel hatte sich inzwischen verändert.

Der Schweizer Hispanist André Herrmann, der bei seinen vielen Führungen von Reisegruppen in Andalusien dieses Buch benutzt hatte, konnte für diese schwierige Aufgabe gewonnen werden. Er unterzog die über zwanzig Jahre alte Ausgabe noch einmal vor Ort einer genauen Überprüfung, ergänzte neuere wissenschaftliche Forschungen und korrigierte Irrtümer. Bei der Bearbeitung kam es vor allem auch darauf an, den Text zu straffen und auf Andalusien einzugrenzen sowie auf die heutigen Lesegewohnheiten abzustellen.

Die nun vorliegende Ausgabe wurde um praktische Reisehinweise erweitert, die dem Leser bei seiner Rundreise durch Andalusien hilfreich sein mögen; alle Karten wurden neu gezeichnet und der Band wurde neu illustriert und ausgestattet. Lowes Text vermittelt nach wie vor eine exzellente Zusammenschau der kulturellen Vielfalt des Südens Spaniens, der von römischen, maurischen und christlichen Einflüssen so überaus stark geprägt ist.

München, März 1992

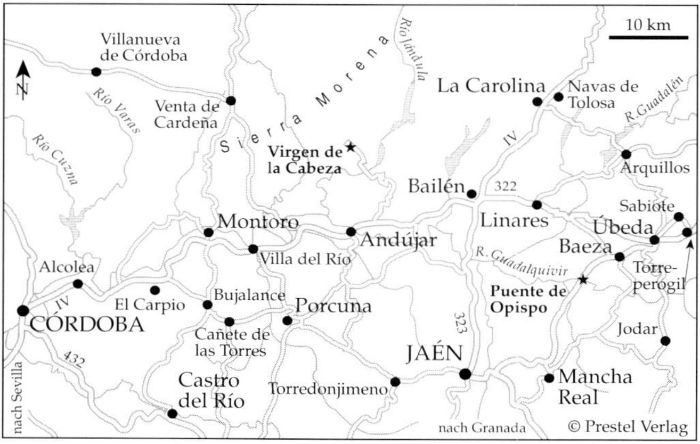

Die Straße nach Córdoba.

Die Straße nach Córdoba

Die Straße vom 650 Meter hoch gelegenen Madrid beginnt allmählich zu steigen, fast unmerklich werden die Landschaft hügelig, das Erdreich grau und öde; dann bricht durch den spärlichen Bewuchs Felsgestein, und man erreicht den **Paß von Despeñaperros**, von wo man plötzlich in die fruchtbare andalusische Ebene hinabblickt. Wir befinden uns in der *Sierra Morena*, einem alten, weitgehend abgetragenen herzynischen Massiv, das ähnlich wie das Schwarzwaldgebiet im Tertiär neu geformt wurde. Den Namen »Gebirge« verdient dieses Gebiet eigentlich nur vom Süden her. Von der Geosynklinalen des Guadalquivirs (arabisch »Großer Fluß«, von den Römern »Betis« benannt) aus steigen die Gipfel auf über tausend Meter an. Geologisch, sprachlich, ethnisch, historisch, botanisch und ökonomisch bildet die Sierra Morena aber eine klare Abgrenzung zum nördlichen Teil Spaniens.

Während Jahrhunderten verlief hier die Grenze zwischen dem christlichen Norden und dem muselmanischen Süden. Und schon Jahrtausende vorher und noch Jahrhunderte nachher zog gar mancher Troß durch dieses in jeder Epoche heiß begehrte Land. Die PHÖNIZIER beschafften sich hier von den TARTESSERN das zur Bronzeherstellung wichtige Zinn und kamen wohl auch mit den IBERERN und KELTEN in Kontakt; RÖMER und KARTHAGER spielten hier Katz und Maus; die WESTGOTEN verdrängten die WANDALEN; und die Leidtragenden waren wohl immer die Altansässigen; und nach den MAUREN und der Reconquista durchzogen das Land kilometerbreite, alles kahl fressende, sakrosankte Merinoschafherden der Mesta; hier versteckten sich die später romantisch verklärten Banditen, die dafür sorgten, daß gar manche Truhe Raubgoldes aus Südamerika nie Madrid erreichte; und seit sich NAPOLEONS Truppen auch hierherunter wagten, weiß die ganze Welt, was ein »Guerrillero« ist.

Die schöne Straße über den Puerto de Despeñaperros wurde 1779 gebaut; vorher verlief die Hauptstraße durch Ciudad Real westwärts. Von einigen Aussichtspunkten hat man hier oben einen guten Blick auf die hochgelegenen Felsen und Geröllhalden mit verstreuten immergrünen Eichen und Ölbäumen. Dazwischen fallen steile Hänge ab, ohne sich je zu treffen, denn durch die Schlucht fließt ein Nebenfluß des Guadalimar, der sich seinerseits in den Guadalquivir ergießt. Neben ihm verläuft eine Schienenstraße, auf der sich eine Spielzeugeisenbahn durch sieben Tunnel windet.

Die fast vertikale Gesteinsschichtung im Osten, Zeugnis eines Bebens in einem weit zurückliegenden Erdzeitalter, verdient ihren Namen »Los Órganos«, denn die scharfen Grate, gelbgrün von Flechten, haben starke Ähnlichkeit mit Orgelpfeifen. Ein wenig später stoßen wir auf den **Salto del Fraile** mit seinem Doppelgipfel.

Der Name Despeñaperros ist rätselhaft: wörtlich bedeutet er das »Hinabstürzen der Hunde« oder »der Bösewicht«; man hat das kühnerweise mit der Schlacht bei Las Navas de Tolosa in Verbindung gebracht. Es gibt nämlich noch ein Despeñaperros in Tarragona, in dessen Nähe die Geschichte jedoch keinen spanischen Sieg verzeichnen kann.

Wenn man hier zwischen den Felsen und Abgründen steht, versteht man die Verzweiflung der Spanier und ihrer Verbündeten um 1212, als alle Pässe von den Almohaden, die unter dem Kommando von AN-NĀṢIR standen, besetzt waren; die Mohammedaner marschierten damals in einem Heiligen Krieg oder »Djihād« nach Norden, während die Christen mit dem Segen Papst INNOZENZ' III., von dem gleichen frommen Eifer getrieben, südwärts zogen.

Die ALMOHADEN waren Berber aus dem Atlasgebiet, für die das maurische Spanien nur eine Art Kolonie war, aber in weniger als einem Jahrhundert hatten sie sich als großartige Kämpfer, rücksichtslose Fanatiker und talentierte Ingenieure durchgesetzt. Sie ahnten nicht, daß diese Schlacht das Schicksal des Islam in Spanien entscheiden würde; sie brachte den Wendepunkt, von dem an der Einfluß der Christen ständig wuchs und das maurische Spanien zu einem Vasallenstaat absank, unsicher und gefährdet in seiner Existenz bis zur endgültigen Vernichtung. Ein bescheidener Hirte zeigte ALFONS VIII. den Weg, um den Mauren in den Rücken zu fallen.

An den entscheidenden Sieg erinnert ein Denkmal in **La Carolina**, einem unscheinbaren Städtchen an der Westseite der Straße. Es hatte seine große Zeit 1767 bis 1769, als es unter dem Aufklärerkönig CARLOS III. Hauptort der neuen Siedlungen in der Sierra Morena wurde, die man gegründet hatte, um der Entvölkerung und den Banditen ein Ende zu machen.

Die Projekte der Neubesiedlung stammen von PABLO OLAVIDE, der in Peru aufgewachsen war. In den neuen Dörfern um La Carolina, **Guarromán** und **La Luisiana** (Écija), um nur die wichtigsten zu nennen, sollten 6000 mitteleuropäische Auswanderer, vor allem aus Deutschland, dem Elsaß und der Schweiz, als Kolonisten angesiedelt werden. Eine Reihe unglücklicher Umstände ließ leider diese Idee einer aufgeklärten Peuplierungspolitik scheitern. Als Spuren finden wir nur noch die einst auf dem Reißbrett entstandenen funktionellen Dorfstrukturen und ab und zu Familien mit blauen Augen und Nachnamen, aus denen nur noch Genealogen oder Linguisten die Herkunft erkennen, so Puma von Baumann, Siez von Suess, Sagra von Zgraggen.

Olavide wurde später von der Inquisition angeklagt, ein Jahr eingekerkert und dann wegen Gottlosigkeit und Ausschweifungen zu einjähriger Haft in einem Kloster verurteilt. Es gelang ihm, nach Frankreich zu entkommen, aber die Inquisition hatte ihr Hauptziel, die Beschlagnahme seines Besitzes, erreicht. Die Mönche der Sierra und ausgewiesene Jesuiten hatten ihn angezeigt, um sich für die Enteignungen zu rächen.

Während die Straße abwärts führt, entfaltet sich die weite Ebene des Guadalquivir, und man sieht die hundertfünfzig Millionen Olivenbäume der Provinz Jaén in geraden Reihen endlos über Ebenen und Hügel ausgerichtet. Die PHÖNIZIER holten hier Erze, die RÖMER Pferde und Korn; auch die Wandalen siedelten hier kurze Zeit, bis sie nach Nordafrika weiterzogen. Nur ihren Namen, *(W)andalusien*, ließen sie den Mauren, die alles Land, das sie in Spanien unter ihre Herrschaft brachten, »Al-Andalus« nannten. Niemand pflegte dieses wunderschöne Land mehr als die Araber und Afrikaner, und niemand bereicherte es mehr durch klug betriebene Landwirtschaft und die Einführung neuer Kulturpflanzen. Sie verwandelten sein Antlitz mit Bewässerung und Anbau von Reis, Zuckerrohr, Johannisbrotbäumchen, Zitrusfrüchten und anderen Kulturen, von denen der christliche Westen kaum gehört hatte. Da sie sich in diesem fruchtbaren Paradies sicher fühlten, pflegten sie auch Kunst und Wissenschaften, vermittelten das Wissen des antiken Griechenland und des Orients den europäischen Gelehrten, so daß man ihren Einfluß in allen literarischen und wissenschaftlichen Entwicklungen und Strömungen wiederfinden kann, in den Liedern der Troubadoure, der Lyrik Dantes und den Entdeckungen des Kopernikus. Das große geistige Zentrum der damals bekannten Welt des frühen Mittelalters lag eindeutig hier in Andalusien.

Der nächste Ort, den wir passieren, ist **Bailén**. Er liegt am Schnittpunkt der beiden Straßen, die von Madrid nach Granada und von Jaén nach Córdoba führen. Bailén war der Schauplatz der Niederlagen von HAMILKAR BARKAS gegen PUBLIUS C. SCIPIO und 1808 der napoleonischen Truppen des General DUPONT gegen die Spanier unter REDING und CASTAÑOS.

Die *Kirche*, ein spätgotischer Bau aus dunkelrotem Marmor, hat ein barockes Südportal, das der »Jungfrau der Menschwerdung« geweiht ist. Die Halbkuppel der letzten Kapelle des linken Schiffs zeigt ein interessantes Fresko einer Rosenkranz-Madonna mit männlichen und weiblichen Heiligen, zu beiden Seiten sittsam getrennt. Sonst interessiert uns vielleicht noch das Grab von FRANCISCO JAVIER CASTAÑOS Y ARRAGORI, dem siegreichen General von Bailén. Über dem Grab ist ein gutes Marmorflachrelief, das ihn im Profil zeigt.

In der in der Nähe gelegenen, unattraktiven ehemaligen Bergbaustadt **Linares**, der Geburtsstadt HIMILKAS, HANNIBALS Gattin, fand der Stierkämpfer MANOLETE den Tod und wurde der berühmte Gitarrist ANDRÉS DE SEGOVIA geboren. Schachfreunde wissen, daß hier bedeutende internationale Turniere durchgeführt werden. Sehenswert ist ein Retabel aus dem 11. Jahrhundert in der Kirche *Santa María La Mayor*, die Barockfassade am *Justizpalast* und das *Archäologische Museum*, das iberische, phönizische und römische Funde aus dem nahen Cástulo zeigt. Wer ein echtes Interesse an Archäologie hat, wird Cástulo besichtigen. Für ihn lohnt es sich.

Weiter auf der N IV kommen wir nach **Andújar**. Die einzige Kirche, die hier die Besichtigung lohnt, ist *Santa María*, die allgemein »Parroquia«, Pfarrkirche, genannt wird. Sie wurde an der Stelle einer früheren Moschee errichtet, wie so häufig im Süden Spaniens, und ist in den Grundzügen gotisch; die Fassade jedoch ist plateresk. Dieser Stil verbindet eine alles überwuchernde Oberflächendekoration, die der Ornamentik des Silberschmieds (Platero – plateresker Stil) ähnelt, mit strengster Renaissance in der Form. Das Äußere der Kirche ist ein vollkommenes Stil- und Materialgemisch; die Steine sehen aus, als seien sie bereits in einem romanischen Bau verwendet worden, und der Mauerverband zeigt an vielen Stellen geometrische Muster, die für den Mudéjarstil typisch sind. Der Altar liegt im Westen, was fast nur in Kirchen, die eine Moschee ersetzt haben, der Fall ist. Die zweite Kapelle zur Linken enthält El Grecos »Christus am Ölberg«. Im Vordergrund schlafen Petrus, Jakobus und Johannes, ein überirdisches Licht umfließt den Engel und den betenden Heiland in rosafarbenem Gewand. Die »Reja«, das Abschlußgitter dieser Kapelle, ist ein schönes Beispiel für dieses spezifisch spanische Kunsthandwerk, dessen Ursprung bis ins 13. Jahrhundert zurückreicht. Im 16. Jahrhundert stand es in hoher Blüte, und sein anerkannter Meister ist BARTOLOMÉ DE JAÉN, der auch diese Reja geschaffen hat. Man beachte, daß die beiden getriebenen Figuren sich aus zwei Rücken an Rücken zusammengefügten genau spiegelverkehrten Teilen zusammensetzen. Weiter finden sich eine »Himmelfahrt« von PACHECO, dem Lehrer und Schwiegervater von VELÁZQUEZ, und in der Kuppel über dem Altarraum ein Fresko aus dem 16. Jahrhundert. Der Glockenturm mit der Uhr steht abseits wie das Minarett vieler Moscheen; möglicherweise war das auch sein Ursprung, obwohl Reste der alten Mauer, die daran grenzen, den Gedanken nahelegen, daß sich in ihm einer der rechteckigen Türme der Stadtmauer verbergen könnte.

In Andújar wurde auch die sogenannte »Konvention von Bailén«, die Kapitulation DUPONTS, unterzeichnet, und fünfzehn Jahre später – Spiel der Geschichte! – proklamierte hier der Herzog von Angoulême (LOUIS DE BOURBON), daß die spanischen Behörden den französischen Hilfstruppen untergeordnet wären. Angoulême war mit den »Hunderttausend Söhnen des heiligen Ludwig«, wie sie selber sich nannten, dem wiedereingesetzten Bourbonen, FERDINAND VII., gegen die Liberalen, die der König fürchtete, zur Hilfe geeilt.

Die Römerbrücke über den Guadalquivir ist oft erneuert worden, aber die Pfeilerfundamente könnten die originalen sein.

Der einzige Abstecher, den wir unternehmen wollen, führt 33 Kilometer nordwestlich von Andújar zur alten, wiederaufgebauten *Capilla de Nuestra Señora de la Cabeza*. Die sie früher umgebenden mittelalterlichen Gebäude wurden während des Spanischen Bürgerkrieges 1936 bis 1939 vollständig zerstört; dafür steht jetzt dort ein Parador.

Andújar war auch die Heimat eines arabischen Stammes, der freiwillig zum Christentum übertrat und sich mit den Katholischen Königen verbündete, weil viele seiner Edlen in der Alhambra dem verräterischen Mord eines maurischen Herrschers zum Opfer gefallen waren. Auch nach der Reconquista blieb er hier, und als 1690 der marokkanische Gesandte die Stadt aufsuchte, bildeten die Nachkommen dieses Stammes immer noch die Aristokratie von Andújar. Der Stamm hieß BANŪ SARRĀDJ, und sein Name findet sich in der »Sala de los Abencerrages« in der Alhambra, wo das Massaker stattgefunden haben soll.

Kurz vor Villa del Río nach Süden abbiegend, erreichen wir nach fünfzehn Kilometern auf Nebenwegen **Cañete de las Torres**, wo auf der Plaza Mayor nur noch ein schöner Turm von der großen Anhebung übrigblieb. Bis **Bujalance** sind es auf der N 324 nur noch acht Kilometer. Dieser Ort ist älter als alle schriftlichen Aufzeichnungen über ihn; sein frühestes Denkmal ist ein iberischer Steinlöwe im Archäologischen Museum von Córdoba. Sein ältester bekannter Name ist Burzapolis, möglicherweise griechischen Ursprungs; die Römer nannten ihn Vogia, seinen heutigen Namen erhielt er erst unter maurischer Herrschaft. ʿABD AR-RAḤMĀN III., der erste Kalif von Córdoba, errichtete 935 eine große Burg, deren berühmte sieben Türme das Stadtbild einst beherrschten. Heute existieren noch drei. Von diesem Alcázar, der, von einer Mauer mit sieben Türmen umgeben, auf einem Hügel stand, haben sich sonst nur Ruinen erhalten.

An der C 329 liegt nördlich von Bujalance **Montoro**, ein reizvolles Städtchen am Ufer des Guadalquivir. In die nördliche Altstadt, die Ciudad, gelangt man über eine Brücke aus dem 14. Jahrhundert; sie ist der malerische Teil der Stadt. Ein plateresker Bau aus dem 16. Jahrhundert mit schönen Artesonados im

Mudéjarstil ist der *Palacio de los Duques de Alba*. Die Brücke über dem Guadalquivir stammt aus dem 15. Jahrhundert.

Den hellroten Sandstein, der in dieser Gegend gebrochen wird, findet man noch unberührt an der Fassade des Ayuntamientos und in der spätgotischen Kirche mit ihrem barocken Glockenturm. Die Kirche ist aus dem 15., der Turm aus dem 19. Jahrhundert. Hier sehen wir erstmals einen »Artesonado«: eine kassettierte Holzdecke. Diese Decken erhielten ihren Namen, weil sie wie ein umgekehrter Trog (Artesa) geformt sind; viele zeigen geometrische Muster, köstlich geschnitzte eingefügte Streifen, Bemalung, Elfenbein- oder Perlmuttmarketerie. Man ist dazu übergegangen, alle in dieser Art gehaltenen Dekken Artesonado zu nennen, aber der richtige Terminus für alle nicht trogförmigen Holzdecken ist »Alfarje« (vom arabischen »al-farsh«, Teppich).

Montoro ist die erste hübsche Stadt, die wir besichtigen, auch die erste typisch andalusische mit ihren engen Gassen, den blumengeschmückten Eisenbalkonen, den dekorativen Straßenlaternen und Fenstergittern, arabische Reminiszenzen wie die Türklopfer und Türspione. Hoch oben steht die Kirche *Santa María*, eine der ältesten in Südspanien, die im Spanischen Bürgerkrieg und in den vorhergehenden Wirren großen Schaden gelitten hat. Hier finden sich auch die einzigen romanischen Kapitelle Andalusiens.

In westlicher Richtung fahren wir auf der N IV an **El Carpio** vorüber; links liegen Burg und Palast, der der HERZOGIN VON ALBA gehört. Auf der berühmten »Brücke von Alcolea« überqueren wir den Guadalquivir: um sie ist zweimal gekämpft worden. Im einen Fall handelte es sich nur um eine Episode aus dem Feldzug von Bailén; das andere Mal war von größerer Bedeutung, denn hier stieß die Rebellion der liberalen Generale von 1868 unter Prim auf die einzige royalistische Gegenwehr, die zu zerschlagen ihr gelang, und im weiteren Verlauf führte dieses Scharmünzel zur Absetzung von Königin ISABEL II. Außer den siebzehn Marmorbögen der Brücke gibt es nichts zu sehen. Unser Ziel **Córdoba** liegt nur noch elf Kilometer entfernt, und unwillkürlich wird man aufgeregt, wenn man sich dieser einst märchenhaften Stadt nähert. Der Name soll sich vom iberischen »korteb« (Ölmühle) oder vom punischen »Karta-tuba« (kord =

Gold) herleiten, doch sind diese Deutungen nicht gesichert. Erst seit der Römerzeit ist Córdobas Geschichte gut zu verfolgen. Unter den Römern und deren Erben, den WESTGOTEN, war sie Provinzhauptstadt, nach der arabischen Invasion von 711 wurde sie Sitz des Emirs, der vom Kalifen von Damaskus, dem Nachfolger Mohammeds und Beherrscher der Gläubigen, eingesetzt wurde. Aber die Omaijaden hatten Rivalen, und deren Revolte, der Aufstand der Abbasiden, endete mit der Einsetzung dieser neuen Dynastie, deren bekanntester Vertreter der sagenumwobene HĀRŪN AR-RASHĪD ist. Kein Freund von Halbheiten, ließ der erste der Abbasidenherrscher alle Mitglieder der Familie der Omaijaden kurzerhand umbringen. Nur einem einzigen gelang es, über den Euphrat zu schwimmen und zu entkommen; nach vielen Abenteuern gelangte er auf seiner Flucht nach Marokko. Von hier aus wurde er von Würdenträgern, die noch von seiner Familie eingesetzt worden waren und den Neid der Günstlinge der neuen Dynastie fürchteten, nach Spanien berufen. So geschah es, daß 755 ʿABD AR-RAḤMĀN in Almuñécar landete und Emir des maurischen Spanien wurde. Fast drei Jahrhunderte regierten er und seine Nachfolger von Córdoba aus, die Stadt ständig erweiternd, verschönernd und bereichernd. Ihre Hauptmoschee wurde zum Wallfahrtszentrum, das mit Mekka wetteiferte, ihre Universität zog die besten Köpfe des Islam und des Judentums an, ihre Bibliotheken wurden die reichhaltigsten der Welt, und so sehr gewann sie an Reichtum und Bedeutung, daß ʿABD AR-RAḤMĀN III. (912-961) 929 den Titel Kalif annehmen konnte, nicht primär, um sich vom Kalifat von Bagdad loszulösen, sondern als sunnitische Autoritätsgeste gegenüber den dissidenten schiitischen Fatimiden von Kairouan. Zu jener Zeit mag Córdoba annähernd eine Million Einwohner gezählt haben, während die anderen europäischen Städte höchstens einige zehntausend aufwiesen. Córdobas Niedergang begann um das Jahr 1000, und im folgenden Jahrhundert erlebte es das Ende des Kalifats. Die Splitterkönigreiche, »Taifas« genannt, bekämpften einander, und das maurische Spanien kam unter den Einfluß der Almoraviden und Almohaden, berberischer Reformer des Islam, bis sie 1212 bei Las Navas de Tolosa von den Christen vernichtend geschlagen wurden.

Córdoba und seine Große Moschee

Córdoba liegt am rechten Ufer des Guadalquivir: Zur Bronzezeit war diese Gegend Mittelpunkt der zweihundert tartessischen Städte, ihre Entstehung verdankt die Stadt der römischen Brücke, über welche die Via Augusta von Gallien nach Cádiz führte. Obwohl die Brücke mehrfach restauriert worden ist, haben sich die ursprünglichen Pfeiler erhalten und damit die ganze Großartigkeit des Bauwerkes. Die sechzehn Bögen tragen bis heute den Verkehr von Córdoba zum Atlantik. Das südliche Ende wird vom **Torre de la Calahorra** bewacht. Vermutlich hat an dieser Stelle eine maurische Festung gestanden, aber die schriftliche Überlieferung reicht nur bis 1369 zurück. In jenem Jahr veranlaßte Heinrich von Trastamara Verstärkungen und Erweiterungen zu bauen, nachdem sich bei der Belagerung durch seinen Halbbruder Peter den Grausamen die Schwäche der Verteidigungsanlage gezeigt hatte. Der Grundriß ist insofern eigenartig, als er ein kurzes T bildet, dessen Winkel viertelkreisförmige Türme ausfüllen. Das Kastell beherbergt jetzt ein von ROGER GARAUDY konzipiertes historisches Museum, das uns auch audiovisuell in die Gedanken, Taten und Werke der überragenden Geister aus Philosophie und Wissenschaft der spanisch-arabischen Blütezeit einführt.

Vom **Kastell Calahorra** aus, das der Erinnerung an Zeiten gewidmet ist, wo Mohammedaner, Juden und Christen noch im Gleichgewicht gegenseitiger Toleranz lebten, überblickt man den Fluß. Er fließt zwar meistens träge, aber weiter unten zur Linken wird sein Wasser durch ein Wehr gestaut und in vier Kanäle geteilt; drei haben die arabischen Wassermühlen betrieben, deren Überreste immer noch im Flußbett stehen; der vierte setzte die riesige *Noria* in Bewegung, ein hölzernes Wasserrad, dessen tönerne Schöpfkrüge das Wasser auf einen Aquädukt gossen. Die Noria ist zwar wieder aufgebaut worden, liegt aber still. Man kann aber immer noch den Anfang des Aquädukts sehen, der dazu diente, das Wasser über die jetzige Ronda de

Isasa, das Nordufer, zu den Schloßgärten zu führen. Die arabischen Schriftsteller erwähnten schon lange vor der Wiedereroberung – Ferdinand III., der Heilige, nahm Córdoba 1236 ein – das Geräusch des ächzenden Rads, das ihnen den Schlaf raube, und Ferdinand der Katholische ließ es zerstören, weil sich Königin Isabel während ihres Aufenthalts im Schloß gegen Ende des 15. Jahrhunderts ebenfalls über das Kreischen beklagte.

Hinter der Noria erstrecken sich westwärts die Überreste der alten Stadtmauer, akzentuiert durch die Türme, die freilich längst verfallen sind; nur ein achteckiger steht heute noch stromaufwärts am Ufer. Geradeaus, am Ende der Brücke, gewahrt man die große Moschee, aus deren Mitte die Kathedrale hervorragt, dahinter ihren barocken Glockenturm. Zu beiden Seiten breitet sich die Ebene aus, und hinter der Stadt zeichnet sich die Silhouette der Sierra de Córdoba ab.

Dieser Blick auf Córdoba und seine Umgebung verrät noch nichts von der Zauberwelt innerhalb der Stadtmauern. Er ist nicht besonders eindrucksvoll, nichts erinnert an die glanzvolle Zeit des Kalifats, als ʿABD AR-RAḤMĀN und seine Nachfolger die Moschee erbauten und vergrößerten und Córdoba auf dem Gipfel seines Ruhmes stand. Wo sind die zwölf Königspaläste mit ihren poetischen Namen: »Blume«, »Diadem«, »Freude«, die siebenhundert öffentlichen Bäder, die Bibliotheken und Freischulen, die dreitausend Landhäuser und die botanischen Gärten mit den exotischen Pflanzen? Streitigkeiten unter den Mauren und Bürgerkriege verwüsteten die stolze und prächtige Stadt, in der es einst sogar gepflasterte Straßen gab, Kanalisation, fließendes Leitungswasser, Straßenbeleuchtung, 80 Schulen, 17 Universitäten, 50 Krankenheime und fast 100000 Geschäfte. Die Ökonomie und die Geisteswissenschaften blühten. Die Gelehrten sprachen Hebräisch, Griechisch, Latein ebenso wie Arabisch und das Mozarabische (das vulgarisierte Latein). Hier wurden Platon, Aristoteles und andere Koryphäen übersetzt und analysiert und so der Nachwelt erhalten. Nach der Zerstörung durch die christlichen Eroberer und im Lauf der folgenden Jahrhunderte ging es mit Córdoba immer weiter bergab.

Überquert man die Brücke, so steht man vor der **Puerta del Puente**, einem Renaissancetor im klassischen Stil des 16. Jahr-

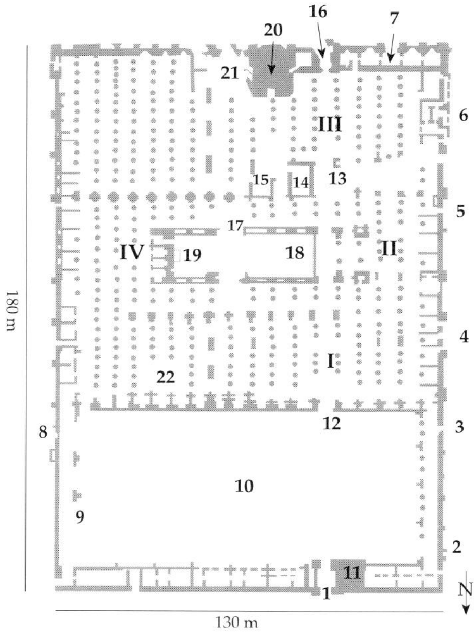

Grundriß der Moschee von Córdoba.

1 *Puerta del Perdón*
2 *Postigo de la Leche*
3 *Puerta de los Deanes*
4 *Postigo de San Esteban*
5 *Postigo de San Miguel*
6 *Postigo del Palacio*
7 *Sabat-Gang*
8 *Puerta de Santa Catalina*
9 *Kreuzgang*
10 *Patio de los Naranjos*
11 *Glockenturm*
12 *Puerta de las Palmas*
13 *Capilla de Villaviciosa*
14 *Capilla Real*
15 *Capilla de San Pablo*
16 *Miḥrāb*
17 *Kathedrale*
18 *Coro*
19 *Capilla Mayor*
20 *Capilla de Santa Teresa und Tesoro (Schatzkammer)*
21 *Capilla de la Santa Cena*
22 *Capilla de las Ánimas (Capilla del Inca)*

hunderts; links davon eine Säule mit dem vergoldeten Standbild des Erzengels Raphael, des Schutzheiligen von Córdoba. Von hier führt die Calle Torrijos leicht bergauf, zur Rechten hat man die **Mezquita**, die *Große Moschee*, links den **Palacio Episcopal**, den bischöflichen Palast, der im 16. Jahrhundert anstelle des alten Alcázars, des Schlosses der arabischen Eroberer, errichtet wurde, das seinerseits den Platz des Palastes der Westgoten, wo einst das römische Praetorium gewesen war, eingenommen hatte. Daneben ist das alte **Hospital San Sebastián**, allgemein bekannt unter dem Namen San Jacinto. Der Eingang gilt als schönes und lehrreiches Beispiel für den üppigen, spätgotischen Stil unter Königin ISABEL, den isabellinischen Stil. Beide Variationen des gotischen Spitzbogens sind vertreten: der Hauptbogen beschreibt einen Halbkreis wie in der Romanik, läuft aber im Scheitel in eine ganz kleine, rosettenverzierte Spitze aus. In der von ihm umschlossenen Lünette stehen drei Heilige, zu ihren Füßen das Eingangsportal mit gedrücktem Kleeblattbogen. Auch finden wir hier ein stets wiederkehrendes Element der maurischen und später spanischen sowie südamerikanischen Architektur, den »Alfiz«, einen rechteckigen Rahmen um Tür- oder Fensteröffnungen, der so sehr zur nationalen Eigentümlichkeit geworden ist, daß man ihn sogar bei modernen Gebäuden benutzt. Seine aufstrebenden Teile sind hier ganz gotisch gestaltet, aber das Stabwerkornament in den oberen Zwickeln ist noch ein Nachklang maurischer Kunst.

Der Platz der **Mezquita** ist seit den Tagen der Römer heiliger Boden. Hier hat ein römischer Janus-Tempel gestanden, dem eine christliche Kirche folgte, die unter den Westgoten dem heiligen Vinzenz geweiht war. Als im Jahr 711 die Mohammedaner kamen, nahmen sie die Hälfte der Kirche in Besitz, und ungefähr siebzig Jahre später kaufte ʿABD AR-RAḤMĀN, der Letzte aus dem Geschlecht der Omaijadenherrscher von Damaskus und Begründer dieser Dynastie in Spanien, die andere Hälfte. Er ließ das Gebäude niederreißen und gab vermutlich Auftrag, mit dem Bau der jetzigen Moschee zu beginnen.

Eine verhältnismäßig kleine Schar von arabischen Heerführern und mehrheitlich berberischen Soldaten hatte fast die ganze iberische Halbinsel erobert; die meisten Iberer römischer Abstammung und die zahlreichen Juden empfingen sie mit offenen

Armen, da sich die westgotische Aristokratie unbeliebt gemacht hatte. Auch unter dem westgotischen Adel herrschten Uneinigkeit und Verrat. RODERICH, der letzte König, wurde von den Nachkommen König WITIZAS und ihren Parteigängern schmählich verraten; diese durften dafür in vielen Fällen ihr Gebiet behalten. ʿABD AL-ʿAZĪZ, der Sohn des Eroberers MŪSĀ, vermählte sich mit Roderichs Witwe, und eine Enkelin Witizas, Sara, wurde zweimal mit Arabern verheiratet. Da die neuen Herrscher ohne Frauen kamen, hatten schon nach wenigen Generationen die meisten Araber in Spanien einen guten Schuß spanischen Blutes in ihren Adern.

Die Mozaraber (die unter den Moslems lebenden Christen) und Muladíes (die zum Islam bekehrten Christen) bedienten sich jedoch immer nur der spätrömischen Volkssprache (el romance oder mozárabe), aus der das moderne Spanisch hervorgegangen ist; ihre Kenntnis des Arabischen beschränkte sich auf den Koran, den sie auswendig gelernt hatten, ohne die Wörter zu verstehen. Die überlebenden Christen, die lediglich durch eine höhere Kopfsteuer benachteiligt waren, nahmen allmählich arabische Kleidung und Gebräuche an und ließen sich beschneiden, sehr zum Entsetzen von JOHANN VON GORZE, der sich 954 als Gesandter Kaiser OTTOS I. am Hof von Córdoba aufhielt.

Auf der *Nordseite* der Mezquita befindet sich der heutige Haupteingang, die **Puerta del Perdón**, Büßertor genannt, nach dem Vorbild gleichen Namens in Sevilla im Mudéjarstil des 14. Jahrhunderts gebaut. Der Torbogen zeigt eine spitz zulaufende Hufeisenform, der Alfiz ist vollständig mit »Ataurique« ausgefüllt, einem Reliefdekor aus stilisiertem Rankenwerk, und Wappenschildern in den oberen Zwickeln. Die schweren Holztüren sind mit Bronzeplatten verkleidet: darauf sind, abwechselnd in gotischer und arabischer Schrift, Sprüche eingraviert. Eine Inschrift in gotischen Lettern um den Torbogen besagt, daß er 1377 für Heinrich II. von Kastilien errichtet worden ist.

Wir folgen nun der Mauer in entgegengesetzter Uhrzeigerrichtung und biegen an der Ecke wieder in die Calle Torrijos zur *Westseite* nun ein, wo sich noch viel Originalmauerwerk erhalten hat, wenn auch das goldfarbige Gestein stark verwittert ist. Die erste Tür ist der **Postigo de la Leche** (Milchpförtchen), so genannt, weil hier Findelkinder niedergelegt wurden.

Die dritte Tür, der **Postigo de San Esteban**, trägt noch die Züge des Gebäudes, das ʿABD AR-RAḤMĀN I. errichtet hat, wenngleich eine Inschrift auf dem Bogen das Jahr 855 als Datum der Fertigstellung angibt. Sie hat einen waagrechten Sturz, und der Hufeisenbogen im Alfiz dient nur zu dessen Entlastung. Ziegel und heller Sandstein alternieren, so daß sich ein hübscher Farbkonstrast ergibt; die hellen Wölbsteine sind zudem mit Reliefarabesken verziert. Auf beiden Seiten befinden sich oben »Celosías«, Fensteröffnungen mit dekorativ gestaltetem Steingitter, über teilweise unkenntlich gewordenen Steinmetzarbeiten, und über dem Ganzen die Treppenzinnen, die noch heute in Córdoba und in anderen Städten von den Baumeistern nachgeahmt werden; sie sind syrischen Ursprungs.

Danach kommt der **Postigo de San Miguel** mit etwas gedrücktem Hufeisenbogen und einem geometrischen Muster aus Ziegel und Sandstein in der Lünette, ein Muster, wie es bei späteren Erweiterungen immer und immer wieder angewendet worden ist. Von den nächsten Türen sind die erste und die dritte im vorigen Jahrhundert so ausgiebig restauriert worden, daß die Kenner schaudern und die Touristen jubeln. Die mittlere, die **Puerta de la Paloma**, weist eine gotische Ornamentik aus dem Ende des 15. Jahrhunderts und arabische Elemente im Tympanon auf. Endlich noch die interessanteste von allen, eine jetzt vermauerte Tür, der **Postigo del Palacio**; er liegt ungefähr in vier Meter Höhe in der Mauer. Es ist ein Eingang, den man vom alten Alcázar aus, an der Stelle des jetzigen Bischofspalastes, über eine Brücke erreichte. Er ermöglichte dem Emir und seinem Gefolge, der Freitagspredigt in einem abgeschlossenen Oratorium beizuwohnen, hinter Gitterwerk den Blicken des Volkes entzogen.

Um die Ecke herum, an der Südseite, sieht man die Fensterreihe, die den »Sabat«-Gang erhellte. Andere Fenster und Balkone stammen aus der Zeit der Katholischen Könige. Ein einzigartig interessantes Stück, nämlich eine große Marmorplatte, auf der man die Form eines Reliquienkästchens, das während der französischen Besetzung in der napoleonischen Zeit verschwun-

Ausschnitt aus der Mitte des Postigo de San Miguel.

den ist, eingraviert hat, zieht hier die Blicke der meisten Besucher auf sich.

Die Ostfassade ist zwar echt maurisch, wurde aber erst zur Zeit der vierten und letzten Erweiterung der Mezquita gegen Ende des 10. Jahrhunderts errichtet. Auch hier hat man viel restauriert, aber in den Hauptzügen ist der Bau unberührt. Zwei vorgelegte Säulen bezeichnen die **Puerta de Santa Catalina** im Renaissancestil, die völlig aus dem Rahmen fällt, aber ein wertvolles Bildzeugnis bewahrt, denn auf den Schildern der »Enjutas« sind Reliefs, die zeigen, wie das Minarett vor seiner Umwandlung in den jetzigen Glockenturm aussah.

Wenn wir links um die Ecke biegen, kommen wir zu einer vergitterten Außenkapelle, der **Capilla de la Virgen de los Faroles**. Córdobas beliebtester Maler, JULIO ROMERO DE TORRES, hat das Marienbild gemalt.

Vorbei an einem Renaissancetor betreten wir durch die Puerta del Perdón den **Patio de los Naranjos**, den Orangenhof. Der Außenhof bildete einen wesentlichen Teil der Moschee, nicht nur weil er Anlagen für die rituellen Waschungen enthielt, sondern weil gewöhnlich alle Einwohner am Freitag die Hauptmoschee besuchten und der Hof dann all jenen Platz bot, die drinnen nicht mehr unterkommen konnten. Die Nordfassade der Mezquita, die der Eintretende vor sich hat, wurde nach der Reconquista erbaut; früher war diese Seite des Gebäudes offen, so daß der Hof als Verlängerung des Gebetsplatzes angesehen werden konnte. Der Glockenturm erhebt sich rechts vom Eingang, aber der Weg zu seiner Treppe befindet sich links; infolgedessen stellt man auf halbem Wege aufwärts verwundert fest, daß man sich um die Außenseite eines anderen Steinturms herumwindet, der nichts anderes ist als das alte Minarett.

Im Hof kann man rechts einen Grundriß finden, der den Umriß jenes ehemaligen Minaretts zeigt, das unter Hishām I. (788-796) erbaut wurde. Auf der linken Seite steht einer der fünf Brunnen mit einem knorrigen, alten Ölbaum an einer Ecke. An den umgebenden Hofmauern zeugen noch alte Balken von der ursprünglichen Decke der Mezquita mit ihren geometrischen Schnitzereien.

Genau gegenüber der Puerta del Perdón ist die **Puerta de las Palmas**, durch die man ins Innere der Mezquita gelangt. Zu beiden Seiten stehen römische Meilensteine mit schlechtpassendem korinthischem Kapitell, die eine Entfernung bis zum Tempel der Juno mit 28 Meilen angeben, also offensichtlich aus anderen Gegenden herbeigeschleppt wurden.

Im **Innern** staunt man mit ehrfürchtiger Scheu einen Wald von über achthundert Säulen und gestreiften Arkadenbögen an, die sich in der Ferne in völliger Regellosigkeit zu verlieren scheinen. Um dieses Wunder voll zu erfassen, muß man sich klarmachen, daß man zweieinhalb Jahrhunderte hindurch in verschiedenen Bauphasen daran gearbeitet hat. Man kann die Entwicklung der hispano-arabischen Architektur von dem ersten schlichten Gebäude ʿABD AR-RAḤMĀNS I. mit den geborgten Dekorationsformen über die allmählichen Bereicherungen, die in dem großen Miḥrāb den Höhepunkt erreichte, bis zur Rückkehr zu beinahe puritanischer Einfachheit beim letzten Anbau durch Almansor verfolgen. Man sieht sogar auch den Weg, den der Mudéjarstil nach der Reconquista in der Baukunst eingeschlagen hat.

Da die durchschnittliche Höhe der römischen Säulen, die aus verschiedenen, teilweise weit entfernten Gegenden hergebracht wurden, nicht ausreichte, um das Dach auf ihnen direkt ruhen zu lassen, kam man auf die geniale ästhetische Idee der Halbkreisbögen über den Hufeisenarkaden. Daß die Säulen nicht eigens für die Mezquita hergestellt worden sind, ist von ihrer Farbe und ihrem Material sowie aus ihrer unterschiedlichen Höhe zu ersehen. Jede Säule ist wieder anders, manche sind tief in den Fußboden eingebettet, andere aber auf Basen verschiedener Höhe postiert. Bogengewölbe waren in der römischen Architektur natürlich nichts Neues, und die arabischen Eroberer müssen sie gekannt haben, ehe sie nach Spanien kamen, denn in Nordafrika gab es ja viele Zeugnisse römischer Baukunst. Die abwechselnde Verwendung von Sandstein und Ziegeln kannte man im Osten seit langem – es heißt noch heute, diese Bauweise sowie die Bleischichten unter und über den Säulenschäften verringere Erdbebenschäden –, und der Felsendom in Jerusalem hatte schon Jahre vor der Erbauung der Mezquita gestreifte Bögen. Was heute natürlich fehlt, sind außer dem Licht und dem Aloe- und Ambrageruch die zentimeterdicken Teppiche, die den Boden dort bedeckten, wo kein Sand, Gips, Stroh oder keine Matten lagen. Ursprünglich war die Decke aus Holz.

Als erstes fällt dem Betrachter ein schöner westgotischer Sokkel mit Weihwasserbecken auf, eines der sublimsten Zeugnisse der westgotischen Vorherrschaft im 6. und 7. Jahrhundert; viele Kapitelle und auch marmornes Gitterwerk in diesem Teil der Moschee sind gleichen Ursprungs. Man kann die Grenzen der ursprünglichen Moschee erkennen, die 'ABD AR-RAḤMĀN erbaut haben soll, es ist jedoch sehr unwahrscheinlich, daß das Werk in einem Jahr vollendet werden konnte. Die Ausdehnung läßt sich genau verfolgen, denn der Boden senkt sich an der Süd- und Ostseite sanft um einige Zentimeter. Alle Säulen und Kapitelle sind westgotisch oder römisch, viele von ihnen vorzügliche Beispiele der korinthischen Ordnung; dies ist auch der einzige Teil der Moschee, in dem die Säulen Basen haben. Ein westgotisches Kapitell an der Nordwand ist an einer Seite abgeschlagen: Hier ist von den Arabern ein Kreuz entfernt worden. Zehn Säulenreihen führen, mit Unterbrechungen, zum südlichen Ende der Mezquita; die zweite Säule in der neunten Reihe von rechts oder von Westen steht im wahrsten Sinn des Wortes in üblem Geruch. Schon 1772 schrieb JEAN PEYRON, eine bestimmte Säule ströme einen teuflischen Gestank aus, wenn man mit Eisen daran reibe. Die Säule ist inzwischen halb durchgescheuert.

Der zweite Abschnitt, unter 'ABD AR-RAḤMĀN II. erbaut, erstreckt sich südlich mit sieben Säulenreihen. Er endet an Steinpfeilern, wo sich einst die alte, im 15. Jahrhundert errichtete Kathedrale anschloß. In der linken oder Osthälfte ist der gegenwärtige Chor der im 16. Jahrhundert gegen den Wunsch des Stadtrats und des jungen Kaisers KARL V. vom Domkapitel erbauten Kathedrale. Als der Kaiser drei Jahre später, 1526, bei seinem ersten Besuch sah, was man der Mezquita angetan hatte, sagte er: »Ihr habt etwas gebaut, das man überall hätte bauen können, und etwas zerstört, das einmalig war.« Diese vornehme Regung verliert allerdings etwas an Gewicht, wenn man bedenkt, daß derselbe Monarch wiederum drei Jahre später in der Alhambra einen Renaissancepalast einbauen und danach in Porto Empedocle auf Sizilien den griechischen Herakles-Tempel abreißen und einen großen Teil der Ruinen des Zeus-Tempels als Baumaterial wegschaffen ließ, um einen Wellenbrecher zu erstellen. Man hat die Domherren oft geschmäht, weil sie Chor und Hochaltar der Kathedrale innerhalb der Mezquita errichten ließen; aber hat man jemals die Frage gestellt, was mit diesem wundervollen Bauwerk sonst geschehen wäre? Niemals hätte es ohne Zweckbestimmung als christliches Heiligtum sieben Jahrhunderte unversehrt überstanden, so wenig wie Roms Pantheon.

Am nördlichen Ende dieses zweiten Teils steht ein Paar römischer gedrehter Alabastersäulen von großer Seltenheit. Der letzte Abschnitt an der Südwestecke schließt sich an den Teil an, den AL-ḤAKAM II. hinzugefügt hat. Diese prachtvolle Schöpfung ist gut so groß wie die ursprüngliche Moschee von ʿABD AR-RAḤMĀN I. Sie entstand in der zweiten Hälfte des 10. Jahrhunderts, als der Versuch, mit Hilfe von Sonnensegeln die stark zunehmende Zahl von Gläubigen im Patio mit Schatten zu versorgen, fehlgeschlagen war. Im Schiff aus Richtung der Puerta de las Palmas, durch die wir die Mezquita betreten haben, entlanggehend, passieren wir links den Trascoro, die westliche Begrenzung der christlichen Einbauten, und betreten die **Capilla de Villaviciosa**. Da sie nur von einer Mauer gen Osten begrenzt wird, können wir die Gelegenheit wahrnehmen, uns einen allgemeinen Überblick zu verschaffen. Zuerst stellt man fest, daß alle Säulenkapitelle dem gleichen einfachen Typ angehören: korinthisch, aber auf die wesentlichen Merkmale reduziert, nur mit drei Reihen stilisierter Blätter, die nicht mehr als Akanthus erkennbar sind. Die Säulen der Schiffe sind jetzt so angeordnet, daß die verschiedenen Farben und Muster von Marmor, Jaspis und Porphyr eine geordnete Folge ergeben. Dann werden die oberen Bogenreihen jetzt größtenteils von Säulen getragen, die seitlich abgestützt sind. Hier ist auch Oberlicht zugelassen – es fällt durch vier Laternen ein –, und die einfachen gestreiften Bögen werden vom Typ des Fächerbogens, der ursprünglich aus Mesopotamien stammt, abgelöst. Ihre Ornamentik, die auch auf die Laibung übergreift, erinnert an getriebenes Silber, während die Bögen selber sich in komplizierten Mustern überschneiden. Aber trotz ihres exotischen Aussehens und ihrer grazilen Formen nimmt man die wohlüberlegte Gewichtsverteilung wahr, die der oberen Bogenreihe in all ihrer Pracht erlaubt, sicher und harmonisch auf den eleganten Säulen zu ruhen.

Die Villaviciosa-Kapelle ist wegen ihres Deckengewölbes berühmt, das ursprünglich den an dieser Stelle befindlichen Miḥrāb der ersten Erweiterung unter ʿABD AR-RAḤMĀN II.

überspannte. Das steinerne Rippengewölbe wurde in der ersten Hälfte des 9. Jahrhunderts erbaut; es dauerte fast zwei Jahrhunderte, ehe diese Technik auch von christlichen Baumeistern angewandt wurde. Möglicherweise finden wir in dieser Kapelle das erste Beispiel für die Lösung eines sehr wichtigen architektonischen Problems: Wie man nämlich ein Gebäude am leichtesten mit einem gewölbten Dach decken kann. Die schon erwähnte einzige Wand der Kapelle an der Ostseite – eigentlich die Westwand der Capilla Real, der Königskapelle –, trägt ein Kruzifix, mehrere Steintafeln mit Inschriften in gotischer Schrift aus der Zeit der Reconquista und drei ältere mit arabischen Inschriften, von denen eine mit den Worten »Im Namen Allahs ...« beginnt. Diese Wand trug einst das Retabel der christlichen Kathedrale, die im 15. Jahrhundert in die Mezquita eingebaut wurde; die Capilla de Villaviciosa war also damals der Altarraum.

Die **Capilla Real** muß man von der Südseite aus betrachten. Offensichtlich wurde sie durch den Einbau einer Krypta umgestaltet, die in diesem Fall ganz über dem Bodenniveau erhöht liegt. Man erkennt die Veränderung daran, daß die Säulen mit ihren maurischen Kapitellen halb in den neuen Bauteil eingemauert sind. Die Krypta besteht aus einem ungefähr drei Meter hohen Raum, dessen Decke auf drei Spitzbögen und zwei Säulen mit Kapitellen ruht. Auf den ersten Blick ist zu sehen, daß der Einbau nach der Reconquista erfolgte, denn die maurischen Baumeister waren eines so groben Verstoßes nicht fähig.

Zutritt zur Capilla Real ist gewöhnlich nicht gestattet, so entgeht dem Besucher leider auch das Fliesenmosaik an den unteren Wänden; aber der obere Teil ist gut zu sehen, so daß man sich überzeugen kann, daß jeder Quadratzentimeter der Wände von eleganter Stuckverzierung überzogen ist. Die christlichen Eroberer beauftragten wohlweislich ihre muselmanischen Untertanen, die Mudejaren, mit den Bau- und Dekorationsarbeiten, und 1263 befahl ALFONSO X., der Weise, daß jeder maurische Handwerker in Córdoba für zwei Tage in der Mezquita arbeiten sollte, damit die notwendige Erhaltung nicht vernachlässigt würde. Es ist also gar nicht erstaunlich, eine Kapelle zu finden, die nach der Wiedereroberung im orientalischen Stil gebaut wurde, und daß ihre Stuckarabesken das königliche Wappen mit den Türmen von Kastilien und dem Löwen von León aufweisen. Die

Kuppel kann nur das Werk maurischer Kunsthandwerker sein, die Kreuzrippen sind hier in Schnitzwerk wiederholt, und der Raum darüber ist mit Stalaktiten versehen, die im 14. Jahrhundert in Sevilla und Granada im Überfluß geschaffen wurden.

In der Südmauer des unter ḤAKAM II. entstandenen Anbaus aus dem 10. Jahrhundert finden wir den Höhepunkt aller Schönheiten, die unter den maurischen Herrschern so verschwenderisch auf dieses Bauwerk verteilt wurden, den **Miḥrāb**. Doch bevor man sich seiner Betrachtung widmet, sollte man die elegantere Anordnung der Schiffe studieren, die alternierenden Farben der Säulen und den besonderen Kapitellstil, der jeden einzelnen Säulentyp auszeichnet. Der Sinn des Miḥrāb ist es, die »Qibla«, die Gebetsrichtung, anzuzeigen. Ursprünglich nur eine flache Nische, hatte sie den Vorteil, daß auch die Blinden sie bei ihrem Weg entlang der Mauern ertasten und so sich selbst in der Richtung gen Mekka orientieren konnten. Hier und in anderen Teilen Spaniens und Marokkos machte die ursprüngliche Nische, manchmal durch eine Lampe hervorgehoben, einem prächtigen Raum Platz, den der Anbetende siebenmal auf den Knien umkreiste, so die rituellen Umkreisungen der Kaaba in Mekka nachvollziehend.

Als Córdoba zur Leuchte ganz Europas geworden war, machte man sie auch zum Pilgerzentrum; einmal um den Gläubigen die gefahrenreiche Reise nach Mekka zu ersparen und natürlich auch aus wirtschaftlichen Überlegungen. Ein angeblicher Fußknochen Mohammeds wurde hier aufbewahrt, und die Kapelle, in der er lag, hieß »Das Haus der Reinigung«. Als Pilgerzentrum mußte Córdoba auch nach außen einigen Prunk entfalten, und so ist es nicht weiter erstaunlich, daß man in und um den Miḥrāb die reichste und kunstvollste Dekoration findet. Erstaunlich ist jedoch, daß der Miḥrāb nicht nach Mekka, sondern nach Süden ausgerichtet ist. Es wurde vermutet, daß sich der Grundriß an einer westgotischen Kirche des heiligen Vinzenz orientiere und sich nur die Südseite für den Miḥrāb geeignet habe, wahrscheinlich aber ist, daß die Ausrichtung eher auf syrisches Herkommen zurückgeht, denn Mekka liegt ja im Süden von Damaskus. Der Bau ist ja der syrischen Tradition verpflichtet.

In ihren Mosaiken übertrifft die Mezquita ohne Zweifel alle anderen Moscheen, die Große Moschee in Damaskus ausge-

nommen. Der Grund ist leicht zu erkennen: Der Kalif hatte den Kaiser von Byzanz gebeten, ihm Künstler zu senden, um die Moscheen von Jerusalem, Damaskus und Medina auszuschmükken. ḤAKAM II., der ihm nicht nachstehen wollte, wandte sich mit dem gleichen Begehren an Kaiser Nikephoros Phokas in Konstantinopel. Die Bedeutung der Handelsstadt Córdoba kann man daran ermessen, daß der Kaiser nicht nur einen Spezialisten der musivischen Kunst schickte, sondern ihm auch sechzehn Tonnen Stein- und Glaswürfel mitgeben ließ.

Der **Miḥrāb** ist ein kleiner achteckiger Raum mit einer muschelförmigen Decke aus einem einzigen Marmorblock, auf jeder Seite mit Fächerblendbögen; es ist durchaus möglich, daß einige davon früher vergitterte Fenster waren, durch die die Herrscher die Freitagsgebete hören konnten. Für den Mohammedaner symbolisiert die Muschel das Behältnis des Herzens, in das Allah sein Wort, die Perle, legte. Man betritt den Miḥrāb durch einen hufeisenbogigen Raum, der ebenfalls von Blendarkaden bekrönt wird; und der Vorraum des Miḥrāb hat eine achteckige Kuppel. Alle Teile, die Wölbsteine, der Alfiz, die Arkade und sogar die Kuppel, sind von bezaubernden Mosaiken mit Blattmustern in höchst phantasievoller Verfeinerung geschmückt, wobei die Farben Grün, Gelb und Purpur hervorstechen, nicht in Kontrast, sondern in Harmonie mit Schwarz, Weiß und Gold. Die einzige islamische Note in diesem Kunstwerk bilden die Friese des Alfiz mit kufischen Inschriften.

Auch zu beiden Seiten des Miḥrāb stehen Bögen mit Mosaiken, allerdings sichtlich von minderer Qualität. Der Torbogen zur Rechten des Miḥrāb erlaubte dem Kalifen, seinen Weg vom »Pasadizo« aus, dem Gang, der von der Sabat-Pforte in die Mezquita führt, fortzusetzen. Die Mosaiken stammen von Schülern des oben erwähnten byzantinischen Künstlers, und die am linken Torbogen wurden im vorigen Jahrhundert von valencianischen Künstlern unter der Leitung von Pompeyo, einem Violinisten, nach barocker Manier rekonstruiert. Der Pasadizo ist noch vorhanden, wurde aber zu einem Archiv umgebaut. Den

Blick nach oben in die imposante Vierungskuppel der Kathedrale von Córdoba.

Zweck der Seitentore kennt man nicht genau, aber man nimmt an, daß hier weniger wichtige Miḥrābs untergebracht waren; es scheint zwar schwer erklärlich, aber man kennt ähnliche Fälle in anderen westlichen Moscheen. Die **Maqṣūra** links, ein vergitterter Raum, beherbergte heilige Gefäße und eine wertvolle Koranabschrift, deren vier Seiten der dritte Kalif, ʻUthmān, Mohammeds Schwiegersohn, geschrieben hat, der damit die einzige gültige Koranfassung herstellte. Seine Blutstropfen sind auf dem Pergament sichtbar. Es ist eine vernünftige Annahme, daß die Maqṣūra, der abgeschlossene Gebetsraum für den Hof, entweder in oder vor der Westnische lag, die durch den Pasadizo mit der Sabat-Pforte verbunden war. Die Maḥārīb (pl. von Miḥrāb) der Moscheen von Tlemcen und Tinmal sind Nachahmungen des Miḥrāb von Córdoba.

Auch von der Capilla Real wird angenommen, daß sie den Raum einer früheren, erhöht gelegenen Maqṣūra einnimmt, verbunden mit dem Miḥrāb der zweiten Moschee ʻABD AR-RAḤMĀNS II. So großartig die Wirkung dieses Teils der Mezquita heute auch ist, ist sie doch nur ein schwacher Abglanz der einstigen Herrlichkeit von getäfelten und bemalten Decken, kostbaren Teppichen oder von 2400 Lampen und Kandelabern, die am vorletzten Tag des Fastenmonats Ramadan hervorgeholt wurden, glitzernd vor Messing, Silber und Gold.

Der letzte Teil der Mezquita wurde unter ALMANSOR, dem ersten Minister und General des unfähigen Kalifen HISHĀM II., errichtet. Sein Beitrag zur Vollendung der Mezquita sind acht weitere Schiffe an der Ostseite, die parallel zur Gesamtlänge der vorgehenden Säulengänge verlaufen; der Patio mußte um die gleiche Breite in östlicher Richtung erweitert werden. Die Symmetrie der Mezquita, mit dem Miḥrāb im Zentrum der Südfront, war damit zerstört. Der neue Bauteil folgte dem Muster der alten, mit dem Unterschied, daß jetzt sowohl die oberen wie die unteren Bögen Hufeisenform erhielten. Die Kapitelle sind alle einfach, und die Bögen bestehen nicht mehr aus abwechselnden Ziegel- und Sandsteinschichten, sondern sind lediglich mit hellgelben und roten Streifen bemalt. ALMANSORS Erweiterung der Moschee war ein rein politischer Entscheid. Da seine Paläste und sein Heer mit über 100 000 Pferden massive Steuererhöhungen nach sich zogen, wollte er das Volk mit den Arbeiten an der Moschee beruhigen. Er verwendete aber schlechtes Material und schlechte Arbeiter. Das Resultat ist offensichtlich.

Das nächste Ziel ist die **Kathedrale**. Um genau zu sein, müßte man das ganze Bauwerk »Kathedrale« nennen, denn es steht auf geweihtem Boden. Vielleicht ist aber auch das ein politischer Entscheid, diktiert aus Rom; es darf doch kein Gotteshaus größer als der Petersdom sein. Auch die Schiffe, die diesen Bau flankieren, sind höher als die anderen, obwohl sie das Streifenmuster der Bögen beibehalten. Man kann ein gotisches Steinfries mit Pflanzenornamentik am oberen Rand jedes Bogens entdecken und darüber die typischen dekorativen Rippengewölbe des 16. Jahrhunderts. Diese wenig angemessene Form der Dekoration wurde erst drei Jahrhunderte nach der Reconquista angewandt. Bis dahin war ein schmales Schiff aus dem ersten Anbau AL-ḤAKAMS benutzt worden, die Capilla de Villaviciosa diente als Altarraum und die Capilla Real als Sakristei. Die Einwohner Córdobas bekämpften die Errichtung der heutigen Kathedrale mit aller Hartnäckigkeit. Als 1523 das Projekt des Domkapitels bekannt wurde, verbot der Rat der Stadt den Baumeistern und Handwerkern bei Todesstrafe, an der Kathedrale zu arbeiten. Dieses Dokument, das ignoriert wurde, ist noch vorhanden und kann im Castillo de la Calahorra besichtigt werden. Unter Hernán Ruiz el Viejo wurde der Bau begonnen; als er 1547 starb, wurde das Werk von seinem Sohn, JOSÉ RUIZ EL MOZO, bis zu dessen Tod 1582 fortgesetzt. Die Ovalkuppel zeigt den Einfluß Habsburgs, etwa der Karlskirche in Wien.

Dennoch gibt es auch viel Bewundernswertes in diesem gewaltsamen Einbau in der Mezquita: die prunkvollen *Spätbarockkanzeln* von 1760 aus Mahagoni mit alttestamentarischen Szenen in Reliefmedaillons etwa, die auf den äußerst phantasievoll gestalteten Evangelistensymbolen ruhen. Man glaubt, daß sie das Werk des französischen Künstlers MICHEL VERDIGUIER sind, der in Córdoba lebte und Ende des 18. Jahrhunderts starb. Ein ehrfurchtgebietender *Leuchter* aus vergoldetem Silber, fünf Meter hoch und fast zwei Meter im Durchmesser, hängt vor dem Altar. Das Prunkstück des Coro ist das große *Chorgestühl* des PEDRO DUQUE CORNEJO von Sevilla, eines Schülers des berühmten Bildhauers Roldán aus der gleichen Stadt. Das aus Kuba eingeführte Mahagoni hat die Patina von zwei Jahrhunderten angenommen, aber dabei nichts von der Entschiedenheit eines meisterlich gehandhabten Schnitzmessers verloren. Das Werk besteht aus einem großen, reichverzierten Bischofsthron, einer Sedilia, einem Teil des mittleren Chorpultes und den individuell gestalteten hundertsechs Sitzen. In den oberen Dorsalen befinden sich über jedem Sitz zwei Medaillons, das größere jeweils mit einer Szene aus dem Leben Jesu und dem Marienleben, das kleinere mit einer anderen biblischen Szene. Die Medaillons der unteren Reihe sind weniger vollkommen und zeigen verschiedene Märtyrer Córdobas. Aber alles das ist nur der Anfang: in echt churriguereskem Geschmack herrscht ein großer Horror vacui. Jede, auch die kleinste Fläche ist gestaltet: Misericordien, Säulen, Armlehnen oder Gesimse. Und die Vielfalt von Mustern, Köpfen, Masken, Tieren, Vögeln, Blumen läßt uns staunend fragen, wie das alles das Werk eines einzigen Mannes sein kann. Die Antwort ist, daß er tatsächlich eine Schar von über vierzig Gehilfen beschäftigte und, wie viele andere Künstler auch, nur für den Entwurf und die letzte Feinarbeit an den einzelnen Teilen des Werks verantwortlich war. Das Chorgestühl wurde in nur zehn Jahren vollendet; dies ist doppelt erstaunlich, wenn man erfährt, daß Cornejo bereits ein Greis von siebzig war, als er den Auftrag erhielt. Als er achtzigjährig starb, war das Werk nahezu abgeschlossen, und er hatte bereits Tonmodelle der noch fehlenden Teile hergestellt, die somit in seinem Geiste ergänzt werden konnten. 1758 wurde das Gestühl schließlich enthüllt.

Zur Kathedrale gehören über *dreißig Kapellen*, meist an den Wänden, vor allem im Erweiterungsbau Almansors. Sie gehören alteingesessenen Familien, die wohl kaum dazu gebracht werden könnten, sie zu räumen, um der Moschee wieder ihr ursprüngliches Aussehen zu geben, offene Arkaden nämlich, die das Licht hineinfluten ließen. Manche sind schlecht beleuchtet; eine Taschenlampe ist daher sehr nützlich. Die **Capilla de San Pablo** liegt an der Ostseite der Capilla Real und hat an drei Seiten feine Rejas und außer einem Altar auch eine Figur des heiligen Paulus.

Das Mahagoni-Chorgestühl der Kathedrale schuf Pedro Duque Cornejo Mitte des 18. Jahrhunderts.

Beide sind das Werk des PABLO DE CÉSPEDES, dessen Grab unmittelbar vor dem Eingang zur Kapelle liegt. Die Vielseitigkeit der spanischen und italienischen Künstler setzt uns immer wieder in Erstaunen: Architektur, Bildhauerei und Malerei, dazu bei vielen Ingenieurkenntnisse. Fast genau gegenüberliegend, im Anschluß an den Miḥrāb, findet man die **Capilla de Santa Teresa**, einen Rundbau mit Barockdekoration, die allgemeine Bewunderung findet. Die beste Arbeit dort ist die Figur der Titelheiligen von JOSÉ DE MORA, eine der letzten der Schule von Granada, die ALONSO CANO begründet hatte.

Die Kapelle wird als Sakristei und Kapitelhaus benutzt. Von hier aus gelangt man in die Schatzkammer, die viele wertvolle Objekte besitzt; aber der Besucher sei hier nachdrücklich gewarnt: jedes Elfenbeinkruzifix in Spanien wird Alonso Cano zugeschrieben und wenigstens die Hälfte aller hervorragenden Kelche BENVENUTO CELLINI. Wir sehen einen goldenen Kelch, mit Smaragden besetzt, eine subtile, schöne Arbeit. Dann eine bezaubernde romanische »Virgen de la Huerta«: das Titelmotiv wird betont durch eine Birne, die sie in der Hand hält, ein seltenes Attribut, das uns in Baena noch einmal begegnen wird, denn gewöhnlich hält sie einen Apfel. Die Wahl der Frucht ist symbolisch: in der Hand Evas wird sie zum Anlaß des Sündenfalls, in der Hand der Jungfrau zum Symbol der Erlösung. Weiter findet sich ein Mudéjar-Reliquiar und zwei mozarabische Manuskripte aus dem 10. Jahrhundert mit typischen Miniaturen, das eine ist der »Indiculus Luminosus«, ein illustrierter Index von ÁLVARO DE CÓRDOBA, das andere ein Pergamentkodex mit schönen Initialen.

Aber der ganze Stolz der Schatzkammer ist die gotische Monstranz in Gold und Silber von ENRIQUE DE ARFE (Heinrich Harfe), der mit PHILIPP DEM SCHÖNEN 1506 aus Flandern kam; es heißt, sie sei einem flämischen Belfried, wie etwa dem von Antwerpen, nachempfunden. Dann folgt gegen Osten zu die **Capilla Santa Inés**; sie ist wichtig, weil sie mit einer anderen, der **Capilla de la Santa Cena**, zusammenhängt, in der das berühmte »Abendmahl« von PABLO DE CÉSPEDES hängt. Das Werk zeichnet sich durch eine unbefangene, realistische Behandlung des Themas aus, wie sie erst fast zwei Jahrhunderte später, in der plastischen Gruppe Salzillos, wieder zu beobachten ist. Daran anschließend finden wir den Altar de la Encarnación mit dem feinen Tafelbild »Mariä Verkündigung« von PEDRO DE CÓRDOBA. Es stammt von 1475, bewahrt aber die Naivität des Mittelalters.

Auch die vielen anderen Kapellen zeigen Werke von allerdings wechselnder Bedeutung; die **Capilla de Nuestra Señora del Rosario** etwa besitzt gleich drei Gemälde von ANTONIO DEL CASTILLO, dessen Werk wir im nächsten Kapitel eingehender würdigen werden. Daneben liegt, in der Nordmauer, die **Capilla de las Ánimas,** bekannter unter dem Namen *Capilla del Inca*. Das war der Beiname von GARCILASO DE LA VEGA, Sproß einer edlen Familie. Sein Vater war einer der Konquistadoren von Peru, seine Mutter die Enkelin des letzten Inkakaisers. Er hatte einigen Ruhm als Soldat erworben, als er unter DON JUAN D'AUSTRIA gegen die Morisken (zwangsgetaufte Mauren) aus der Alpujarra gekämpft hatte, aber weit mehr als Schriftsteller und Historiker. Er schrieb eine Geschichte der Eroberung Perus, das Quellenwerk für all unser Wissen über das Volk der Inkas, und einen Bericht über die Expedition des HERNANDO DE SOTO nach Florida.

Von der Südwestecke der Mezquita führt die breite Calle de Amador de los Ríos zum **Alcázar Nuevo** oder Neuem Schloß, das 1328 auf Befehl ALFONS' XI. auf dem Gelände des alten Alcázar begonnen worden ist. Die Katholischen Könige lebten hier eine Zeitlang während jenes Krieges, der zur Eroberung Granadas führte. Es heißt, hier habe KOLUMBUS seine erste Unterredung mit Königin ISABEL geführt. Ende des 15. Jahrhunderts ließ sich hier die Inquisition nieder und blieb bis zu ihrer Auflösung. Seit Beginn des vorigen Jahrhunderts diente der Alcázar bis 1951 als Gefängnis. Die Türme und der oktogonale Bergfried mit den Burgmauern erheben sich majestätisch über dem Palmenhain an der Nordseite, wo sich der Eingang befindet. Ein Gang, reich mit Antiquitäten ausgestattet, führt zu dem berühmtesten Ausstellungsstück, einem römischen Marmorsarkophag des 3. Jahrhunderts nach Christus. Er ist fast drei Meter lang und über einen Meter hoch, mit Figuren in Hochrelief, die alle Schriftbänder in den Händen halten. Die frühen Christen übernahmen diesen Typus bartloser Figuren, um Christus als Philosophen darzustellen. Das wichtigste Detail ist eine Marmortür, nur angelehnt, um der Seele des Abgeschiedenen zu erlauben, sich auf die Suche nach dem Paradies zu machen. Auf der anderen Seite des engen Ganges ist ein kleiner Raum mit einem römischen Mosaik. Es zeigt eine bärtige Gottheit mit Hummerscheren an den Schläfen. Der Hauptkonzertsaal hat größere farbige Mosaiken, eines erzählt die Legende von Psychis und Venus, ein anderes die von Polyphem und Galathea. Ein interessantes Detail, das beweist, daß dieses Mosaik römisch ist, sind die drei Augen des Kyklopen, eine späte Erfindung, denn die Griechen stellten ihn gewöhnlich mit einem Auge in der Mitte der Stirn dar. – Darunter befinden sich maurische Bäder mit sternförmigen Abzugsöffnungen für den Dampf, die allen orientalischen Bädern in Spanien eigen sind.

Von den Türmen mit gotischen Kreuzrippengewölben und den Zinnen der Festungsmauern genießt man eine schöne Aussicht auf Córdoba und den Guadalquivir und gewinnt zugleich einen Überlick über den weiten Park, der im arabischen Stil angelegt ist, mit quadratischen Albercas, wie die Zierteiche heißen, und Blumen, Büschen und Bäumen, die künstlich bewässert werden, wie schon die Gärten des alten Alcázar, damals mit Hilfe der Noria. Bis ein Uhr nachts liegen die Gärten unter Flutlicht, und nichts könnte beglückender sein, als hier nach der bedrückenden Hitze eines Augusttages entlangzuschlendern. Im Westen endet der Park an einem anderen Abschnitt guterhaltener Festungsmauern, die wahrscheinlich aus der Zeit der Almohaden im 12. und 13.Jahrhundert stammen. Die **Puerta de Sevilla** mit ihren Zwillingshufeisenbögen könnte aus westgotischer Zeit stammen. Hier ungefähr lag das königliche Gestüt, wo die berühmten Berber von Córdoba gezüchtet wurden. Hier wie auch in anderen Pferdezuchtzentren entstanden Reitervereine, »Maestranzas«. Berberpferde kamen mit den marokkanischen Eroberern nach Spanien. Der Pferdefreund kennt sicher die Königliche Reitschule in Jerez de la Frontera.

Zwei Denkmäler sind noch interessant. Das eine steht für IBN ḤAZM, den arabischen Historiker, Jurist, Religionswissenschaftler und Schöngeist, der in der ersten Hälfte des 11.Jahrhunderts das »Halsband der Taube«, das »Buch der Charaktere« und andere Werke schrieb. Das andere erinnert an IBN BAYDŪN, der die »Princesa Valada« schrieb.

Die Stadt Córdoba

Die Linie der Omaijaden, unter deren Emiren und Kalifen AL-ANDALUS, wie das maurische Spanien genannt wurde, die Zierde des Westens gewesen war, endete mit unbedeutenden Vertretern. Allein neun von ihnen bestiegen in der kurzen Zeitspanne von 1010 bis 1031 den Thron von Córdoba, einige sogar zweimal, aber keinem gelang es, das von Anarchie zerrissene Land unter Kontrolle zu bringen. Soweit von Macht die Rede sein konnte, lag sie einmal in den Händen von Berbern, einer unterdrückten Mehrheit, die einen großen Teil des Heeres stellte, zum andern von Slaven, d.h. Sloveniern aus Osteuropa, die ihre Herren an Zahl weit übertrafen. Während eines zwanzigjährigen Bürgerkriegs wurde Córdoba mit Ausnahme der großen Moschee in ein einziges Trümmerfeld verwandelt, es konnte seine frühere überragende Stellung nie mehr zurückgewinnen. Das heißt jedoch nicht, daß das heutige Córdoba weniger anziehend sei als das des 11.Jahrhunderts, denn wie die meisten orientalischen Städte bot es architektonisch einen ziemlich langweiligen Anblick, bis der Besucher in einen der Patios eingeladen wurde, die schon damals mit Springbrunnen, Bäumen, Sträuchern und Blumen – je nach den Mitteln des Eigentümers – die Sinne bezauberten. Diese Zurückgezogenheit, bei der sich das Familienleben rings um den Patio abspielte, erhielt sich anscheinend bis ins 19.Jahrhundert, denn Théophile Gautier bemerkte das Fehlen von Fenstern,

Heute sehen wir ein anderes Córdoba mit sauberen, gepflasterten Straßen zwischen weiß getünchten Häusern, die vor den Fenstern im Erdgeschoß schmiedeeiserne Gitter und vor denen der oberen Stockwerke Balkone haben. Von diesen Balkonen, von Mauern und an den Wänden hängenden Blumentöpfen ergießen sich Rosen- und Geranienkaskaden, die uns unvergeßlich bleiben. Im April und Mai verströmen die Reihen von Orangenbäumen den Duft ihrer Blüten, und die goldenen Früchte, die so süß aussehen und so sauer schmecken, entzücken das Auge.

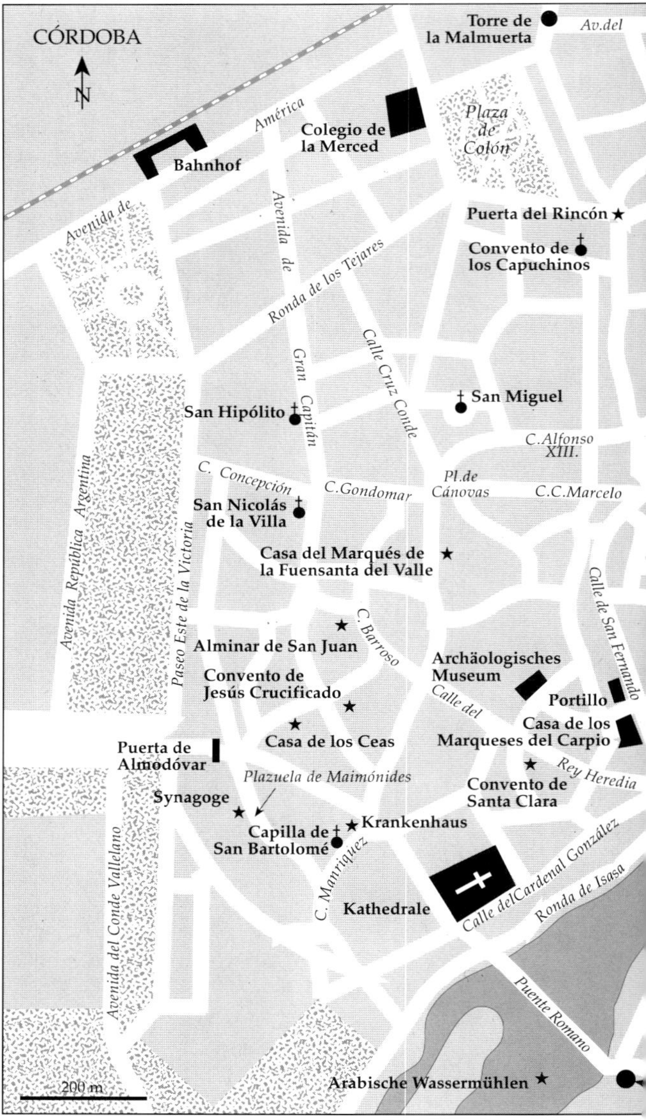

CÓRDOBA
N
Torre de
la Malmuerta
Av.del
Plaza
de
Colón
Colegio de
la Merced
América
Bahnhof
Avenida de
Avenida de
Gran Capitán
Ronda de los Tejares
Puerta del Rincón
Convento de
los Capuchinos
Calle Cruz Conde
San Miguel
San Hipólito
C.Alfonso
XIII.
C. Concepción
C.Gondomar
Pl.de
Cánovas
C.C.Marcelo
San Nicolás
de la Villa
Avenida República Argentina
Paseo Este de la Victoria
Casa del Marqués de
la Fuensanta del Valle
Calle de San Fernando
C. Barroso
Alminar de San Juan
Archäologisches
Museum
Convento de
Jesús Crucificado
Calle del
Portillo
Casa de los
Marqueses del Carpio
Casa de los Ceas
Puerta de
Almodóvar
Rey Heredia
Plazuela de Maimónides
Synagoge
Convento de
Santa Clara
Krankenhaus
Capilla de
San Bartolomé
C. Manriquez
Calle delCardenal González
Ronda de Isasa
Avenida del Conde Vallelano
Kathedrale
Puente Romano
200 m
Arabische Wassermühlen

Obispo
Calle Costanillas
C.Moriscos
Santa Marina
Convento de Santa Isabel
San Agustín
San Lorenzo
Palacio del Marqués de Viana
C.Sta.Maria de Gracia
Casa de Hernán de Oliva
C. de San Pablo
Casa de los Villalones
Calle Gutiérrez de los Ríos
La Magdalena
Iglesia de las Carmelitas Descalzadas
San Pablo
Calle Alfonso XII.
Campo de San Anton
Plaza de la Corredera
Casa de las Campanas
Convento de San Francisco
Calle Don Rodrigo Agustin Moreno
Museo de Julio Romero de Torres
Santiago
Casa de los Caballeros de Santiago
Museo de Bellas Artes
Mesón del Potro
Río Guadalquivir
La Calahorra
© Prestel Verlag

Der Mai ist der Festmonat in Córdoba. Die erste Woche steht im Zeichen der »Cruces de Mayo«. An allen Ecken der Stadt finden sich Gruppen von Freunden oder Nachbarn zusammen, die ihren Ehrgeiz darin setzen, den Preis der Stadtverwaltung für das schönste Blumenkreuz zu erringen. Im Anschluß rüstet die Innenstadt zum großen Fest der Patios, das seinen Höhepunkt ebenfalls in einer Prämierung findet. Zu diesem Anlaß ertrinken die Patios und auch Häuserfronten förmlich in einem Blumenmeer. Darauf folgt die »Feria de Córdoba«, in der die ganze Stadt in Feststimmung zu Sevillanatänzen brodelt.

Auf der Ronda de los Tejares gelangen wir zur **Plaza de Colón**, an deren Westseite das alte *Convento de la Merced* liegt, das ebenfalls Anspruch darauf erhebt, Schauplatz der ersten Begegnung zwischen ISABEL DER KATHOLISCHEN und CHRISTOPH KOLUMBUS gewesen zu sein. In der Nordostecke des Platzes steht die massige, heute geschlossene *Torre de la Malmuerta* mit dem Torbogen, der sie mit der Stadt verband und der noch immer die von Madrid herführende Hauptstadt überspannt.

Geht man von der Plaza de Colón aus in südlicher Richtung weiter, erblickt man bald die Reste einer Mauer, die die Stadt in der Maurenzeit zweiteilte. Andere Mauern, von denen sich keine Spur erhalten hat, gliederten den Komplex wiederum in *fünf* Stadtbezirke. Die Osthälfte der Stadt betritt man durch die Puerta del Rincón und wendet sich dann sofort rechts in die Calle de Alfaros, die parallel zur Mauer verläuft. Hier fragt man nach dem Weg zur **Plazuela de los Dolores** oder *de las Doblas*. Um es in der besten Stimmung zu sehen, wählt man eine heiße Sommernacht, wenn der Vollmond mit seinem Schein die Laternen beschämt. Auf dem engen, kopfsteingepflasterten Platz, umschlossen von glatten, weißen Wänden, die mit den scharfen, schwarzen Schatten der Fenstergitter kontrastieren, steht der *Cristo de la Agonía*, auch Cristo de los Faroles genannt. Immer ist etwas unaussprechbar Ergreifendes in der verlorenen Marmorfigur am Kreuz, in ihrer winzigen Umfriedung, von dessen Gitter acht Straßenlaternen wie Blumen herniedernicken; sie gaben der Gruppe den zweiten, populäreren Namen. Wenn mir nur zwei Blicke auf Córdoba vergönnt wären, wählte ich das Innere der Großen Moschee und die Plazuela de los Dolores. Am Ende des Platzes bildet die weißgetünchte Fassade des *Convento de los Ca-*

»Cristo de la Agonía«, auch »Cristo de los Faroles – Christus der Laternen« genannt, auf der Plazuela de los Dolores.

puchinos einen vollkommenen Hintergrund zum Kruzifix und den Laternen, und das geometrische Spitzenmuster einer Mudéjartür ist eingehender Betrachtung wert.

Wir erreichen die Cuesta del Rincón am Bailío; von hier aus kann man die Reste der Mauer am besten sehen. Einige Meter östlich davon liegt der *Convento de Santa Isabel*.

Hinter dem Kloster liegt die gotische Kirche **Santa Marina**, die älteste von Córdoba; sie datiert aus der Zeit der Reconquista, 1236. Die von Strebepfeilern gegliederte Fassade erinnert an eine Festung, und sicher diente die Kirche häufig genug diesem Zweck, aber das Radfenster nimmt ihr einiges von der Grimmigkeit. Das Nordportal ist bemerkenswert wegen seiner Archivolten im Übergangsstil, die auf verwitterten Kapitellen mit Menschen- und Tiermasken sitzen, eine Seltenheit in Südspanien. Das Innere ist nach dem üblichen Schema in ein Haupt- und zwei Seitenschiffe gegliedert, mit einem gotischen Lichtgaden. In der *Capilla de la Virgen del Rosario* entdecken wir schöne Gemälde von CASTILLO DEM JÜNGEREN, besonders Darstellungen des heiligen Franziskus und Johannes des Täufers, aber auch FRAY JUAN DEL SANTÍSIMO SACRAMENTO und GÓMEZ DE SANDOVAL haben Arbeiten beigesteuert. Die Hauptattraktion ist die *Kapelle der Familie Orozco*, heute Sakristei, deren Eingang ein schönes Beispiel des Mudéjarstils ist, mit seinen kunstreichen Arabesken, die Wappenschilder mit dem Lilienkreuz umranken; das Ganze wird von Stalaktitenreihen überwölbt.

Geht man die Calle de Morales in südlicher Richtung weiter, kommt man zum **Palacio del Marqués de Viana**, hinter dessen bescheidenem Barockportal sich ein kunsthistorisches Museum verbirgt, das sich zu besichtigen lohnt. Hier stand einst ein Palast des letzten Kalifen von Córdoba. Der heutige Palast hat 181 Räume und 13 Patios, acht davon sind Innenhöfe. Einen Teil der Ausstellungsstücke bilden Römerfunde von einem etwa dreißig Kilometer entfernten Landgut. Eine Sammlung von Sportwaffen und eine Schwertersammlung schließen sich an, alte Kohlenpfannen und Truhen, eine sogar von 1030, und Porzellan aus China und Meißen sowie Steingut aus England: Geschenke an die Familie.

Für den Unternehmungslustigen gibt es im Nordteil der Stadt noch mehr Kirchen zu besichtigen; außerdem einen Teil der alten Stadtmauern entlang der **Ronda del Marrubial**. Da ist in der gleichnamigen Straße die Barockkirche *San Agustín*, deren gotischer Kern außer in der polygonalen mittleren Apsis völlig verschwunden ist. Die Fassade der Kirche *San Lorenzo* mit ihrer großartigen Fensterrose (Rosetón), ist sicherlich die vornehmste in der ganzen Stadt. Das Innere ist vor allem wegen der bedeutenden Fresken des 15. Jahrhunderts sehenswert: ein seltenes Zeugnis einer sonst verhältnismäßig sterilen Epoche.

In der **Calle de San Pablo** steht man vor einer Gruppe interessanter Bauten, die mehr als einen flüchtigen Blick verdienen. Die *Casa de Hernán de Oliva* mit ihrer plateresken Fassade wurde nach dem berühmten Humanisten der Universität Salamanca benannt und beherbergt eine schöne Gemäldesammlung, darunter zwei MURILLOS und einen JUAN DE JUANES. In einem Winkel ein paar Meter weiter westlich findet man den besten Renaissancebau von Córdoba, die *Casa de los Villalones*. Oft erschöpft sich die Begeisterung bei der Beschreibung ihrer ungewöhnlich ausgewogenen Proportionen, der Ornamentik des Portals und des darüberliegenden Fensters; wenig erfährt man aber meist über die Loggia im italienischen Stil mit ihren schlanken Säulen und Rundbogen, die einen pikanten Kontrast zum Obergeschoß bildet.

In westlicher Richtung stoßen wir auf die *Iglesia de San Pablo*. Wenn man von der Calle de San Pablo aus eintritt, zeigt die linke Wand einen Mauerverband, der ursprünglich schon von den Römern angewendet wurde, dann von den Arabern und schließlich, wie in diesem Fall, von den Mudejaren übernommen wurde. Die Spanier nennen ihn »Soga-y-tizón«, er entspricht ungefähr dem Blockverband mit abwechselnden Läufer- und Binderschichten beim Ziegelbau, nur daß es sich hier um Sandstein handelt. – Die Archivolten des Portals sitzen auf Säulen mit Kapitellen aus der Kalifenzeit auf, andere der gleichen Art wurden in den Apsiden entdeckt. Die Kirche ist jedoch keine umgebaute Moschee, sondern wurde 1241 von FERDINAND DEM HEILIGEN für die Dominikaner gegründet. Das orientalische Aussehen hängt damit zusammen, daß maurische Untertanen für die Bauarbeiten verpflichtet wurden und daß die zerstörte, nur wenige Kilometer entfernte Palaststadt Medina Azahara als Steinbruch benutzt wurde. Obwohl die Gesamtanlage der Kirche romanisch ist, findet man sich in dem Wirrwarr ihrer Stile, hervorgerufen durch unzählige Anbauten und Änderungen, kaum zurecht. Das Seitenportal zeigt reichen Barock. Das Schiff hat einen großartigen Artesonado mit geometrischer Mudéjarornamentik. Auch an der Langseite der Sakristei findet sich Mudéjarwerk, ebenso zur Rechten des Altars, wo ein hübscher orientalischer Spitzbogen auf Kapitellen der Kalifenzeit ruht. Wenn man unter ihm hindurchgeht, sieht man in das Innere einer typisch islamischen Kuppel im gleichen Stil wie beim Miḥrāb der Mezquita. Die Wände sind sehr reizvoll mit Azulejos und Atauriques, mit spiegelgleichen Paaren kufischer Schriftzeichen dekoriert. Die Kirche besitzt Skulpturen von DUQUE CORNEJO. Wertvollstes Stück ist eine Virgen von JUAN DE MESA.

Nun besuchen wird noch die **Plaza de la Corredera**, auch del Mercado oder Plaza Mayor genannt, die in der Struktur der von Madrid und Salamanca ähnelt. Der Platz ist länglich, die Gebäude sind aus hellen Ziegeln errichtet, Arkaden säumen das Areal; die Gesimse sind von größter Schlichtheit, aus den Bogenzwikkeln ragen die Arme der Straßenlaternen. Unter den Arkaden befinden sich die Läden und die Eingänge zu den oberen Stockwerken. Drei Geschosse liegen über den Arkaden, mit großen, strengen Fenstern und einfachen Eisenbalkonen voller Geranien und Kletterrosen, die sich wohltuend von den hellen Ziegelwänden und den allgegenwärtigen mattgrünen Jalousien abheben. Das Ganze macht einen eher verkommenen Eindruck. Schade, daß die Stadt keine Renovierung subventioniert.

Wer GOYAS Skizzen kennt, weiß, daß solche Plätze immer auch Stierkampfarenen waren, und dies in vielen Dörfern auf dem Land noch heute sind.

Wir verlassen die Plaza de la Corredera an der gleichen Stelle, an der wir sie betreten haben, und wenden uns links zur Calle Claudio Marcelo, die uns zur **Plaza de las Tendillas** führt.

Das Reiterstandbild in der Mitte des Platzes stellt den Gran Capitán GONZALO FERNÁNDEZ DE CÓRDOBA dar.

Gonzalo war ein ergebener Diener der Katholischen Könige FERDINAND und ISABEL und spielte eine wichtige Rolle in der Eroberung von Granada. Später focht er gegen die Türken auf den Ionischen Inseln, dann in Italien gegen die Franzosen und beendete seine Karriere als erster spanischer Vizekönig von Neapel. Er reorganisierte die spanische Armee, indem er eine Offiziersschule und Infanterieabteilungen, »Tercios« genannt, gründete; sie blieben fast anderthalb Jahrhunderte der Schrekken Europas.

Nördlich des Platzes liegt die Kirche *San Miguel*, deren Äußeres einen weiteren reizvollen Kontrast bereithält, wie ihn Córdoba oft zu bieten hat. Die Fassade ist ein Beispiel für die strenge Frühgotik, der Südeingang hingegen zeigt einen Hufeisenbogen mit farblich abgesetzten Wölbsteinen, die alternierend mit Arabesken verziert sind wie bei den Portalen der Großen Moschee. Dreihundert Meter weiter westlich entlang der Calle de Góngora gelangen wir wieder zum **Paseo del Gran Capitán**; ein Blick nach links zeigt uns den kraftvollen Glockenturm der Kirche *San Nicolás de la Villa*. Der achteckige Turm hat viel Ähnlichkeit mit einem Minarett, so daß es erstaunt, wenn man hört, daß er erst 1453 vollendet wurde. Natürlich wurde er hauptsächlich von Mudejaren erbaut.

Die Kirche *San Hipólito* liegt an der ersten Seitenstraße links am Paseo del Gran Capitán. Sie enthält die Sarkophage Fernandos IV. und seines Sohnes Alfonso XI.

An der **Puerta de Almodóvar** im Westen finden wir ein Stück der alten Stadtmauer, mit Graben und Gärten, die sich südlich davon erstrecken. Eine Bronzestatue von Seneca steht vor dem Tor. LUCIUS ANNAEUS SENECA, römischer Philosoph, Schriftsteller und Erzieher Kaiser NEROS, sein Vater LUCIUS der Rhetoriker, sein Neffe, der Dichter LUCAN, und Senecas älterer Bruder LUCIUS GALLIUS, der als Gouverneur von Achaea die Verfolgung des PAULUS verhinderte, repräsentierte eine der großen Familien Córdobas, deren Ruhm wohl die Zeiten überdauern wird. In einem anderen Tor steht ein Denkmal für Averroës oder ABŪ L-WALĪD IBN RUŠD, ebenfalls Sproß einer bedeutenden Familie der Stadt; er war Jurist, Mediziner und Religionsphilosoph. Seine mit dem Koran in Übereinstimmung gebrachten Aristoteles-Kommentare galten den christlichen Scholastikern bis zur Renaissance als Schlüssel zur Lehre des großen Griechen.

Das Almodóvar-Tor – in einem Teil der Mauer, die noch die Stufenzinnen der Almohaden trägt – wird von quadratischen Türmen eingerahmt und gibt Einlaß in das ehemalige jüdische Viertel, die *Judería*.

Einbiegend in die Calle Judíos findet man rechts in Nummer 18 die alte und einzige unzerstörte **Synagoge** Südspaniens, die erst nach der Reconquista im Mudéjarstil errichtet wurde. Der Name des Vollenders ist Isaac Moheb, und das Datum 1315 ist in einer hebräischen Inschrift angegeben. Man betritt die Synagoge durch einen winzigen, tiefer gelegenen Patio (das Straßenniveau ist in den letzten sechs Jahrhunderten merklich angestiegen). Selbst nach den großartigen Eindrücken in der Moschee müssen wir hier den kunstvollen Stuck bewundern, den Bogen mit Blattwerk, die Reste der einst weite Wandflächen schmückenden Fliesen und den hebräischen Psalmenfries. Nach der Vertreibung der Juden 1492 diente die Synagoge als Hospital für Tollwutkranke und wurde 1588 von der Schuhmachergilde erworben. Die Schäden, die durch die ständig wechselnden Besitzer entstanden, wurden zum Teil seit 1885 wiedergutgemacht, als die Synagoge zum Nationaldenkmal erklärt wurde. Im Patio findet sich eine Marmortafel zur Erinnerung an den achthundertsten Geburtstag (30. März 1135) des MAIMÓNIDES, des bedeutendsten unter den jüdischen Gelehrten des Mittelalters.

Weiter die Straße hinab kommen wir zu der winzigen **Plazuela de Maimónides** (an der Plaza Tiberiades oder Bulas), wo ein Denkmal den großen Mann in sitzender Haltung mit Turban und Robe zeigt. Hinter ihm an der Straßenecke ist eine Säule aus der Kalifenzeit sichtbar. Die Inschrift lautet in Spanisch und Hebräisch »Córdoba für Maimónides« und gibt die Daten 1964 und 5724, entsprechend den verschiedenen Kalendern, an. Die Maimónides-Verehrung hat einen festen Platz im Leben Córdobas, das ihn als einen seiner berühmtesten Söhne betrachtet.

1 *Die Kuppel des Miḥrābs in der Mezquita, der Großen Moschee, von Córdoba.*

2 *Einige der 856 Säulen in der Großen Moschee.*

3 *Die Plaza de España in Sevilla wurde 1929/30 erbaut.*

4 *Im Innenhof der Casa de Pilatos in Sevilla.*

5 *Fassade des Instituto Morillo in Sevilla.*

MAIMÓNIDES – MOSÉS BEN MAIMŪN – war der Sohn eines überragenden Arztes und Philosophen und ein Zeitgenosse des ABŪ L-WALĪD IBN RUŠD (Averroës). Beide litten unter der Intoleranz der Almohaden, und in beiden Fällen blieb nichts als die Emigration; Maimónides floh nach Marokko, wo er einige Jahre in Fez lebte und seine Religion verhehlte. Später ging er nach Jerusalem und dann nach Kairo, wo er nicht nur der Leibarzt Saladins wurde, sondern diesem Herrscher auch die Erlaubnis abrang, daß sich in der Heiligen Stadt jüdische Familien wieder ansiedeln durften. Abgesehen von seinen medizinischen Schriften und der Systematisierung der Rechtssätze des Talmud, machte ihn seine »Mischne Thora«, »Wiederholung des Gesetzes«, ein wissenschaftliches Kompendium über die gesamte jüdische Gesetzgebung in der jüdischen Welt, berühmt. Sein lebhafter Geist gab längst verstaubten, erstarrten Inhalten neue Bildkraft. Seine These, daß die Schrift mit den Mitteln der Vernunft auszulegen sei, gibt heute noch viel zu diskutieren.

Hinter der Plazuela de Maimónides ändert die Straße ihren Namen in Calle Tomás Conde und führt an der Plazuela de Maimónides Nr. 3 zum abgebrochenen Haus LUIS DE GÓNGORAS (1561-1627), eines anderen Großen von Córdoba. Nicht einmal eine Gedenktafel erinnert mehr an den Dichter; sein Bronzedenkmal steht aber neben der Iglesia de la Trinidad. Sein dunkler, metaphernschwerer Altersstil wirkte schulbildend, und übt(e) einen entscheidenden Einfluß auf die neuere spanische Dichtung aus. Heute wird der Gongorismus als ein eigenständiger lyrischer Stil im Einklang mit der Formenwelt des Barock betrachtet. Góngora ist auf dem Denkmal sitzend dargestellt, sein Kopf nach dem Porträt von Velázquez modelliert. Es entstand, als Velázquez 23 und Góngora 61 Jahre zählten. Das Original des Bildes hängt im Museum of Fine Arts in Boston, eine Kopie im Prado.

Rings um die Plazuela de Maimónides finden wir enge Gassen mit Durchblicken auf herrliche Patios, und es gibt hier viele andalusische Restaurants, wo man fast das ganze Jahr über im Patio essen kann, der durch Segeltuchmarkisen, »Toldos« genannt, kühl gehalten wird.

Auf dem kleinen Platz wird Markt abgehalten, der »Zoco«. Des weiteren findet sich hier ein städtisches Stierkampfmuseum.

Wenn man sich vom Zoco linker Hand in die Calle de Averroës wendet, kann man durch eine Einfriedung den Patio der **Capilla de San Bartolomé** sehen. Leider kann er nicht mehr betreten werden, wenn der Besucher keine spezielle Erlaubnis hat, den Eingang von der Facultad de Filosofía y Letras zu benutzen. Das Hauptportal der Kapelle ist mit einem Zickzackfries wie in den Kirchen Santa Marina und Magdalena geschmückt; ein rein normannisches Motiv, das sich schnell von England aus südwärts verbreitete.

Um die Ecke liegt das Allgemeine Krankenhaus, und in dem kleinen Hof vor dem Portal von 1701 steht eine Bronzestatue des arabischen Augenarztes AL-ĠĀFIQĪ, der um 1165 den Gipfel seines Ruhms erlangt hatte und schon damals Staroperationen vornahm. Da Augenerkrankungen im Nahen Osten sehr häufig sind, ist es nur natürlich, daß deren Studium und Behandlung dort ihre Wurzeln haben. Das erste systematische Lehrbuch zu diesem Thema wurde im 9. Jahrhundert geschrieben, und danach blieb die Augenheilkunde in Al-Andalus lebendig, wurde von den Christen aufgenommen und weiterentwickelt; auch Ludwigs XIV. Augenarzt war ein Spanier, und die Ophthalmologie in Barcelona ist heute noch weltberühmt.

In der Calle del Buen Pastor kann man einen weißgekalkten gotischen Torweg sehen und eine Tafel, die mitteilt, daß Johannes vom Kreuz hier 1586 gelebt hat; wir werden seinen Spuren noch oft begegnen. Am Ende der Straße ist die **Plaza Ángel de Torres**, oft Plaza del Indiano genannt nach der berühmten *Casa de los Ceas*, die auch *Casa del Indiano* (»Indio« heißt Indianer, »Indiano« bezeichnet den ausgewanderten Amerika-Rückkehrer) heißt. Der rechteckige Torweg ist ganz typisch für die Architektur von Córdoba, und die Dekoration des Türsturzes und der Laibung aus dem 14. und 15. Jahrhundert zeigt eine auffallende Ähnlichkeit mit der Puerta del Perdón; beide Bauten sind das Werk von Mudejaren. Obwohl in diesem Jahrhundert von Inurria restauriert, ist die Fassade, einschließlich des gelappten Zwillingsfensters, authentisch. Das obere Stockwerk mit seiner plateresken Mudéjardekoration der Fenster ist ein Beispiel für die beste Periode dieses Stils (gegen Ende des 15. Jahrhunderts), als große glatte Flächen durch reichornamentierte Einfassungen von Türen und Fenstern hervorgehoben wurden.

Ein paar Meter weiter findet man im *Convento de Jesús Crucificado* einen der feinsten Artesonados von Spanien. In einem der Patios kann man eine Sammlung von Kapitellen, darunter römische, westgotische und maurische, besichtigen.

In der **Calle Barroso**, zwei Häuserblocks weiter, steht das arg zerrüttete, aber noch immer schöne Minarett, der *Alminar de San Juan*. Die ehemalige Moschee war den Johannitern, den Rittern des Ordens vom Heiligen Johannes von Jerusalem, übergeben worden, die bei der Einnahme Córdobas mitgefochten hatten. Viele der alten Steine mußten ersetzt werden, und die zerstörte Spitze wurde mit einem häßlichen Dach gedeckt. Seine Hauptattraktion sind die bezaubernden Zwillingsfenster mit Hufeisenbögen, die sogenannten »Ajimeces«. Wie der Hufeisenbogen ist auch das Zwillingsfenster keine maurische Erfindung, sondern kann schon bei westgotischen Bauten beobachtet werden. Schlanke Marmorsäulen sind zwischen die Fensterbögen eingestellt. Die Ajimeces des Alminar gehören zu den ersten maurischen Fenstern von Córdoba; ihre Kapitelle werden in die Zeit ʿABD AR-RAḤMĀNS II. (821-852) datiert. Darüber sieht man noch Reste winziger Säulen, die früher die Hufeisenarkaden unterteilten, und innen ist eine Wendeltreppe, auf der der Muezzin hinaufstieg, um fünfmal am Tag vom Turm zum Gebet zu rufen.

In der nächsten Straße, der **Calle Ángel de Saavedra**, liegt die *Casa del Marqués de la Fuensanta del Valle*, deren Türvolumen und -laibungen mit »Almohadillo«, einer Art Waffelmuster, dekoriert sind. Das Haus Nummer 2 an der Calle del Rey Heredia hat eine Fassade mit dem gleichen Muster. Der Palast wurde etwa fünfzig Jahre später erbaut als die Casa de los Ceas, und man kann erkennen, wie in diesem Zeitraum einheimische Architekten und Baumeister praktisch mit der maurischen Tradition gebrochen hatten, als die italienische Renaissance Spanien in einer großen Welle erfaßte.

Den andalusischen Barock können wir in der nahen *Schule der Marianistenbrüder*, früher Sitz des Jesuitenordens, gegenüber der Iglesia de la Compañía studieren. Die Schule hat einen feinen klassizistischen Portikus und ein monumentales Treppenhaus aus Marmor mit dunkelgrauer, gelber oder rehfarbener Äderung; der letztere wird in Cabra noch heute gebrochen. Eingang findet man durch die Sakristei an der Calle Juan de Mena.

Der Palacio de los Paéz beherbergt das **Archäologische Museum**. Am Portal kann man ablesen, wie in der Mitte des 16. Jahrhunderts die klassische Strenge der Renaissance einer Sucht zur Dekoration weichen mußte. Das Bauwerk selbst, entworfen von Hernán Ruiz, einem der tonangebenden Architekten seiner Epoche, ist zahlreichen Änderungen unterworfen worden. Im zweiten Patio findet man Schatten und einen Brunnen, aber auch noch orginales Ziegelmauerwerk und Fenster mit den niedrigen Spitzbogen des isabellinischen Stils in den Alfices. Ringsum an den Wänden sieht man schöne, farbige römische Mosaiken und ganz am Ende einen Teich mit einem Bodenmosaik, das Fische und in den Ecken Papyrusbüschel zeigt.

Gehen wir nach links, so kommen wir in die **Calle de Cabezas**, die Straße der Köpfe. Obwohl schmal, liegen an ihr die Eingänge vieler Adelshäuser, eines der bescheideneren, Nummer 18, trägt eine Tafel, die den Straßennamen erklärt; daran entlang läuft eine Gasse, vielleicht einen knappen Meter breit und mit einem Gitter verschlossen; typisch nordafrikanisch. Sie heißt »Arquillos« nach den vielen Bögen, die die Gebäude zu beiden Seiten zieren, und die Inschrift auf der Tafel lautet: »Zwei berühmte Historiker Córdobas, IBN ḤAYYĀN und AMBROSIO DE MORALES, und ein kastilischer Balladensänger erzählen uns, daß im Jahre 974 GONZALO BUSTOS, Herr von Salas, in diesem Hause gefangen war und daß die Köpfe seiner Söhne, der sieben Prinzen von Lara, getötet auf dem Schlachtfeld von Soria, auf diesen Bögen zur Schau gestellt wurden. Wahrheit und verehrungswürdige Sage, seit vielen Jahrhunderten in ganz Spanien weitererzählt.«

Etwas weiter in der gleichen Straße steht in einer Art Nische die *Casa de los Marqueses del Carpio*, in der wir einen schönen Patio mit einigen Kapitellen aus der Kalifenzeit finden, darunter eines vom alten Alcázar stammend mit kufischer Inschrift und datiert: 353 der Hidjra, d.h. im Jahre 965 n. Chr.

Das Haus weist sogar römische Fußbodenmosaiken auf. Leider kann man dieses Privatgebäude nur sehr selten betreten, aber in der Calle del Cardenal González kann man einen Blick in

Die Blumengasse in der Judería mit Blick auf das Minarett der Mezquita.

den Patio der *Taberna de los Palcos* werfen, wo zwei schöne Säulen der zweiten Hälfte des 10. Jahrhunderts aus Medina Azahara stehen. Die gerillten Kapitelle zeigen eine Form der Dekoration, die mit dem Untergang des weströmischen Reiches verlorenging, aber in Andalusien mit dem Beginn des 9. Jahrhunderts wiederbelebt wurde.

In der Calle de la Feria, am Nordende der Calle de Cabezas, stößt man auf einen weiteren malerischen Winkel Córdobas, den »Portillo« genannten Torbogen, zweifellos ein Teil der Mauer, die einst die Stadt teilte. Hier findet man den Inbegriff des alten Andalusien: eine Lampe, die in einer Bogenöffnung hängt, eine enge, kopfsteingepflasterte Straße mit weiß getünchten Häusern, Rejas und Balkonen und niederrankenden Blüten. Gegenüber führt eine kurze Straße zur *Plaza del Potro*, wo eine Inschrift an der Mauer des Museums stolz verkündet, daß dieser Platz von Cervantes »im besten Roman der Welt« erwähnt wurde. Der Brunnen ist eine herrliche Schöpfung. Sein Becken gleicht einem frühen Taufstein, und die Mittelsäule wird von dem feingliedrigen Hengstfüllen gekrönt, das dem Platz den Namen gegeben hat.

Gegenüber vom Museum liegt das *Mesón del Potro*, wo CERVANTES gewohnt haben soll. Sicher ist nur, daß der Gasthof zu seinen Lebzeiten wirklich existiert hat. Es ist ein typisch arabischer »Funduq«, und »Fonda« ist auch eines der spanischen Worte für Gasthof. Er umrahmt mit drei Flügeln einen schmalen Hof, unten die Ställe und Vorratsräume, die Schlafkammern entlang dem Holzbalkon im ersten Stock. (Heute Ausstellungs- und Verkaufsräume.) Ganz in der Nähe, zwischen der Calle Lucano und dem Paseo de la Rivera, liegt ein weiteres Überbleibsel jener Tage, die *Posada de la Herradura*, das Wirtshaus zum Hufeisen.

Das **Museo de Bellas Artes**, Museum der Schönen Künste, betritt man von der Plaza del Potro. Es war ursprünglich 1443 als fromme Stiftung und Hospital errichtet worden, aber die Fassade ist modern. Da ist ein reizvoller Patio mit einem plätschernden Brunnen und klassischen, weißen Marmorskulpturen vor dunklen Buchsbaumhecken. Die Sammlungen des Museums bestehen weitgehend aus Kunstwerken, die 1835 aus dem Besitz von Klöstern erworben werden konnten.

Die Kirche des gegenüberliegenden **Convento de San Francisco** ist weniger wegen der churrigueresken Dekorationen als wegen der Kunstschätze sehenswert. Am bekanntesten ist der »Heilige Andreas« von VALDÉS LEAL (1622-1690), diesem barocken Vorläufer der Romantik, in dem die Entwicklung der Malerei des 17. Jahrhunderts in Córdoba ihre Vollendung erlangte. Allerdings ist der »Andreas« nicht eines seiner Meisterwerke. Die schönste der ausgestellten Statuen ist der »San Pedro de Alcántara« von ALONSO CANOS begabtestem Schüler, PEDRO DE MENA.

Wir haben jetzt einen guten Überblick über die Stadt, ihre Geschichte und Kultur gewonnen; nur eine letzte Gruppe von Bauten bleibt noch übrig. An der **Calle Ronquillo Briceño** findet man die *Casa de las Campanas*; eine Seite ihres Patio ist ein seltenes Denkmal islamischer Profanarchitektur: drei Bögen, zwei davon in einer Spitze endend, ruhen auf antiken Säulen, die von älteren Bauten stammen. Gegenüber liegt ein Mudéjaradelshaus, erbaut für die Ritter des Sankt-Jakob-Ordens, die *Casa de los Caballeros de Santiago*, später eine Weinschenke und heute eine Schule. Einer der Patios hat nicht weniger als zwölf ausgelappte Bögen, und man kann noch erkennen, wie diese Bögen konstruiert wurden: jeder dritte Ziegelstein steht vor und die Ecken wurden mit Stuck gerundet, um Miniaturbögen zu schaffen; auch Reste von Stuckarabesken sind erhalten. Fast direkt daneben steht die Kirche *Santiago;* ihr Glockenturm ist ein nahezu unberührtes Minarett aus dem 10. Jahrhundert mit der üblichen Wendeltreppe. Die Kirche hat eine 1635 von dem Zimmermeister ALONSO MUÑOZ DE LOS RÍOS geschaffene Artesonadodecke.

Auch die **Iglesia de las Carmelitas Descalzadas** nahe der Puerta Nueva liegt in diesem fast unberührten Ostteil Córdobas. Ein Retabel mit zwölf schönen Bildern von VALDÉS LEAL mit dem Zentralthema des Elias im Feuerwagen besichtigt man am besten am Morgen, da es dann das günstigste Licht hat.

Touristisch kennen wir jetzt diese Stadt etwas besser, aber denken wir daran, daß wir hier nur Gäste sind und nicht in dieser Stadt leben müssen, denn urbanistisch gesehen steht es gar nicht zum besten. Der Verkehr, der Lärm, die Abgase erstikken die Stadt, es fehlt an Grün- und auch an Bauflächen.

Ausflüge von Córdoba nach Westen

Das nächstgelegene Ausflugsziel ist der Ort, an dem **Munyat ar-Ruẓafa** lag, das Landhaus und der Park 'ABD AR-RAḤMĀNS I., ungefähr zwei Kilometer nördlich der Stadt an einer Straße, die von der Carretera del Brillante abzweigt, versteckt zwischen Reihen von Orangenbäumen. Nichts ist mehr übrig von den einstigen Lustgärten des »Einwanderers«, wie man den ersten Omaijaden von Córdoba manchmal nennt, als ein dürrer Palmbaum rechts bei der Auffahrt zum heutigen *Parador*.

Die Straße führt nun in ein Gebiet, das seit den frühesten Tagen des Christentums von Einsiedlern bevorzugt wurde. Der Bischof von Córdoba, OSIO, hat anscheinend im 4. Jahrhundert die einsam lebenden Klausner zu kleinen Gemeinschaften zusammengefaßt, und Reste ihrer Häuser hat man bei **La Arruzafa** in den Bergen gefunden.

Den Westgoten Osio, auch Hosius oder Osilius gelesen, kann man in einem Atemzug mit den andern großen Söhnen Córdobas nennen: SENECA, 'ABD AR-RAḤMĀN III., MAIMÓNIDES und AVERROËS. Osio war Berater von Kaiser KONSTANTIN und auf allen damaligen Konzilen dabei. Er war Trinitarier, im Gegensatz zu ARIUS VON KONSTANTINOPEL, zu dem sich fast alle Westgoten Spaniens bis HERMENGILD zählten.

Während der Zeit der Herausforderung der Mauren durch die Mozaraber erlitten viele Christen das Martyrium, aber diese Höhlen und Eremitagen blieben bis zum heutigen Tage bewohnt.

Die Ruinen von **Medina Azahara** (Madīnat az-Zahrā': Stadt der Blume), liegen acht Kilometer westlich von Córdoba an einer Nebenstraße etwas nördlich der C 431. Der Bau der Stadt begann 936 unter 'ABD AR-RAḤMĀN III., dem ersten Kalifen Córdobas. Die Geschichte seiner Entstehung ist eigentlich zu schön, um wahr zu sein, und dennoch haben Dokumente, die erst in diesem Jahrhundert gefunden wurden, sie in jedem einzelnen Detail bestätigt. Eine der Frauen des Kalifen starb und hinterließ ihm ihr ganzes, beträchtliches Vermögen – das einen tiefen Einblick in Sitten und Rechtspraxis der Araber im Abendland gibt –, und der Kalif entschied, daß der ganze Reichtum als Lösegeld für gefangene Mauren in der spanischen Mark, dem unter Karl dem Großen von den Franken eroberten Pyrenäengebiet, aufgewendet werden sollte. Sein Gesandter kam mit der guten Nachricht zurück, daß es keine Gefangenen gäbe, die man hätte loskaufen können. Da schlug die Lieblingsfrau, genannt »Die Blume«, vor, ein neues Verwaltungszentrum, Hauptstadt und Palast in einem, zu errichten. Der Erbe des Kalifen, Prinz AL-ḤAKAM, erhielt die Oberaufsicht über die Bauarbeiten. Nach fünf Jahren war die Moschee errichtet.

Der Bau war sehr großzügig angelegt, und seine Verwirklichung dauerte vierzig Jahre, gut zehntausend Arbeiter waren dabei ständig beschäftigt. Mehr als viertausend Säulen wurden verbaut: die meisten kamen aus Tunesien, zweihundert hatte der Kaiser von Byzanz als Geschenk gesandt. Soweit man die Kapitelle entdeckt hat, stammen sie aus den Regierungszeiten mehrerer Kalifen. Einige Kapitelle kann man noch in Córdoba sehen, andere wurden weit fort verschleppt, so nach Sevilla und Granada. Der verschwenderische Prachtaufwand des Palastes ist oft und oft beschrieben worden.

Hört man von all diesem unermeßlichen Überfluß, ist es tatsächlich erschütternd, wenn man heute den Ort besucht und die sorgfältigen Bemühungen um eine Restaurierung beobachtet. Die Stadt wurde Anfang des 11. Jahrhunderts mehr als einmal geplündert, von Moslems, wohlvermerkt, und es scheint, als ob die berberischen Söldner, Almoraviden und Almohaden ein teuflisches Vergnügen daran gefunden haben zu zerstören, was sie nicht fortschleppen konnten. Die Fragmente bearbeiteten Steins, die ausgegraben wurden, sind so klein, daß die einzige Erklärung in einer planvollen Zerstörung mit Hilfe von Hämmern liegt.

Dennoch verspürt man ein melancholisches Vergnügen, wenn man durch Medina Azahara wandert. Der überwachsene Aquädukt, der von der Sierra herführte, und an dessen Saum die Ruinen liegen, drang durch Berge und sprang über Gießbäche; die Moschee, von der nur noch der Grundriß erhalten ist, hält treulich die Gebetsrichtung gen Mekka ein und deutet nicht

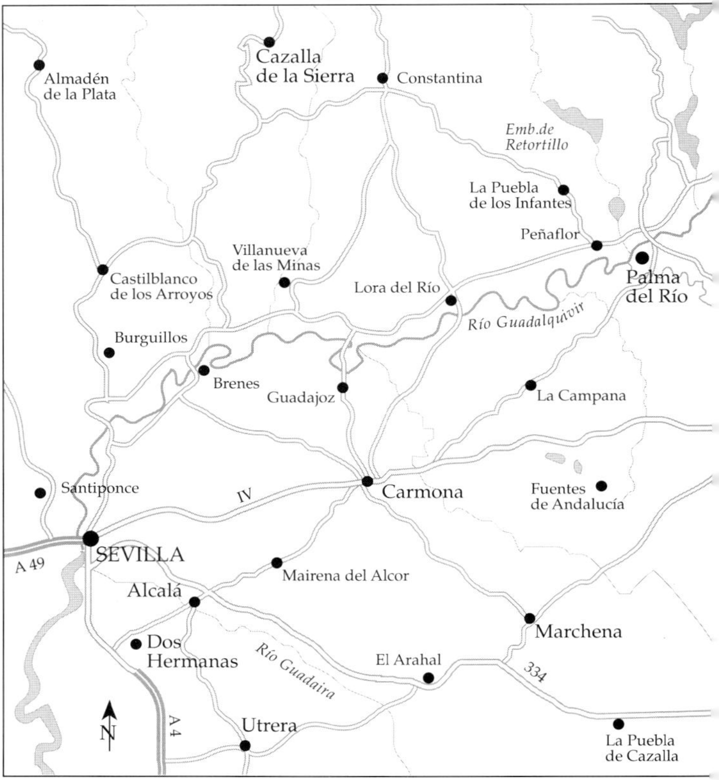

Zwischen Córdoba und Sevilla.

irgendwo in die Sahara. Der fünfschiffige *Dār al-Mulk* (Herrschaftspalast) wird seit Jahren Fragment für Fragment restauriert. Mit seinen abwechselnd rosa und blauen Säulen, den ornamentierten und teilweise farbigen Hufeisenbögen und den Arabesken und Atauriques, die an Wänden und Türlaibungen wiederhergestellt wurden, ist er das großartigste Beispiel für die maurische Palastarchitektur vierhundert Jahre vor Sevilla und der Alhambra.

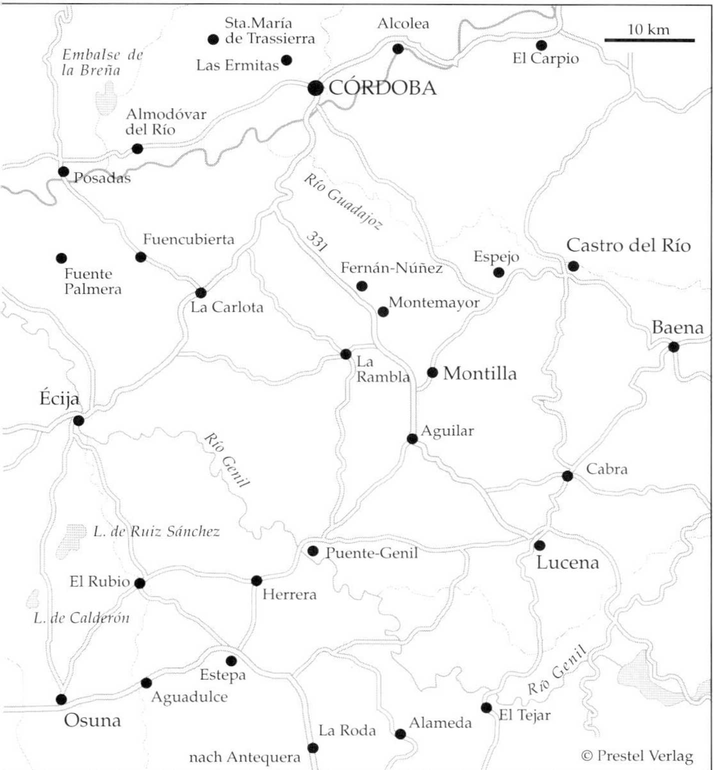

Ein paar hundert Meter den Bergrücken hinauf liegt das Kloster **San Jerónimo** in der Sierra de Córdoba. Die Straße ist schlecht und steil. Auf Anfrage kann das Gebäude besichtigt werden. Da ist ein gotischer Kreuzgang und eine Brunnenfigur aus Medina Azahara in Tierform (ähnlich dem Hirschen im Archäologischen Museum in Córdoba) mit einem länglichen Becken.

Auf der C 431 fahren wir jetzt zwanzig Kilometer westwärts, bis wir das Kastell von **Almodóvar del Río** auf einem Hügel vor uns sehen. Es mag überrestauriert sein, aber die riesige Steinmasse, die sich als Silhouette vom westlichen Abendhimmel abhebt, verwandelt allen Skeptizismus in Staunen. Eine Straße führt um den Hügel zum Gipfel. Der Blick von hier herab ist begeisternd: erst die bräunlichen Dächer der weißgetünchten Dorfhäuser, dann die langgestreckten grünen und braunen Felder und schließlich die Windung des majestätischen Guadalquivir auf seinem Weg nach Sevilla.

Diese Burg, in deren Bereich man Funde aus dem Neolithikum sowie der iberischen und römischen Zeit machte, ist eine der imposantesten und am besten erhaltenen Festungen Andalusiens. Das Innere ist nicht besonders sehenswert.

Wer Lust hat, sich noch etwas die Füße zu vertreten, mag noch schnell zum **Embalse de la Breña** fahren, um sich auf einem Spaziergang am Ufer des Stausees der Natur zu erfreuen. Das Herz der Botaniker wird vor allem im Frühling höher schlagen.

Südlich von Córdoba

Das Land südlich Córdobas steigt allmählich zu den Sierras an, die das letzte maurische Königreich, Granada, hüteten. Die Fruchtbarkeit seiner niedrigen Hügel offenbart sich in der Vielzahl von Städten und Landstraßen, die die Karten überwuchern, und ihre Geschichte in den Burgen und Wachttürmen, die fast jeden Hügel krönen. Dies war das alte Grenzland, das umstrittene Territorium zwischen den beiden Religionen, nachdem FERDINAND DER HEILIGE das Tal des Guadalquivir zurückerobert hatte. Die Ausmaße dieses Gebietes lassen sich an den Städten ablesen, die noch den Titel »de la Frontera« tragen; das umgebende Land hat ergiebigen Boden, und ein hohes Gebirge versperrt den Horizont gegen Granada.

Zwei Jahrhunderte lang war dieses Gebiet zerstörerischen Beutezügen, sogenannten »Razzias« – ein arabisches Wort –, unterworfen; die Räuber verbrannten das Getreide und trieben die Menschen als Sklaven und mit ihnen ihre Herden fort. Unzählige Romanzen handeln davon, und jeder Spanier hat einige in der Schule gelesen.

Wir verlassen Córdoba auf einer der Brücken über den Guadalquivir und nehmen die N 432 nach Granada. Nach 37 Kilometern kommt die massige Burg von **Espejo** in Sicht, von dem kleinen Dorf mit seiner Kirche aus dem 14. Jahrhundert umdrängt. Neun Kilometer weiter, wiederum zur Linken, liegt die Stadt **Castro del Río** hinter einer Mauer verborgen; Burg und Stadtmauern sehen am besten aus der Ferne aus; den schönsten Blick auf sie gewinnt man von Osten, wenn man die Stadt hinter sich gelassen hat. CERVANTES saß hier drei Monate gefangen; seine Zelle ist noch im Ayuntamiento zu sehen. LOPE DE VEGA beeinträchtigte Cervantes' Karriere als Dramatiker und zwang ihn, sich um einen Lebensunterhalt im Stadtdienst zu bemühen. Er war couragiert, großzügig und genial, lauter Qualitäten, die zu seiner neuen Rolle nicht passen wollten, und er besaß, schlimmer als alles das, ein ganz naives Vertrauen in seine Mitmenschen. In Castro del Río beging er 1592 das Verbrechen, von einem Geistlichen eine Weizensteuer zu erheben, ohne sich darüber Gedanken zu machen, daß der Klerus von jeder Besteuerung ausgenommen war. Es ist nicht das einzige Mal, daß er im Gefängnis saß, und wahrscheinlich schlug er sich jedesmal die Zeit mit Dichten tot. Sicher ist, daß er 1595 einen Preis von drei Silberlöffeln für einige Verse gewann, und möglich, daß die erzwungene Ruhepause dieses Werk entstehen ließ. Ja, vielleicht könnte Castro del Río mit Argamasilla um den Ruhm rivalisieren, der Geburtsort des unvergleichlichen Don Quijote zu sein.

Baena liegt achtzehn Kilometer entfernt auf einem Hügel. Man kann die Mauern der alten Oberstadt Almedina sehen, während man sich ihr auf einer engen, aber ganz passablen Straße nähert. Der Gipfel des Hügels ist kahl, umgeben von uraltem Gemäuer und Bauten, dazwischen die Ruinen der Burg, die einst Gonzalo Fernández de Córdoba gehörte.

Am anderen Ende des Platzes – wenn man ihm einen so hochtrabenden Namen geben will – liegt die Klosterkirche *Madre de Dios*; sie ist nicht geostet; der Hochaltar liegt am Nordende, und das Hauptportal an der Ostseite. Dieses Portal, ein spätgotisches Tor mit einem Relief der »Verkündigung Mariä«, ist ein Beispiel dafür, wie gut die spanischen Stile ineinander übergehen können. Der Mudéjarbaumeister umgab es mit einem Alfiz, und der Narthex, der es beschützt, hat eine alte Alfarje-Decke. Der Stolz der Kirche ist die polychrome Steinstatue der »Virgen de la Antigua«. Die Figur wirkt archaisch, trägt einen orientalischen Kopfschmuck und hält eine Birne statt eines Apfels, ein Sujet, wie wir es in der Schatzkammer der Moschee in Córdoba gesehen haben. In der Hauptkapelle findet sich ein Retabel vom Italiener J. TREZZO. Die Wände schmücken 64 Gemälde mit Themen aus dem Leben Jesu.

Hinter der Klosterkirche liegt die Pfarrkirche *Santa María la Mayor*, ein feiner gotischer Bau, der während des Bürgerkrieges ausgebrannt ist. Sie wurde Anfang des 16. Jahrhunderts auf den Ruinen einer Moschee erbaut und nach dem Erdbeben von 1681 renoviert, wodurch der ursprüngliche Charakter teilweise verloren ging. Einzige Spur der von ʿABD AR-RAḤMĀN II. errichteten Moschee ist noch der Glockenturm aus Ziegelsteinen. Die Kirche hat ein Quer- und drei Längsschiffe, die durch Spitzbogen mit Gesims auf gotischen Pfeilern voneinander getrennt sind. In der Apsis befinden sich drei Kapellen mit Kreuzrippengewölbe, dessen Rippen aus den vier Eckkonsolen mit den Symbolen der vier Evangelisten hervorgehen. Unter den schmiedeeisernen Gittern der Kirche ragt das plattereske Gitter aus dem 16. Jahrhundert hervor, das die Hauptkapelle abschließt. Es ist eines der besten der Provinz Córdoba. Die Puerta del Ángel zeigt die für die Provinz Córdoba typische kreuzgitterförmige Dekoration.

Auf der *Plaza Mayor* in der Unterstadt steht ein Denkmal für JOSÉ AMADOR DE LOS RÍOS (1818-1878), einen großen Historiker und Gelehrten, der über die Juden schrieb und eine große Literaturgeschichte verfaßte.

In **Doña Mencía** lohnt es sich, einen Abstecher links nach **Zuheros** zu machen. Sie werden von diesem schmucken Gebirgsdörfchen begeistert sein. Oberhalb des Ortes gibt es herrliche Schluchten und Steinzeithöhlen. (Im Dorf nach Ort und Öffnungszeit fragen.)

Ein anderes typisch andalusisches Städtchen ist **Cabra**; es hat das unverkennbare Flair einer Marktstadt. Der Platz, fast am Gipfel des Hügels, liegt an der Seite eines Schulgebäudes, das einen massigen mittelalterlichen Turm einschließt: er ist alles, was von jener Burg übrig ist, in der GONZALO VON CÓRDOBA wegen eines Familienstreits von seinem Vetter gefangengehalten wurde. JUAN VALERA (1824-1905), einer der besten Romanciers Spaniens im 19. Jahrhundert, wurde in Cabra geboren. Die dritte berühmte Gestalt dieser Stadt ist ein blinder Araber, MUQADDAM VON CABRA, der eine besondere Lyrikform, die »Muwashach« genannt, eingeführt haben soll; den Leser provenzalischer Dichtung wird das interessieren. Ende Juni findet hier eine wichtige Zigeunerprozession statt, und im September gibt es Musikfestivals und Flamencodarbietungen.

Das Schönste von Cabra haben wir uns bis zuletzt aufgespart. Man muß die Kirche *San Juan Bautista* ein wenig suchen; eine kopfsteingepflasterte steile Straße führt zu ihr hinauf. Ihr Inneres ist ganz einfach und vielleicht deshalb so anrührend; ein Glockenrad wird während der Messe benutzt, es ist typisch für diese Gegend, wahrscheinlich brachten es die Spanier von Sizilien mit. Den Anspruch, daß die Kirche von den Westgoten gebaut worden sei, unterstreicht die Inschrift auf einer Art Stele, wonach die »Baselica« im Jahr E 628 (oder 590 n. Chr.) geweiht wurde. Damit dürfte sie eine der ältesten Kirchen Andalusiens sein. Das Weihwasserbecken, das sie einst trug, ist heute an der Wand befestigt, es zeigt einen ziemlich verschwommenen Fries mit einem Pflanzenmotiv, das an byzantinische Dekorationen erinnert. Das ist alles; verzweifelt wenig, besonders wenn man bedenkt, daß Cabra (Egabra) in jenen Tagen eines der zehn westgotischen Bistümer der Betica (Andalusien) gewesen ist.

Lucena ist nur neun Kilometer entfernt; seine Anziehungskraft liegt weniger in baulichen oder landschaftlichen Glanzpunkten als in seiner Geschichte begründet. Die Burgruine liegt im oberen Teil der Stadt; ein vier- und ein achteckiger Turm haben überlebt. Der letztere heißt *Torre del Moral*, wo BOABDIL, letzter König von Granada, nach seiner Gefangennahme durch den Grafen von Cabra in Haft saß.

Hinter den Türmen liegt die Plaza Nueva, in der man die Kirche *San Mateo* findet. Ihr Artesonado ist hübsch, wenn auch nicht großartig, und das Renaissance-Retabel zeigt sechzehn gute Reliefs mit Szenen aus dem Leben Jesu.

Lucena war lange Zeit eine jüdische Stadt mit Selbstverwaltung, in der die Mauren im Getto wohnten und sich erwiesenermaßen mit dem Sklavenhandel abgaben. Aus Lucena kommt ABŪ L-QĀSIM, der um die Jahrtausendwende eine dreißigbändige medizinische Enzyklopädie schrieb.

Von Lucena aus kann man auf der C 334 einen Abstecher nach **Rute** machen (zwanzig Kilometer südöstlich). Seine Hauptattraktion ist eine Brennerei, in der Liköre und Spirituosen aller Art hergestellt werden.

Fünf Kilometer von Rute entfernt, auf einer schlechten, nach **Carcabuey** führenden Straße, wo ein gewöhnlicher roter Marmor gebrochen wird, erhebt sich zur Rechten der Straße ein hochaufragender Berg. Auf seinem Gipfel erkennt man einen langen Mauergürtel und zwei Türme, und mit Hilfe eines Fernglases kann man die Ähnlichkeit zwischen seinem Mauerverband und dem des westgotischen Teils der Befestigungen von Carcassonne erkennen. Die herrliche Straße von Rute nach dem freundlichen, reizvollen **Iznájar** überrascht uns immer wieder mit prächtigen Ausblicken über das einst mit Bäumen gesäumte und mit Olivenhainen kultivierte, jetzt von einem riesigen Stausee überschwemmte Geniltal. Die maurische Festung kann man im Vorbeifahren genießen. Die Kirche weist keine eindeutigen Zeichen großen Alters auf, aber die Kirchenbücher gehen bis 1528 zurück, eine Tatsache, die jeden Genealogen in helle Begeisterung versetzen würden.

Verfolgen wir unseren Weg wieder zurück nach Lucena, so führt uns die N 331 gegen Nordwesten nach **Aguilar de la Frontera**. Wieder begegnen wir dem Namen des großen GONZALO, denn sein berühmter älterer Bruder, ALFONSO FERNÁNDEZ DE CÓRDOBA, genannt »der Große«, war sechster Herr von Aguilar. Auf dem Gipfel steht die *Torre del Reloj*, der alte, barocke Uhrturm, allein zwischen den Ruinen. Ihm zunächst liegt die *Plaza de San José*, die man unbedingt ansehen sollte, obwohl sie weder historisch interessant ist, noch irgendein architektonisches Meisterwerk besitzt. Friedvoll auf dem Gipfel des Hügels breitet sie sich achteckig aus, von weißgekalkten, dreigeschossigen Häusern umrahmt, mit Balkonen und grünen Jalousien. Vier Torwege bilden die Zugänge zum Oktogon; die Treppensäule des Ayuntamiento wird von einem römischen Frauenkopf gekrönt.

Weiter unten in der Stadt liegt die Kapelle des *Convento de las Descalzas*, der Barfüßerinnen, die vom Boden bis unter die Decke mit vergoldeten Gesimsen und gewundenen Säulen verziert ist, und wenn irgendwo eine glatte Fläche erscheint, so ist sie bestimmt mit einem Fresko überzogen, dem Auge nirgendwo einen Ruhepunkt gebend.

Der Rückweg nach Córdoba auf der N 331 ist ohne Schwierigkeiten zu bewältigen; **Montilla** liegt drei Kilometer rechts der N 331 und ist berühmt als Geburtsort des großen GONZALO. Die Burg ist völlig vom Erdboden verschwunden, da der undankbare König FERDINAND DER KATHOLISCHE, eifersüchtig auf seinen Heerführer, dessen Stammhaus unter dem Vorwand niederreißen ließ, ein Vergehen von Gonzalos Neffen zu strafen. Montilla und das zwanzig Kilometer südlicher liegende Dörfchen **Moriles** sind heute berühmt wegen ihrer Weine; der goldene Tropfen von Montilla, seiner Qualität gewiß, spricht nicht durch Werbung, sondern über den Gaumen zu uns; die Aristokraten von Jerez verfeinerten mit ihm einst ihr eigenes Gewächs, den Sherry, und durch den köstlichen Weißwein »Amontillado« wurde die Stadt unsterblich.

Die Burg **Montemayor** liegt rechts der N 331, die wir in Nordwestrichtung weiterverfolgen. Von der Terrasse aus überblickt man die weite Ebene, wo Julius Caesar in der Schlacht von Munda gegen die Söhne des Pompejus kämpfte. Vier Kilometer weiter liegt das Dorf **Fernán Núñez**, das seinen Namen nach einem Ritter Ferdinands des Heiligen hat. Der Palast aus dem 18. Jahrhundert beherbergt Kunstschätze.

Osuna liegt etwas abseits. Die Stadt ist nicht sehr interessant, aber sie hat einen malerischen *Marktplatz* und einige Renaissance- und Barockfassaden, die mehr versprechen als sie halten. Auf dem Hügel erhebt sich ein 1548 gegründetes *Stift* und ehemalige Hochschule. Es hat einen schönen schlichten Patio.

Die *Stiftskirche* (1534-1539) gleich neben der Schule beherrscht das Stadtbild. In der napoleonischen Ära war sie als Zitadelle und Magazin der französischen Truppen benutzt worden. Sie ist groß, aber zurückhaltend; das Westportal mit seiner plateresken Ornamentik, darunter Terracottareliefs, sticht von der Strenge des Renaissancebaus ab. Der Eingang zu den Kapellen befindet sich an der Ostseite. Der Eingang zum *Museum*, der Hauptgrund unseres Besuches, liegt an der Ostseite und führt direkt in den reizenden kleinen Renaissancepatio: Patio del Capellán, reich dekoriert im Plateresksti1. Danach wird man durch einen Irrgarten von Räumen geführt, in denen zahlreiche Schätze zu sehen sind, darunter ein Christus von Luis de Morales. In diesem Gemälde, wie in vielen anderen seiner Bilder, kann der Künstler an den tiefen Schatten identifiziert werden, die er gewöhnlich unter die Augenbrauen legt. Der Stolz der Sammlung jedoch sind die vier Gemälde von Ribera. »Das Martyrium des heiligen Bartolomäus« nimmt dabei einen Ehrenplatz ein.

Weiter wird ein »Heiliger Hieronymus« von Pietro Torrigiani gezeigt, dem unglücklichen Florentiner, der auch das Grab Heinrichs VIII. in der Westminster Abbey in London schuf. Es heißt, er habe dieses Thema viermal behandelt, und als beste Version gilt die Terracottafigur im Museo de Bellas Artes in Sevilla; möglicherweise ist sie die einzige echte; Goya nannte

Osuna – Barockpalast der Condes de la Gomera.

sie ein Meisterwerk der Bildhauerkunst der Neuzeit. Torrigiani starb in einem Verlies der Inquisition, weil er ein eigenes Werk zerstörte. – Die Familienkapelle Santo Sepulcro ist ein kleines Meisterwerk, mit einem Miniaturchor mit elf Sitzen in der Mitte des winzigen Schiffes.

Wir nehmen die N 334 nach Osten und passieren **Aguadulce**, einst eine ersehnte Oase zwischen Salzwasserseen. Wenn das Korn reif ist, breiten Mohn und Ringelblumen sich hier in roten und gelben Teppichen aus; ähnliches kann man nur noch auf dem Weg von Cádiz nach Tarifa sehen.

Estepa liegt zwölf Kilometer weiter; die Burgruine auf dem Hügel hebt sich schwarz vom Himmel ab. Der Aufstieg ist im Grunde die Mühe nicht wert. Estepa ist das antike Astapa, über dessen heroischen Widerstand gegen Scipio Africanus 207 v. Chr. uns Livius berichtet. Wie die Verteidiger von Saguntum und Numantia wählten die Einwohner lieber Tod als Unterwerfung und verbrannten sich mit ihren Frauen und Kindern auf einem riesigen Holzstoß. Die Kirche *Santa Victoria* hat nur noch einen reizvollen Barockturm, und die Fassade des *Palacio de los Cerverales* ist ungewöhnlich, da sie die Horizontale, nicht die Vertikale, wie im spanischen Barock üblich, betont.

Die Straße nach Sevilla

Die Landschaft hinter Córdoba, das wir auf der N IV verlassen, ist weit, sanft geschwungen und uninteressant. Unser Auge trifft auf niedrige Hügel mit Olivenhainen, fruchtbare Felder oder Brachland, während wir vom Guadalquivir fortstreben. Dann und wann steht eine Gruppe Häuser an der Straße, und nach etwa dreißig Kilometer stoßen wir auf eine weitere von Olavides' Siedlungen, **La Carlota**; hier kann man ganz deutlich den Standard-Haustyp sehen, der für die Kolonisten aus dem Norden entworfen worden war, mit einem Fenster zu beiden Seiten der Haustür und darüber eine breite Öffnung mit einem Fensterladen, Heuboden und Gästezimmer in einem, und ein bescheidenes Nebengebäude zur Seite.

Nach etwa 55 Kilometern Fahrt von Córdoba senkt sich die Straße hinab ins Tal des Río Genil, eines Flusses, der in den Schmelzwassern des Mulhacén (3482 m), des höchsten Gipfels der Sierra Nevada, seinen Ursprung hat, sich an Granada vorüberwindet und nach **Écija** weiterfließt, der heißesten Stadt Spaniens, der »Bratpfanne Andalusiens«. Die meisten Reisenden sind derart von dem Wunsch erfüllt, Sevilla zu sehen, daß sie kaum jemals hier anhalten, und doch ist Écija eine der bezauberndsten Städte des Südens, mit ihrem Dutzend hoher, spitzer Kirchtürme, die wie schimmernde Speere in den Himmel ragen. Sie scheinen jede Spur barocker Schwere abgeworfen zu haben; mit ihrem sanften Backsteinton und ihren hellfarbigen Ziegeln gemahnen sie eher an eine Märchenwelt als an die Gegenreformation. Nach dem Grund brauchen wir nicht weiter zu suchen. Fast alle Türme wurden im 18. Jahrhundert, und zwar erst nach dem entsetzlichen Erdbeben von 1755 errichtet, dem Lissabon neben anderen iberischen Städten, unter ihnen Écija, zum Opfer fielen. Hier finden wir also einen späten Barock ohne allzu betontes religiöses Programm, weder mit der Drohung des Höllenfeuers noch mit der Seligkeit der Erlöserbotschaft verquickt, nur noch bereit, das Auge zu vergnügen.

Écija war im 10. Jahrhundert ein Stützpunkt der Rebellion des ʿUmar ben Ḥafṣun, und die Befestigungen der Stadt wurden damals zum großen Teil geschleift. Aber man kann noch einige Reste der arabischen Kornmühlen am Fluß ausmachen.

An der ersten Straßenkreuzung steht rechts, etwas zurückgesetzt, der *Palacio de Villaseca*, sein Wappen wird von einem »Wilden Mann« getragen; und gegenüber sieht man die Fassade des *Palacio de Peñaflor*. Das Portal reicht über zwei Stockwerke; sein schwerer Barock – im unteren Teil streng, im oberen geradezu bizarr – dominiert über die enge Straße. Wir werden noch eine Menge dieser zierlich gedrehten Säulen sehen, die ja ein wesentliches Merkmal vor allem des sevillanischen Barock sind. Vom Portal ab erstreckt sich das Gebäude in einem majestätischen Bogen, der der Windung der Straße folgt, mit einfachen Fenstern im Erdgeschoß und französisch anmutenden Fenstern im Oberstock, die sich zu dem längsten Balkon Spaniens öffnen: Er schlängelt sich an der ganzen bemalten Fassade entlang. Man betritt den Palast durch einen kleinen Patio und findet innen eine sehr vernünftige Raumaufteilung; die Ställe liegen direkt gegenüber, und ein Aufgang zur Rechten führt in die Wohnräume und zum Obergeschoß.

Die zweite Abzweigung rechts führt zur *Plaza Mayor* und der Kirche *Santa Bárbara*, deren Hauptsehenswürdigkeit ihre großen römischen Säulen sind, die als Türpfosten dienen. Die Plaza Mayor ist eine der schönsten Spaniens; von ihren Balkonen über den Arkaden wuchern Blumen herab. Am anderen Ende des Platzes steht das Ayuntamiento mit einem Museum, dessen kostbarster Besitz ein polychromes römisches Mosaik mit der »Bestrafung der Königin Dirke« ist, die von Amphion und Zethus mit den Haaren an die Hörner eines Stiers gefesselt wurde, und eine gute Kopie des »Sarkophags des San Fulgencio«.

Hundert Meter vom Südende der einst eleganten Calle de Sor Ángela de la Cruz steht die Kirche *Santiago*, ein edler Bau aus dem frühen 16. Jahrhundert. Die Tür trägt die Muscheln von Santiago, des heiligen Jakobs mit dem Schwert, des Schutzpatrons Spaniens. Das Ziegelmauerwerk des Außenbaus und der Alfiz eines Fensters sind typisch für den gotischen Mudéjarstil. Das Innere ist geräumig und übersichtlich, es hat einen schönen, schlichten Artesonado, und der geschnitzte, goldgefaßte Hochaltar ist ein köstliches Beispiel des spätgotischen Isabella-Stils aus dem frühen 16. Jahrhundert mit düsteren Gemälden von der Hand eines längst vergessenen Meisters. Die Nordost-Kapelle enthält zwei Kruzifixe, ein schimmerndes von Pedro Roldán und ein ungewöhnlich dunkles, das man den »Cristo del Gonfalón« nennt, nach dem Banner, dem »Gonfalón de la Victoria«, mit dem es in Verbindung gebracht wird. Die Pfarrkirche *Santa Cruz*, an der Plaza de Nuestra Señora del Valle, erbaut im 18. Jahrhundert, steht an der Stelle einer älteren Kirche, die ihrerseits über den Fundamenten einer Moschee errichtet worden war, die wiederum auf den Resten einer westgotischen Kirche, Bischofssitz des heiligen Fulgentius, stand. Fulgentius war eines von vier Familienmitgliedern, die alle ohne Ausnahme heiliggesprochen wurden. Die anderen sind der heilige Leander, Bischof von Sevilla, Sankt Isidor, der »vortreffliche Doktor«, der ihm folgte, und ihre Schwester, Santa Florentina, die Schutzheilige eines nahen Klosters. Ein Steinsarkophag mit byzantinischer Bildhauerarbeit aus dem 6. Jahrhundert soll die Gebeine des Heiligen umschließen; er wird als Altar benutzt und steht an der rechten Seite vom Hochaltar. Aber unser Interesse an dieser wiederaufgebauten Kirche wendet sich mehr dem Patio mit seinem zugespitzten Hufeisenbogen zu, der völlig mit Arabesken und Wappen wie bei der Puerta del Perdón in Córdoba bedeckt ist, eine schöne Mudéjararbeit; eine der verwitterten Säulen, auf denen der Bogen ruht, läßt ihren westgotischen Ursprung erraten.

Wieder auf der N IV, bringt uns eine viertelstündige Fahrt nach **La Luisiana**, und bald darauf zeigt ein Wegweiser zur Linken die Richtung nach **La Monclova** an. Die Burg wurde 1910 restauriert, unter Benutzung der Überreste des Convento de la Merced in Lorca und römischer Säulen aus Córdoba. Heute ist es ein Landhaus, so hübsch, wie man es sich nur wünschen kann. Durch die schmiedeeiserne Cancela kann man den weißen Marmor des Renaissancepatios mit seiner zweigeschossigen Arkadenreihe sehen und in deren Bogenzwickeln die heraldischen Zeichen, aus denen sich das Wappen des heutigen Eigentümers, des Herzogs von Infantado, zusammensetzt. Der Patio ist als geometrischer Garten um einen Marmorbrunnen in der Mitte angelegt, und Blumentöpfe schmücken die oberen Arkaden.

Carmona sieht man von der Hauptstraße aus schon einige Zeit, ehe man es erreicht. Die steilere Seite des Hügels mit den Ruinen der alten Befestigung grüßt uns über die weite Ebene hin, und bald kann man in das Tal hinabblicken und sich seine eigene Unwichtigkeit vergegenwärtigen. Die Stadt ist zweifellos uralt; alle Siedlungen, deren Namen mit »Car ...« beginnen, sind iberischen Ursprungs, außer wenn die Vorsilbe »Cart ...« lautet: das heißt Stadt und führt zu den karthagischen Phöniziern zurück.

Es fanden sich hier Spuren von Menschen vor über 500000 Jahren. Die Glockenbecherkultur von El Argar (Almería) soll nach einigen Forschern ihren Ursprung sogar hier haben. Carmona, behaupten einige Archäologen, ist die älteste fortwährend besiedelte (d.h. seit 5000 Jahren) Stadt Europas. Es war auch eine der reichsten Städte des Tartesser-Reiches.

Das Auto läßt man am besten im Schatten des großen Turmes von San Pedro stehen, denn diese Stadt möchte zu Fuß erobert werden.

Die *Puerta de Sevilla* ist großenteils römisch, ein Doppeltor mit einem Wachthaus, in der Form eines etwa zwölf Meter langen Ganges mit Tonnengewölbe in der Mitte. Es ist Teil des unteren Festungswerkes, des kompliziertesten Verteidigungswerkes einer spanischen Stadt, die nie in ihrer Geschichte mit Gewalt erobert werden konnte. Dieses Bollwerk wurde von den Karthagern im 2. Punischen Krieg erbaut und ist das noch aus dieser Epoche besterhaltene Bauwerk des Mittelmeerraumes. Unter seinen vielen Eigentümern war dieser *Alcázar de abajo* ständigen Änderungen unterworfen. Der römische Mauerverband mit seinen großen Blöcken, den man auch noch an der Basis von mehr als zwei Kilometern Stadtmauer sehen kann, ist unverkennbar; aber es ist verlockend, die Stellen herauszufinden, an denen westgotische Baumeister Reparaturen durchführten: sie benutzten kleinere Steine; und endlich findet sich noch das »Soga-y-tizón«-Werk der Mauren, die hier unter den BANŪ BIZAL ihr eigenes Taifa-Reich errichteten. Den oberen Abschluß bildet oft ein reizloser, mittelalterlicher Bauteil; die Hufeisenbögen wurden in der Maurenzeit eingefügt.

Wenn man unten in der steil ansteigenden Calle Domínguez de la Haza steht, sieht man über den Dächern den bräunlichen

Glockenturm der Kirche *San Bartolomé*, der sich großartig mit den antiken Mauern verträgt; seine Ziegel sind von Flechten zu einem sanften Grün verfärbt.

Ein kurzes Stück bergaufwärts führt ein Torweg rechts zu einem Marktplatz. Bis zum letzten Jahrhundert war dies das Kloster Santa Catalina; es ging 1836 bei der Auflösung der Klöster unter ISABEL II. in städtischen Besitz über.

An der *Plaza Mayor*, ganz in der Nähe, fällt ein Haus wegen seiner Azulejos in vielen Blautönen auf, mit denen das zweite und dritte Geschoß gekachelt sind. Sie sehen modern und vulgär aus, sind aber ganz zweifellos aus dem frühen 16. Jahrhundert. In der Raststube des nahen *Ayuntamiento* findet man gerahmte Teile eines römischen Bodenmosaiks und im Patio ein vollständiges Mosaik, etwa sieben mal sieben Meter. Es ist nicht nur wegen seiner Vollständigkeit, sondern auch wegen seines komplizierten Musters der Beachtung wert.

Ein Stück weiter die Straße entlang steht die ziemlich unschöne Barockkirche *El Salvador* und in ihrer Nähe die Kirche *Santa María* aus dem 15. Jahrhundert, auch *Nuestra Señora de Gracia* genannt. Der Patio dieser Kirche, Teil des Orangenhofes der ehemaligen Moschee, macht den langen Aufstieg selbst an den heißesten Tagen lohnend. Eine Reihe von Backstein-Hufeisenbögen umrahmen den ehemaligen Hof, wo sich die Gläubigen zu waschen hatten. Aus westgotischer Zeit finden wir an einer Säule einen »Calendario«, eine Liste mit den Namenstagen der örtlichen Heiligen.

Hinter der Kirche liegt ein kleiner Platz mit dem *Palacio del Marqués de las Torres*. Er erfreut durch eine eindrucksvolle Fassade, die man für Renaissance mit leichten Barockanklängen halten möchte; aber die dorischen und ionischen Säulen und die Triglyphen weisen darauf hin, daß es sich hier um ein ungewöhnlich frühes klassizistisches Bauwerk aus dem Jahr 1755 handelt.

Von hier aus führt ein Labyrinth kopfsteingepflasterter Straßen mit einstöckigen Häusern zur *Puerta de Córdoba*, die das Ostende der römischen »Cardo«, einer der Achsenstraßen, bezeichnet; sie begann an der Puerta de Sevilla, wo wir die Stadt betreten haben. Die Puerta de Córdoba besteht aus einem restaurierten Renaissancetor zwischen zwei achteckigen Türmen auf römischen Fundamenten, links und rechts von der Stadtmauer flankiert. Die Restaurierung betont die kraftvollen Proportionen des Tores und damit indirekt die Bedeutung Carmonas. Hier befand sich noch im 15. Jahrhundert die zweite Bastion der Stadtverteidigung. Die Geschichte des maurischen Spanien wird beherrscht von der Rivalität zwischen Sevilla und Córdoba, und mehr als ein Rebell fand in Carmona sicheres Exil. Der Kontrast zwischen dem machtvollen Tor und der bescheidenen, ungepflasterten Straße, die unter ihm hindurchführt, ist auffallend, aber man darf nicht vergessen, daß dies ja die Via Augusta nach Córdoba war. Etwa sechs Kilometer von hier liegt eine fünfbogige *Römerbrücke*, auf der die Straße den Río Corbones (oder einen seiner Nebenflüsse) überquerte; sie ist noch immer einen Besuch wert, wenn man sich von dem Fußweg nicht abschrecken läßt. Die Pflasterung der Brücke ist fast ganz verschwunden, aber das ist nicht unbedingt ein Verlust: so kann man die vielen Lagen studieren, aus denen sich eine Römerstraße zusammensetzte.

Auf dem höchsten Hügel Carmonas stand der *Alcázar de arriba*, heute ein Parador, von wo man einen herrlichen Blick auf die fruchtbare Ebene hat. Diese dritte Burg war von den Mauren errichtet worden, wurde aber unter PEDRO DEM GRAUSAMEN so stark ausgebaut, daß sie den Alcázar von Sevilla auszustechen drohte. Pedro hielt hier LEONOR DE GUZMÁN, die Mätresse seines Vaters, in königlicher Haft (wem fällt da nicht Beethovens »Fidelio« ein?), und später besaßen die Katholischen Könige hier eine Residenz. Ernsthaft beschädigt bei dem Erdbeben von 1504, verfiel dann der Alcázar langsam. Der Weg hinauf führt an bescheidenen Hütten entlang, die aber alle strahlend weißgetüncht sind; wenn die Wände hier und da niedergerissen werden, zeigt sich, daß das Mauerwerk fast immer arabisch ist.

Wenn man die Stadt an der Puerta de Sevilla wieder verläßt, kann man noch die Kirche *San Pedro* besichtigen. Abgesehen von dem ungewöhnlich reichen Interieur und einer Anzahl farbig gefaßter Holzplastiken, von denen Südspanien Tausende besitzt, kann man einen irdenen Taufstein mit dem Namen des Töpfers in Relief bewundern. Dies ist ein seltenes Stück, denn die Herstellung von Taufbecken aus Steingut war in Spanien seit dem Ende des 16. Jahrhunderts streng verboten, während solche aus Blei oder aus den Schalen riesiger Muscheln weiter erlaubt blieben. Im 17. Jahrhundert wurde die Kirche stark renoviert und umgebaut, und die Kapelle des Sagrario von 1760 ist unsere erste Begegnung mit dem Sevillaner Barock.

Carmona ist wohl am bekanntesten wegen seiner *Römischen Nekropole*, zu denen ein Wegweiser an einer Abzweigung rechts, kurz bevor wir die Stadt auf dem Weg nach Sevilla verlassen, hinführt. Manche Gräber sind nur einfache Gräben, andere Kolumbarien, in denen die Asche in Wandnischen bewahrt wurde, andere sogar ganze »Toten-Villae« mit Anlagen. An den feuchten Wänden haben Spuren von Malerei wunderbarerweise überlebt; eine, mit einer Harfenspielerin, fand sich in dem großen Patio des »Grabes der Servilia«. Ein rundes, überkuppeltes Mausoleum, das einem etruskischen Grab so ähnlich ist, sollte nicht vergessen werden. Eine Gruppe Feigenkakteen gibt dem römischen Hintergrund einen orientalischen Anstrich; um so mehr erstaunt es, zu erfahren, daß diese Kakteengattung, auch Opuntie genannt, aus Amerika kommt, so daß kein Araber und kein Maure in der Geschichte von Al-Andalus je einen Blick darauf werfen konnte. (Übrigens gibt es auch nur eine Palmenart, die Zwergpalme Chamaerops, die autochthon ist.) Die Funde aus diesen und anderen prähistorischen Gräbern kann man in einem schmucken und hellen Museum am Ort besichtigen.

»Tumba del Elefante« – archäologisches Fundstück in den Römischen Nekropolen bei Carmona.

Sevilla – Die Kathedrale

Eine Inschrift über einem der Tore Sevillas lautet: »Herkules erbaute mich, Julius Caesar umgab mich mit Mauern und Türmen; und der Heilige König nahm mich ein.« Es werden nur drei der vielen berühmten Männer, die in dieser Stadt gewirkt haben, genannt. HERKULES wird als der Gründer vieler spanischer Städte der vorklassischen Zeit genannt, da er ja des Weges kam, als er in seiner zehnten Arbeit die Herden des Geryon und später die Äpfel der Hesperiden stahl. Treten uns in diesen Mythologemen nicht schon alle späteren andalusischen Klischees auf: Fruchtbarkeit, schöne Frauen, Stiere, Reichtum? Für CAESARS Interesse an der Stadt haben wir bessere Beweise; er gab ihr den Namen Colonia Julia Romula, von den Iberern Hispalis genannt; aber ehe der HEILIGE FERDINAND sie dann den Mauren abjagte, mußte noch viel Wasser den Guadalquivir hinunterfließen.

Unter den Westgoten gewann die Stadt Bedeutung durch ihre Gegnerschaft gegen die den Vizekönig HERMENGILD bedrohenden Arianer. Er wurde auf Befehl seines Vaters getötet und mußte tausend Jahre auf seine Heiligsprechung warten. ST. ISIDOR und ST. LEANDER hatten dabei mehr Glück; sie waren Erzbischöfe dieser nun zur Hauptstadt der Betik gewordenen Ortschaft; Leander war es auch, der Hermengild dem arianischen Glauben abspenstig gemacht hatte.

Dann kamen die Araber, und Sevilla führte ein recht friedliches Dasein, bis die Wikinger es 844 wagten, vom Meer aus etwa 110 Kilometer flußaufwärts zu segeln, die Stadt zu zerstören und die männlichen Einwohner zu töten. Anscheinend waren die Römermauern damals bereits verschwunden, jedenfalls wurden jetzt neue Befestigungen errichtet. Im ganzen fielen die Normannen viermal in Andalusien ein: 844, 859, 966 und 971. Als später das Kalifat zerbrach, wurde Sevilla ein »Taifa«, eines der Splitterkönigreiche, bis die Drohung der christlichen Reconquista Verstärkung aus Marokko brachte. Zwei Wellen islamischer

Glaubenseiferer überfluteten das Land, 1086 die Almoraviden und ab 1125 die Almohaden, und sie machten den etwas träge gewordenen Mauren das Leben höllisch schwer. Es waren schließlich mohammedanische Aufständische, die die Almohaden vertrieben und die Stadt 1248 an Ferdinand den Heiligen auslieferten. Die Mauerreste, die heute zu sehen sind, datieren aus dem 12. und 13. Jahrhundert und stammen vom mindestens dritten Bering der Stadt.

FERDINAND DER HEILIGE grüßt von dem Banner, das im *Ayuntamiento* ausgestellt ist. Sein Sohn, ALFONSO DER WEISE, gab der Stadt ein neues Wappen und ein Motto für die Loyalität während der Rebellion seines Sohnes SANCHO. Diese Devise hat die Form eines Rebus und sieht aus wie eine »8« zwischen den Silben »no« und »do«. Die »8« bedeutet einen Strang Wolle, »madeja« genannt: damit kann der Rebus »no m'ha dejado« gelesen werden – »Sie hat mich nicht verlassen«. Darüber hinaus versteckt sich noch ein weiteres Wort- und Bildspiel hinter dieser Devise: »Nodo« heißt Knoten und drückt so das zwischen den Silben stehende Zeichen nochmals in Worten aus. Darüber thronen Alfonso und zu seinen Seiten die Heiligen Leander und Isidor. Auch KARL V. zeigte sich in ähnlicher Weise der Stadt erkenntlich, da Sevilla ihm während des Communero-Aufstandes 1520 treu geblieben war; er ehrte die Stadt mit der Devise »Ab Hercule et Caesare nobilitas, a se ipsa fidelitas«. Selbst PEDRO DEM GRAUSAMEN blieb die Stadt treu.

Sevilla ist die Geburtsstadt der Kaiser HADRIAN, TRAJAN und wohl auch von THEODOSIUS; von vielen Künstlern wie DUQUE CORNEJO, MARTÍNEZ MONTAÑÉS, VALDÉS LEAL, VELÁZQUEZ, MURILLO und anderen; von Dichtern wie FERNANDO DE HERRERA, LOPE DE RUEDA, MATEO ALEMÁN, die ÁLVAREZ QUINTERO, BÉCQUER, die MACHADOS, der zweite andalusische Nobelpreisträger ALEIXANDRE, CERNUDA; von Musikern wie TURINA; vom Musiktheoretiker und Philosophen AVEMPACE; vom Missionar BARTOLOMÉ DE LAS CASAS und vielen anderen. Mit Sevilla denken wir aber auch immer an Figaro (BEAUMARCHAIS, MOZART und ROSSINI), Don Juan (TIRSO DE MOLINA und MOLIÈRE), Fidelio (BEETHOVEN) und Carmen (MÉRIMÉE, BIZET).

Es ist eine große, geschäftige Stadt, und vielleicht wird man, wenn man sie zum ersten Mal betritt, unwillig nach ihrer vielgepriesenen Schönheit fragen, ihren Farben, ihrer Lebensfreude; im Unterschied zu anderen andalusischen Städten erscheint sie nicht einmal im blendenden Weiß frischer Tünche. Die Aura Sevillas entstand zu einer Zeit, als sie Spaniens Hauptverbindung zur Neuen Welt war, als noch alle Handelsschiffe laut Gesetz den Flußhafen anzulaufen hatten. Die Bevölkerung solcher Handelsstädte, man braucht nur an Alexandria, Neapel oder Venedig zu denken, lebte immer ein wenig schneller als anderswo, war wacher und gerissener. Die Wunder Sevillas werden einem nicht in einer Nacht aufgehen, und sie kommen einem auch nicht in den Straßen entgegen, man muß sich um sie bemühen.

Eine Ausnahme ist die **Kathedrale Santa María**, deren Glokkenturm, genannt La Giralda, das Wahrzeichen der Stadt und kilometerweit sichtbar ist. Sie steht auf geschichtsträchtigem Boden; hier gab es bereits einen westgotischen Dom von großer Pracht. Unter den Arabern blieb dieser Dom weiter dem christlichen Kultus gewidmet, wie es unter den Emiren und Kalifen nicht ungewöhnlich war; erst die fanatischen Almohaden zerstörten ihn 1172, um eine Moschee zu bauen, die die zweitgrößte der islamischen Welt werden sollte.

Diese Moschee übergab Ferdinand der Heilige sofort nach der Einnahme der Stadt am 23. November 1248 den Christen, die nur im Innern einige Änderungen vornahmen. 1401 war dieser Ziegelbau, der jetzt Santa María de la Sede hieß, in einem so schlechten Zustand, daß das Domkapitel und der Dekan vermerkten: »Da nun die Kirche von Sevilla infolge eines Erdbebens (...) zu zerfallen droht (...), sollte man eine andere solche Kirche erbauen und so schön, daß ihr keine gleichkomme.« In ihrem religiösen Eifer beschlossen sie: »Laßt uns eine Kirche bauen, so herrlich und so groß, daß alle, die sie erblicken, wenn sie vollendet ist, uns für Wahnsinnige halten.«

Es ist der mit seinen 130 x 36 x 59 Meter größte Dom der Welt und nach London, Rom und Mexico City das viertgrößte christliche Gotteshaus. Wir kennen die Namen mehrerer Baumeister, die an seiner Errichtung beteiligt waren, darunter zwei Normannen: die Bauzeit betrug 104 Jahre. 1511, vier Jahre nach der Vollendung, stürzte die große Kuppel samt Laterne ein »mit einem Getöse, das die ganze Stadt in Schrecken versetzte«; JUAN

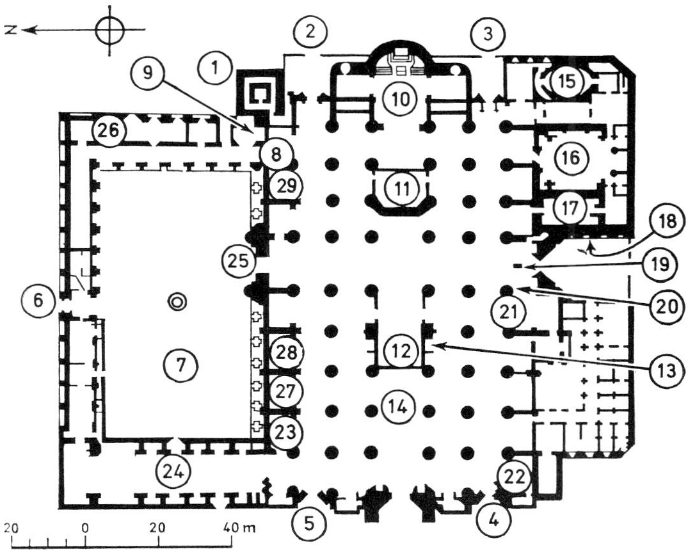

KATHEDRALE VON SEVILLA

1 *Glockenturm »Giralda«*
2 *Puerta de los Palos*
3 *Puerta de las Campanillas*
4 *Puerta de San Miguel (Puerta del Nacimiento)*
5 *Puerta del Bautismo*
6 *Puerta del Perdón*
7 *Patio de los Naranjos (Orangenhof)*
8 *Puerta del Lagarto*
9 *Capilla de Nuestra Señora de la Granada*
10 *Capilla Real*
11 *Capilla Mayor*
12 *Coro*
13 *Capilla de la Concepción Chica*
14 *Epitaph des Fernán Colón*
15 *Sala Capitular*
16 *Sacristía Mayor*
17 *Sacristía de los Cálices*
18 *Christophorus-Fresko*
19 *Grabdenkmal des Christoph Kolumbus*
20 *Capilla de la Concepción (Capilla de la Gamba)*
21 *Capilla de la Antigua*
22 *Capilla de San Laureano*
23 *Capilla del Bautisterio (Capilla de San Antonio)*
24 *Sagrario*
25 *Puerta de la Concepción*
26 *Biblioteca Capitular Colombina*
27 *Capilla de Scalas*
28 *Capilla de Santiago*
29 *Capilla de los Evangelistas*

GIL DE HONTAÑÓN wurde ausersehen, die Wiederherstellung durchzuführen; er zeichnet für das jetzige Dach verantwortlich. Nach der zweiten Katastrophe, dem Einsturz eines Pfeilers und eines Teils des Daches 1888 wurde der Dom ohne Änderung der ursprünglichen Konzeption wieder instandgesetzt. Die Kathedrale ist aber nicht nur an Ausdehnung die größte Kirche Spaniens, sie stellt auch den Höhepunkt in der Entwicklung der spanischen Architektur im 15. Jahrhundert dar; bewundernswert ist die Verschmelzung verschiedenster Stilelemente zu einer neuen Einheit. Schließlich ist ihre Schatzkammer auch eines der bedeutendsten spanischen Museen.

Bevor wir die Kathedrale besichtigen, schlage ich vor, sie in einem Rundgang von außen etwas näher anzusehen. Beginnen wir bei der Giralda am Ostende. Der erste Eingang heißt **Puerta de los Palos**, nach einer hölzernen Einfriedung, die ihn mit dem einstigen sogenannten Corral de los Olmos, Ulmenhof, verband, wo Dekan und Kapitel sich versammelten; heute steht dort der Palast des Erzbischofs. Das Tympanon des Portals zeigt ein schönes Relief mit der »Anbetung der Könige« (1520), ein Werk des Franzosen MICHEL PERRIN. Der dritte König, Balthasar, ist als Mohr dargestellt, wie es für Deutschland und Italien typisch, in Frankreich aber höchst selten war, ebenso wie der Brauch, den ältesten Weisen den Fuß des Kindes küssen zu lassen.

Weiter nach Süden gehend, stößt man auf die Ostwand der **Capilla Real**, dort, wo man eigentlich die Apsis vermuten würde, und dann kommt die **Puerta de las Campanillas**, nach einem verschwundenen Turm genannt, dessen Glocken Anfang und Ende der Arbeitsstunden angab zu jener Zeit, als die Kathedrale errichtet wurde. Das Relief in der Lünette mit dem »Einzug Christi in Jerusalem« (1522) ist ebenfalls von PERRIN; direkt über dem Heiland sitzt ein Kind auf einer Palme.

Bevor man das Ostende der Kirche verläßt, sollte man einen Blick auf die **Plaza de la Virgen de los Reyes** werfen, um ihre feinen Proportionen wahrzunehmen. Auf der anderen Seite des

Vorhergehende Doppelseite:
Die Kathedrale von Sevilla, eines der Wahrzeichen der Stadt.

Platzes steht der *Palast des Erzbischofs* (Palacio Arcobispal), sein Portal, ein frühes Beispiel des Sevillaner Barock, ist von LORENZO FERNÁNDEZ DE IGLESIAS (1704), einem Schüler von FIGUEROA. Es zeigt, wieviel der spanische Barock den Retabelschnitzern verdankt, den nichts könnte einem an die Fassade verlegten Altaraufbau mehr gleichen als dieses Portal. In der Mitte des Platzes steht, wie so häufig in spanischen Städten, eine typische Kandelabergruppe. Wenn man um die Südostecke biegt, stößt man in einem Winkel zur Linken auf die alte *Lonja*, die Handelsbörse; ihre grau-rosa Front bildet einen angenehmen Kontrast zu der großen düsteren Gesteinsmasse zur Rechten.

Von Süden her wirkt die Kathedrale riesenhaft, doch wird der Eindruck durch Strebepfeiler, Türme, Fialen und Krabben gemildert. Die neogotische **Puerta de la Lonja** wurde 1887 bis 1895 auf Kosten von DON FRANCISCO JIMÉNEZ BOCANEGRA errichtet; ihre Bogenwölbung ist noch unfertig, die Nischen scheinen auf ihre Heiligen zu warten. Die Westfassade erhebt sich an Sevillas geschäftiger Avenida de la Constitución; der mittlere der drei Eingänge, das Hauptportal, ist nur für den Erzbischof und für den König bestimmt. Auch diese **Puerta Mayor** mit einer »Himmelfahrt Mariä« stammt zum großen Teil aus dem späten 19.Jahrhundert; die 39 Heiligenfiguren schuf der Bildhauer BELLVER. 53 Nischen sind noch unbesetzt. Künstlerisch wichtiger ist rechts davon die **Puerta de San Miguel**, nach dem Terracottarelief mit »Christi Geburt« in der Lünette auch **Puerta del Nacimiento** genannt, eine Arbeit von LORENZO MERCADANTE, einem in der Mitte des 15.Jahrhunderts tätigen Bretonen. Seine Schule wird auch von PEDRO MILLÁN repräsentiert, der die kleineren künstlerisch schwächeren Figuren der Propheten schuf. Das Werk Mercadantes ist einzigartig, selbst jetzt noch, da die ursprüngliche Farbigkeit fast ganz erloschen ist. Im Hintergrund links erscheint unter anderem eine Gruppe tanzender Hirten mit glücklichem Lachen auf den bäuerlichen Gesichtern. Das nördliche Seitenportal der Westfassade wird **Puerta del Bautismo** genannt; es zeichnet sich durch eine ganze Reihe Sevillaner Heiliger aus, deren Charakteristik wieder die einfühlsame Meisterhand Mercadantes verrät.

Die Nordseite der Kathedrale erhebt sich über einer Art Treppenhof, bereits von CERVANTES erwähnt, und manche der

Marmorsäulen stammen von der alten Moschee. »Las gradas«, wie man die Stufen nennt, wurden als eine Art Galerie benutzt, wo Künstler ihre Werke ausstellen durften und die Menge dann zusammenströmte, um zu kritisieren oder zu bewundern. Viele Künstler, unter ihnen MURILLO, verdanken ihren Erfolg dieser ungezwungenen Ausstellung.

Die **Puerta del Perdón** bestimmt diese Fassade, eines beispiellosen Meisterwerkes der Mudéjarkunst, das seinerseits einem Torbogen der Almohadenzeit vorgeblendet ist.

Die Puerta del Perdón führt auch hier wie die gleichnamige, nachgeahmte in Córdoba in den Patio de los Naranjos, den Orangenhof, eines der wenigen Überbleibsel der Almohadenmoschee.

Betreten wir nun das **Innere** durch den Haupteingang, die *Puerta de San Cristóbal* oder *de Cólon*, so fällt uns zuerst außen das Riesenfresko des heiligen Christophorus eines Italieners aus Lecce namens MATEO PÉREZ DE ALESIO auf. Bevor man sich nun drinnen den Hunderten von Einzelheiten widmet, sollte man sich zuerst ein wenig orientieren. Wir sind durch den Südeingang eingetreten und befinden uns im Querschiff, das am anderen Ende in den Orangenhof führt. Die fünf Längsschiffe verlaufen von hier im rechten Winkel von links, von der im Westen liegenden Puerta Real, die nur zu besonderen Festlichkeiten geöffnet wird, nach der östlichen Capilla Real; wenn man die äußeren, in Kapellen unterteilten Schiffe mitzählt, sind es sogar sieben. Der weite Raum des Mittelschiffes ist durch drei Einbauten gegliedert. Ganz rechts sehen wir die Capilla Real, die Königskapelle; sie nimmt den Ostteil des Hauptschiffes und der beiden benachbarten Seitenschiffe ein. In der Mitte steht die Capilla Mayor mit dem Hauptaltar, und der Coro erstreckt sich westlich (links) über die beiden an die Vierung anschließenden Joche. Durch diese Dreiteilung ist das Hauptschiff bestimmt; der Verlust des unverstellten Durchblicks wird durch die architektonische Schönheit der Einbauten ausgeglichen. Die Plazierung eines Coro in der Mitte des Schiffes erregt ja immer wieder den Unwillen der Kunstfreunde; in vielen Kirchen hat man ihn ent-

Ausschnitt aus dem gotischen Gewölbe im Mittelschiff der Kathedrale.

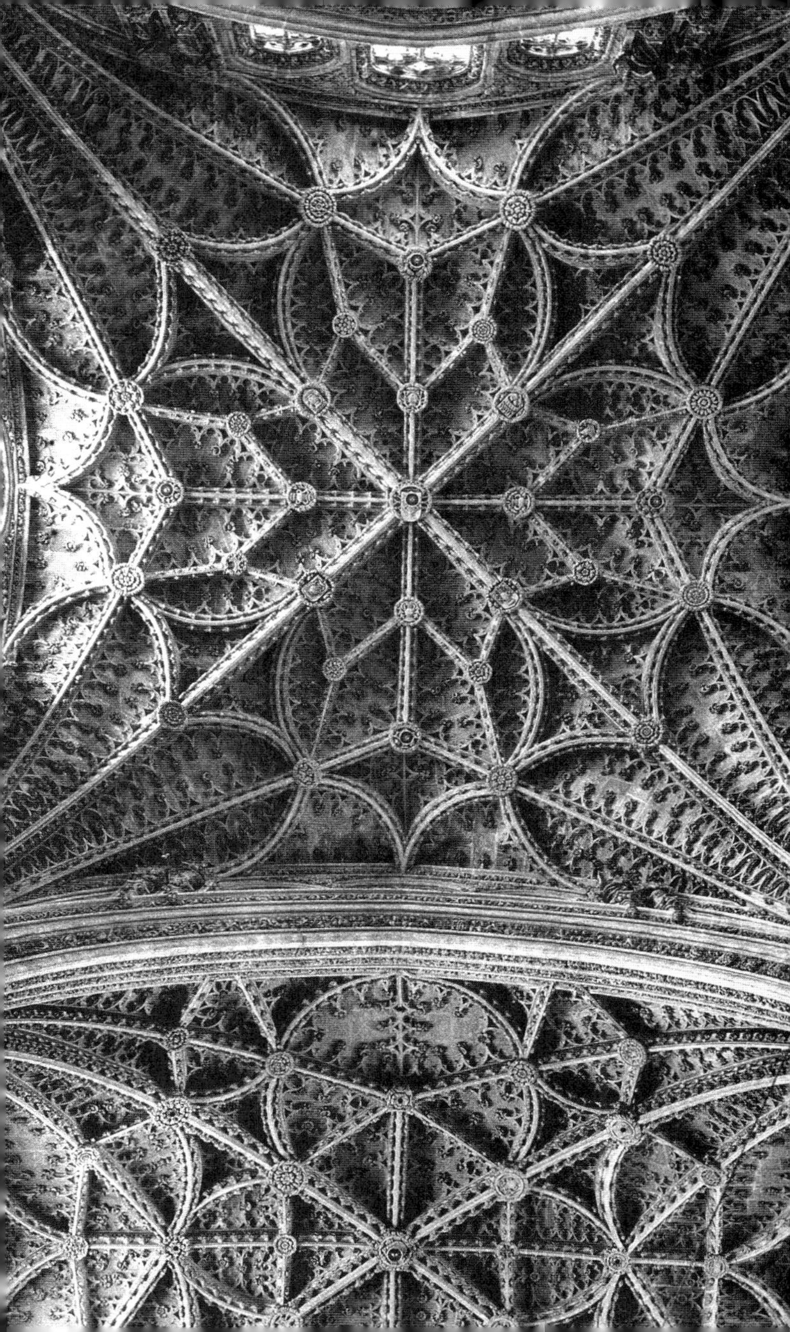

fernt. Aber die Kathedrale ist groß genug, um dadurch kaum an Weite zu verlieren. Bemerkenswert auch die würdevollen, unaufdringlichen Reihen der Bündelpfeiler, die die einzelnen Schiffe trennen.

Vor uns befindet sich nun das *Grabdenkmal des Christoph Kolumbus*, ein Werk von 1891. KOLUMBUS starb 1506 einsam und verlassen in Valladolid. Testamentarisch verfügte er, in Santo Domingo begraben zu werden. Seine Überreste kamen aber nur nach Havanna, und als dann 1898 Spanien noch die letzte Kolonie verlor, gelangten sie wieder nach Spanien, nach Sevilla. Der Sarkophag wird von vier überlebensgroßen Herolden mit den Wappen der vier spanischen Königreiche getragen: Kastilien, León, Navarra und Aragón. Aus diesem Nebeneinander des Riesen Christophorus, der spätgotischen Tür und der höfischen Leichenwärter ergibt sich eine eigenartig wirkungsvolle Szenerie. Die Lanze, die im Granatapfel steckt, symbolisiert die Eroberung Granadas, die Muscheln verweisen auf den Maurentöter Santiago, die Wellen auf die Entdeckung Amerikas.

Die **Capilla Real** bietet sich natürlich als geeigneter Ausgangspunkt für einen ausführlichen Rundgang durch die Kirche an. Sie ist FERDINAND DEM HEILIGEN, dem König, der Sevilla zurückeroberte, geweiht.

Die großartige Reja der Kapelle wurde 1771 errichtet, sie zeigt oben, hoch zu Roß, Ferdinand beim Empfang der Schlüssel Sevillas. In der Kapelle selbst führen große, breite Stufen zum Altar, vor dem ein silber- und goldschimmernder Schrein steht. Er stammt aus dem Jahr 1729 und birgt den unverwesten Leichnam des Heiligen Ferdinand. Der Schrein erhebt sich auf einem Sockel, der noch zu dem ursprünglichen Grabmahl Ferdinands gehörte und Inschriften in Hebräisch, Arabisch, Lateinisch und Spanisch aufweist, die sein Sohn ALFONSO DER WEISE in Auftrag gegeben hatte.

Durch einen schmalen Durchgang links vom Altar steigt man in die *Königskrypta* hinab. Dort stehen die einfachen, messingbeschlagenen Särge einiger Könige Kastiliens. Geschichtlich am interessantesten sind vielleicht die von PEDRO DEM GRAUSAMEN und seiner Geliebten, MARÍA DE PADILLA, hier allerdings als seine Gemahlin bezeichnet – ein Anspruch, den er zu Lebzeiten mit einem Fluch abtat.

Der Stolz der Krypta ist die »Virgen de las Batallas«, eine ungefähr vierzig Zentimeter hohe Elfenbeinstatuette, die FERDINAND ebenfalls mit auf das Schlachtfeld zu nehmen pflegte und sie vor sich auf dem Sattel trug, ein im Mittelalter weit verbreiteter Brauch. Diese Figuren haben ihren Ursprung in der Zeit der griechischen Kaiser von Byzanz, sie wurden damals »Sociae belli«, »Kampfgefährtinnen«, genannt.

Zu den weiteren Schätzen der Capilla Real gehören das *Schwert Ferdinands des Heiligen*, das er bei vielen wichtigen Unternehmungen mitführte; seine Sporen, seine Gürtelschnallen und ein Silberreliquiar mit einem seiner Finger. An Gemälden erkennen wir eine gute »Mater dolorosa« und ein schönes Porträt Ferdinands von MURILLO sowie kleinere Arbeiten von PACHECO und ALONSO CANO. Auch die liturgischen Geräte, die 1519 bei der ersten in Mexiko gelesenen Messe von HERNÁN CORTÉS benutzt wurden, sind hier verwahrt.

An der einen Wand der Capilla Real ist das *Grabmahl der Beatrix von Schwaben*, der ersten Gemahlin des heiligen Königs, und gegenüber das ihres Sohnes, Alfonso des Weisen. Beide sind gute Beispiele für den hohen Stand der Grabmalplastik in der Renaissance; besonderer Betrachtung wert sind dabei die knienden Figuren. Es überrascht, wenn wir hören, daß sich unter den Künstlern eine Frau befand.

Rechts beim Verlassen der Capilla Real, betrachten wir noch kurz die **Capilla de San Pedro**, deren Altar von ZURBARÁN Szenen aus dem Leben des heiligen Petrus zeigt; eines der frühen Werke dieses großen Künstlers. PHILIPP IV. nannte ihn »Maler des Königs und König der Maler« – und das war zu Lebzeiten des großen VELÁZQUEZ in der Tat ein Kompliment.

Die **Capilla Mayor** erweckt durch die schönen, vergoldeten Rejas an drei Seiten sofort den Eindruck großen Reichtums. Von allen Rejas Spaniens ist die der Capilla Mayor in Sevilla vielleicht die vornehmste.

Der große MAESTRO BARTOLOMÉ, dessen Reja in der Capilla Real in Granada ebenfalls zu den vorzüglichsten Spaniens gerechnet werden muß, arbeitete hier unter SANCHO MUÑOZ an den Seitengittern. Das westliche Gitter, sozusagen das Mittelstück, schuf FRAY FRANCISCO DE SALAMANCA, ein Kartäusermönch, dessen Name auch außerhalb Spaniens bekannt gemacht werden sollte; es zeigt eine Grablegung Christi. Dieses Werk stiftete 1518 Erzbischof DIEGO DE DEZA, darum auch am unteren Teil seine Wappen. Zu beiden Seiten stehen schmiedeeiserne Kanzeln mit Flachreliefs, ebenfalls Arbeiten von Fray Francisco, die in einer weniger verschwenderischen Umgebung unsere ganze Aufmerksamkeit gefangennehmen würden.

Wenn man alle Schönheiten der Capilla Mayor ganz genießen will, muß man sie zu verschiedenen Tageszeiten besuchen, bei wechselndem Licht und mit einem Fernglas; die beste Beleuchtung ergibt sich am frühen Nachmittag. Offen ist der Raum jeden Tag anläßlich der Messe (um 9.45 Uhr). Bevor man die Kapelle verläßt, sollte man durch eine der kleinen Türen hinter dem Altar, die im gleichen Stil wie das Retabel geschnitzt sind, die *Sacristía Alta* aufsuchen, nicht zu verwechseln mit den anderen Sakristeien. Dort stoßen wir auf eine Mudéjartür mit typischen geometrischen Intarsien, wahrscheinlich aus dem 14. Jahrhundert, die wohl zum alten Sagrario gehörte. Die Decke ist ein nobler Artesonado im Platereskstil, und außerdem hängen hier drei bekannte Gemälde von ALEJO FERNÁNDEZ.

6 *Sevilla – Bronzestatue auf der Spitze der Giralda.*

7 *Semana Santa, die große Prozession während der Karwoche in Sevilla.*

8 *Altar im Mittelschiff der Kathedrale von Sevilla.*

TVRRIS

Der dritte Bau innerhalb der Kathedrale ist der **Coro**, dessen schöne Reja, ebenfalls ein Werk des Fray Francisco de Salamanca, dem Eingang zur Capilla Mayor gegenüberliegt. Zwischen ihnen ist die Vierung mit einem ungefähr 45 Meter hohen Gewölbe. Die »Sillería«, das Chorgestühl, ist im Stil des PHILIP VIGARNY, einem Künstler wahrscheinlich aus dem Burgund, geschnitzt. Philip vermittelte seine Künste weiter an GIL DE SILOÉ, BERRUGUETE und andere berühmte Bildhauer, deren Einfluß anhand einer ununterbrochenen Kette von Lehrern und Schülern verfolgt werden kann. Dies *Chorgestühl* gilt in seiner Mischung aus Gotik, Mudéjar- und Platereskstil allgemein als das beste in Südspanien. Es besteht aus 117 Sitzen aus Eiche und Tanne, ist mit anderen Hölzern eingelegt und, wie gewöhnlich, in die obere »Sellia« für die Kanoniker und die »Subsellia« für die Pfründner unterteilt. Mit Hilfe einer Pfründe war es zum Beispiel gerade den Künstlern möglich, ein einigermaßen gesichertes Leben zu führen.

Auch das Äußere des Coro sollte nicht übersehen werden. Der *Trascoro* ist eine pseudoklassische Anhäufung farbigen Marmors ohne Beziehung zum Coro und zur Kathedrale. Aber seine Seitenkapellen, die **Capillas de los Alabastros**, sollte man sich unbedingt ansehen. Die Alabasterarbeiten in spätgotischem und frühem Platereskstil wie auch die feinen Rejas werden zu oft übersehen. Die **Capilla de la Concepción Chica** enthält außerdem eines der besten Werke des andalusischen Bildhauers JUAN MARTÍNEZ MONTAÑÉS. Seine »Unbefleckte Empfängnis« war das Vorbild seines hervorragenden Schülers ALONSO CANO. Die Sevillaner nannten sie wegen ihrer niedergeschlagenen Augen »La Cieguecita«, die »Kleine Blinde«, der Hals zeigt eine selbst für dieses vollendete Werk erstaunliche Zartheit der Form. Eine weitere Besonderheit: sie ist ernst, wenn man sie von links sieht, und scheint zu lächeln, wenn man sie von rechts betrachtet.

Im Marmorfußboden westlich des Coro findet man die *Grabplatte des Fernán Colón*, des jüngeren Sohnes von CHRISTOPH KOLUMBUS (Cristóbal Colón).

In der Kathedrale von Sevilla erscheint das Licht, das durch neunzig gotische Fenster einfallen kann, gefiltert: die Fenster sind mit Glasmalereien geschmückt, viele sind Meisterwerke, und die Namen großer Glasmaler des Mittelalters sind mit ihnen verbunden, so zum Beispiel ENRIQUE ALEMÁN, ARNAO DE VERGARA, ARNAO DE FLANDES. Restaurierungen und Erneuerungen waren hier und da nötig. Mit dem Feldstecher lassen sich sogar einige seltsame Szenen und Themen ausmachen. Ein Fenster zeigt eine Anbetung der Hirten und ist eine Kopie des gleichnamigen Retabels von LUIS VARGAS in der ersten Kapelle rechts vor der Puerta del Nacimiento.

Links davor, an der Südwestecke liegt die **Capilla de San Laureano**. Dieser Heilige soll nach seiner Enthauptung noch gesprochen und einige Schritte gemacht haben: dieses Wunder kommt hier auch zur Darstellung. An dieser Stelle war der Grundstein zur Kathedrale gelegt worden.

An der Westseite direkt an der **Puerta del Nacimiento**, steht der *Altar del Nacimiento*, eine »Geburt Christi« mit anbetenden Hirten von LUIS VARGAS. Bevor man den eigentlichen, geschlossenen Haupteingang erreicht, sieht man über dem *Altar del Ángel de la Guarda* noch einen schönen »Schutzengel« von MURILLO. Hier steht auch die ungeheure Silbermonstranz, die den Platz des alten »Monumento« während der Karwoche eingenommen hat. In der nächsten Ecke befindet sich ein Eingang zum Sagrario, der aber nicht sehr bedeutend ist. Vor ihr befindet sich eine Kopie der Giraldilla, der Turmfigur.

An der *Puerta del Bautismo* wenden wir uns zu den Kapellen am nördlichen Seitenschiff. Zur Linken die **Capilla del Bautisterio** oder **de San Antonio** mit der weltberühmten »Vision des Heiligen Antonius von Padua« von MURILLO. Obwohl das Licht im Baptisterium nicht gut ist, kann man erkennen, daß dieses Werk von Murillos Spätstil gezeichnet ist, dem »Vaporoso«, wo sich alle Konturen in Licht und Schatten verlieren. Die Lilienvase, ein Attribut des Heiligen, ist sehr realistisch dargestellt.

Die nächste Kapelle hat viele Namen, der richtige ist wohl **Capilla de Scalas**. Hier steht ein reich geschmücktes *Grabmal*, das 1540 für einen Bischof dieser Diözese bestimmt worden war. Hauptanziehungspunkt ist jedoch ein bemaltes Terracottarelief aus der Werkstatt eines der DELLA ROBBIA. Auch die **Capilla de Santiago**, die nächste Kapelle, enthält ein Della-Robbia-Relief und ein Gemälde von JUAN DE LAS ROELAS: »Santiago in der Schlacht bei Clavijo«. Der Künstler stand mit an der Spitze jener Bewegung in Spanien, die sich gegen den Manierismus auflehnte. Die Stilmittel des frühen Barock verhalfen ihm dazu, einen höchst naturalistischen Ausdruck zu erzielen. Das Thema des Bildes ist das wunderbare Erscheinen von JAKOBUS DEM ÄLTEREN in der Schlacht von Clavijo, als er auf seinem Schimmel vom Himmel herabstürmte und tausend Mauren erschlug. Seit damals heißt er in Spanien der »Maurentöter – Santiago Matamoros«. Man weiß heute, daß sich diese Legende eigentlich nur auf die Eroberung der kleinen Festung Albelda bezieht, die ein Geschichtsfälscher des 12. Jahrhunderts in eine große Schlacht umdeutete; glücklicherweise hat man das erst in diesem Jahrhundert herausgefunden, so daß sich Santiago nicht davon abhalten ließ, den Spaniern gegen die Azteken beizustehen.

Im Querschiff, zur Linken der Puerta de la Concepción, die in den Patio de los Naranjos führt, steht der **Altar Nuestra Señora de Belén** mit einem typischen Porträt von ALONSO CANO. Diese Maria wirkt sehr zart, mit den berühmten niedergeschlagenen, »maurischen« Augen.

Der **Patio de los Naranjos** gibt einen Eindruck von Weite, was auf die lockere Reihung der Bäume zurückzuführen ist, und vermittelt eine Atmosphäre von Klarheit. In der Mitte befand sich ein kleiner Pavillon, ein orientalischer Kiosk mit einem achteckigen, aber noch westgotischen Marmorbrunnen, für die kultischen Waschungen bestimmt; dieser wenigstens hat die Zeiten überdauert, obwohl zwei Seiten des durch Arkaden gegliederten und mit Zinnen geschmückten Patio längst anderen Zwecken dienen. An der Ostseite sind sieben originale Hufeisenbögen erhalten, an der Nordseite zwölf.

An einen Arkadenpfeiler angebaut und auf einer Marmorsäule ruhend, findet sich eine historische Kanzel unter einem kleinen Marmordach; man erreicht sie über eine abgetretene Treppe an der Seite, von einer Pforte aus, die ursprünglich zur Moschee gehörte. Sie trägt die Namen verschiedener großer Prediger, die von hier herab sprachen; einige sind weltberühmt: Jesuitengeneral FRANCISCO DE BORJA (Borgia), Großneffe Papst ALEXANDERS VI., VINCENT FERRER ging ihm fast zweihundert Jahre voraus; es ist schwer zu sagen, ob er mehr Seelen in diesem Leben verbrennen ließ, als er vor dem Höllenfeuer rettete.

An der Nordostecke des Orangenhofes stehen die leider dem Publikum verschlossenen Räume der **Biblioteca Capitular** und der **Biblioteca Colombina**. Das Treppenhaus zeigt römische und westgotische Inschriftenplatten.

Durch die *Puerta del Lagarto*, einem Überbleibsel der Moschee mit gotischen Reliefs, die sich dem zugespitzten Hufeisenbogen gar nicht anpassen wollen, erreichen wir die **Capilla de la Virgen del Pilar**, die sich an der Giralda anlehnt. Man sollte nicht vergessen, den Blick nach oben zu richten und den Mudéjarartesonado zu betrachten, sowie die seltsamen Gegenstände, die von ihm herabhängen; das erstaunlichste ist ein Krokodil. »Lagarto« (Echse), das seinen Namen nicht nur dem Portal, sondern auch dem Arkadengang an der Ostseite des Patio gab.

Die Chronik ALFONSOS X., DES WEISEN, erzählt von einer Gesandtschaft des Sultans von Ägypten, die um die Hand von Alfonsos Tochter BERENGUELA anhalten sollte. Der Sultan sandte eine Giraffe, einen Elefanten und ein Krokodil. Alfonso scheint sich entschlossen zu haben, beides zu behalten, Tochter und Krokodil. Ausgestopft und vor der zur Kirche umgewandelten Moschee aufgehängt, galt das Reptil als Glücksbringer und Mittel gegen den bösen Blick; dem Rüssel des Elefanten, der ihm zunächst hängt, wurden die gleichen schönen Eigenschaften zugesprochen. Irgendwann waren sie verwittert oder zerfallen und wurden durch hölzerne Kopien ersetzt.

Aber damit nicht genug. Wir sehen noch eine Lanze und eine Kandare, die der Babieca, dem Schlachtroß des CID, gehört haben soll; andere sagen, die Giraffe habe sie getragen. Es gibt diverse Erklärungen für diese bizarre Sammlung; manche geben sich mit der abgedroschenen Erklärung zufrieden, in ihnen Symbole der Klugheit (Krokodil), Kraft (Rüssel), Gerechtigkeit (Lanze) und Mäßigkeit (Kandare) zu sehen.

Die **Capilla de la Virgen del Pilar** ist selten geöffnet, aber durch die Glastür hat man eine ganz gute Übersicht; sie ist klein und dunkel; der Altar ist künstlerisch unbedeutend, aber das Licht fällt auf eine seltene und schöne Gruppe von sechs vollkommen erhaltenen westgotischen Kapitellen. Es ist sehr wahrscheinlich, daß die Kapelle ein Teil der Almohadenmoschee war, denn die Mauren benutzten alles, was ihnen an früherem Baumaterial in die Hände fiel.

Um den Trakt der **Hauptsakristei** zu besichtigen, beginnen wir am besten in der Südostecke. Die *Sala de Ornamentos* bietet eine kostbare Sammlung sakraler Gewänder, die, ganz zu Unrecht, nur wenige Besucher interessiert. Ein Perserteppich aus dem 14. oder 15. Jahrhundert, aus Seide und Goldfäden geknüpft, ist eines der ältesten erhaltenen Beispiele dieser Kunstgattung.

Die ovale *Sala Capitular* hat wundervoll harmonische Proportionen, ist aber vor allem bekannt, weil hier MURILLOS »Unbefleckte Empfängnis« sowie acht Ortsheilige hängen. Das Bild FERDINANDS DES HEILIGEN ist ein Werk des FRANCISCO PACHECO, des Gründers der Schule von Sevilla und Lehrer und Schwiegervater von VELÁZQUEZ.

Die *Sacristía Mayor*, ein weiter Saal im plateresken Stil, bewahrt viele wertvolle Schätze. Die herrlichen Eingangstüren sind von GUILLÉN. Nur wenige haben leider Zeit genug, um diesen schönen Saal zu bewundern. Gleich nach dem Eintreten sieht man zur Rechten den »Tenebrario«, einen Bronzeleuchter von BARTOLOMÉ MOREL (1562). In der Karwoche wird er in die Vierung gebracht, und zwölf seiner Kerzen werden, eine nach der anderen, während des Miserere ausgelöscht, um das Verschwinden der Apostel anzudeuten, während die dreizehnte, die die Jungfrau Maria symbolisiert, weiterbrennt. Der Kandelaber ist fast sieben Meter hoch. Morel schuf 1570 auch den großen »Facistol«, das Lesepult im Coro. Links steht als Pendant zu dem gigantischen Kandelaber eine silberne Monstranz von JUAN DE ARFE (Hans Harfe), die in der Fronleichnamsprozession mitgetragen wird.

In Westrichtung weitergehend, gelangt man durch die Capilla de los Dolores in die **Sacristía de los Cálices**. Hier befindet sich ein anderes Meisterwerk des »Sevillanischen Phidias« JUAN MARTÍNEZ MONTAÑÉS, ein überaus realistischer »Christus am Kreuz«, außerdem rund vierzig Gemälde berühmter Künstler, darunter eine wunderbare »Heilige Familie« von MURILLO, der noch mit vier weiteren Werken vertreten ist. Dem Kunstfreund wird es genügen zu hören, daß man Bilder von Valdés Leal, Morales, Zurbarán, Vargas, Roelas, Pacheco, Tizian und Alejo Fernández findet. Das meiste Interesse verdient eines der wenigen religiösen Gemälde GOYAS, »Justina und Rufina«; die beiden Schutzheiligen Sevillas waren junge Töpferinnen aus Triana und erlitten unter den Römern das Martyrium, weil sie ein Götterbild zerstört hatten. Sie sind vor der Giralda dargestellt mit ihren Symbolen: Töpferwaren, einem zerbrochenen Idol und Palmzweigen. Das Bild gehört nicht zu den besten Werken Goyas. Ein anderer liebenswerter Heiliger ist der Mönch FERNANDO DE CONTRERAS, dargestellt auf einem Gemälde von LUIS VARGAS. Contreras gehörte dem Orden der Barmherzigen Brüder an; er widmete sich der Befreiung christlicher Gefangener in Nordafrika.

Gleich rechts vom Südeingang, der Puerta de San Cristóbal, durch die wir eingetreten sind und durch die wir die Kathedrale auch wieder verlassen, kommt man zur **Capilla de la Antigua**, die größte und prächtigste aller Seitenkapellen. Das Marienbild ist ein Fresko aus dem 14. Jahrhundert, doch möglicherweise hat eine byzantinische Ikone als Vorlage gedient. Von der Kapelle führt eine kleine Tür rechts in die *Sakristei*, wo ungefähr dreißig Gemälde bekannter Maler, darunter Ribera, Valdés Leal und Alonso Cano, aufbewahrt werden; ZURBARÁNS »Johannes der Täufer« verdient besondere Aufmerksamkeit.

Die nächste Kapelle, die **Capilla de San Hermenegildo,** hat eine feine Reja und enthält eine meisterliche Skulptur im Stil des Flamboyant, das Alabastergrabmal des Kardinals JUAN DE CERVANTES (1458) von LORENZO MERCADANTE, dessen Werk am Westportal wir schon bewunderten. Das Porträt des Erzbischofs wird nicht nur wegen seines Realismus gerühmt, sondern auch wegen des Ausdrucks unendlichen Friedens auf den zerfurchten Zügen. Der Hirsch zu seinen Füßen und auf seinem Wappen ist ein wortspielerisches Emblem: Cierva – Cervantes.

Wir gehen nach draußen und widmen uns abschließend noch ein wenig dem **Glockenturm**. – Die Giralda ging aus dem Minarett der großen Moschee der Almohaden hervor, das 1184 kurz vor dem Tod des Kalifen ABŪ YA'QŪB YŪSUF begonnen wurde; die Wiederaufnahme erfolgte unter seinem Nachfolger ALMANSOR YA'QŪB. Die Namen zahlreicher Architekten sind bekannt, und man ist heute ziemlich sicher, daß das Minarett von Sevilla von AḤMAD IBN BASO entworfen und begonnen, aber von 'ALĪ DE GOMARA vollendet worden ist.

Das Minarett war ursprünglich etwa achtzig Meter hoch, der schlanke obere Teil gekrönt von einer Kuppel mit Azulejos und darauf vier vergoldete Messingbälle oder »Äpfel«, die zur Spitze hin immer kleiner wurden. Es blieb unverändert, bis ein Erdbeben Kuppel und Spitze am 24. August 1356 zum Einsturz brachte. Danach wurde ein kleiner Glockenturm aus Ziegeln als Abschluß errichtet. Man kann das in der Kapelle der Evangelisten nachprüfen, wo die Heiligen Justina und Rufina mit der Giralda, wie sie 1555 aussah (als der Maler Ferdinand Sturm dieses Altarbild malte), zu sehen sind. 1558 wurde JOSÉ RUIZ beauftragt, einen eindrucksvolleren Glockenturm zu entwerfen, der das Minarett um etwa zwanzig Meter erhöhte. Barock und maurische Baukunst harmonieren überraschend gut miteinander. Die »Giralda« ist eine riesige Bronzestatue, eine allegorische Figur des Glaubens; sie wurde 1564 von MOREL, der auch den schönen Tenebrario geschaffen hat, gegossen. Die Figur dient zugleich als Windfahne oder Giraldilla: daher der Name des Turms! Die drehbare, vier Meter hohe und 1500 Kilogramm schwere Vorrichtung ist technisch und künstlerisch ein Wunderwerk, das sich bei der kleinsten Brise bewegt.

Original der Bronzestatue der Giraldilla in der Kathedrale, die auch auf dem Glockenturm zu sehen ist.

Sevilla – Die nördliche Stadt

Um die nördliche Hälfte der Stadt kennenzulernen, beginnt man am besten bei der **Campana**, einer geschäftigen Kreuzung an der *Plaza del Duque de la Victoria*. Nach Süden verläuft die enge *Calle de las Sierpes*, eine Fußgängerstraße mit Cafés, Clubs und Handelshäusern. Ihr Name »Sierpes« (Schlangen) wurde wahrscheinlich von einem alten Wirtshausschild übernommen.

Wenn man sich in östlicher Richtung von La Campana entfernt, ist die nächste Abzweigung zur Rechten die *Calle de la Cuna*, Wiegenstraße, wo einst das Findelhaus stand.

Gleich zur Rechten liegt der **Palacio de la Condesa de Lebrija**. Ein kurzer Zaguán führt zu der schönen schmiedeeisernen Cancela, wo man unter besonderen Voraussetzungen vielleicht die Erlaubnis zum Besuch des Palastes erhalten kann. Sehen Sie sich den römischen Fußboden unter dem Gitter an, ein gutes Beispiel für »opus sectile«, ein Belag aus geometrischen Marmorplatten, und die schönfarbigen Fliesen aus dem 18. Jahrhundert, die den unteren Teil der Wand zieren. Im Innern findet man in dem großen Patio und in allen Wohnräumen des Erdgeschosses römische Bodenmosaiken; sie stammen, ebenso wie die Büsten und Statuen in allen Ecken, aus der einstigen Römerstadt Itálica. In Schaukästen sieht man zahlreiche kleinere Antiken, und im großen Treppenhaus kann man den Artesonado und die Mudéjarstuckpaneele aus dem ehemaligen Schloß des Herzogs von Osuna in Marchena bewundern.

An der Calle Laraña entdecken wir die ehemalige *Universidad*. Die Alte Universität ist vor allem wegen ihrer Kirche (1563 bis 1579) berühmt, von dem Jesuitenpater BUSTAMANTE erbaut, mit schönen Arbeiten von Roelas, Alonso Cano, Martínez Montañés, Juan de Mesa und anderen. Sie ist »en obras«, in einem höchst reparaturbedürftigem Zustand. Die heutige **Universität** hat seit 1771 das alte Jesuitenkolleg inne, aber die meisten Fakultäten sind in die Zigarettenfabrik, die uns aus Bizets Oper »Carmen« vertraut ist, umgezogen.

Im Osten liegt auf der linken Seite die **Iglesia de San Pedro**; sie ist die Taufkirche von VELÁZQUEZ (1599); innen findet man ein feines »Trankopfer des heiligen Petrus« von Roelas. Etwas weiter entlang der Straße, die jetzt Juan de Mesa heißt, liegt die Kirche **Santa Catalina**. Das Mauerwerk der Mudéjarapsiden mit ihren ausgelappten Blendarkaden ist bemerkenswert; auch der zinnengekrönte Mudéjarturm, der sich über einem ehemaligen Almohadenminarett erhebt, und eine quadratisch überkuppelte Kapelle, die sich an ihn anschmiegt, verdienen unser Interesse. Das Innere überrascht mit üppigem Barock.

Hinter Santa Catalina führt die Calle de Gerona zur Calle de las Dueñas über eine Querstraße, die nach Doña María Coronel benannt wurde. Wenden Sie sich rechts, um die **Casa del Duque de Alba** (Nr. 5) aus dem 15. Jahrhundert zu finden. Wenn die Familie nicht hier residiert, kann unter Umständen das Haus besichtigt werden.

Ungefähr zweihundert Meter westlich liegt die kleine Kirche **San Juan de la Palma**. Ihre Kunstschätze sind nicht sehr interessant; am bekanntesten ist die »Virgen de la Amargura«, Madonna der Bitterkeit, ein Liebling der Prozessionen in der Heiligen Woche, geschnitzt von LA ROLDANA, der begabten Tochter des PEDRO ROLDÁN. Die Kirche ist auf den Grundmauern einer Moschee errichtet worden, von der man eine Inschrift (heute im Archäologischen Museum) entdeckt hat. Sie berichtet in erhabenen kufischen Buchstaben, daß ITIMAD AR-RUMAIKIJA, Gemahlin des AL-MU'TAMID, eines Taifakönigs von Sevilla, die Errichtung des Minaretts befahl. Rumaikija war die Lieblingsfrau des letzten Abbad-Königs von Sevilla, den man Mu'tamid den Unberechenbaren nannte, ein Poet und Mörder.

Hinter dem Palast des Herzogs liegt die Kirche **San Marcos**, die nach einem Brand, außer Fassade und Turm, total restauriert werden mußte. Die Fassade ist in einfachem gotischem Stil gehalten; der Alfiz des Portals hat einen Zickzackfries und ist darüber mit Sebka, einem Rautenmuster, das wir an der Giralda gesehen haben, ornamentiert. Wie an romanischen Fassaden findet sich plastischer Figurenschmuck, nur haben die Statuen hier typisch gotische Baldachine. Dieses seltsame Stilgemisch bildet eines der anziehendsten Kirchenportale, das man sich nur vorzustellen vermag.

Der **Convento de Santa Paula** liegt am Ende der gleichnamigen Straße, ein paar hundert Meter weiter. Auch das Portal seiner Kirche, zu dem man durch einen stillen Garten gelangt, ist aus einer Verschmelzung verschiedenster Stile entstanden. Das Mudéjarthema durch die Verwendung von Backsteinen gesteigert; die Renaissance kommt zu Wort in köstlichen Fayence-Medaillons und heraldischen Darstellungen, zum großen Teil das Werk des berühmten FRANCISCO NICULOSO PISANO. Er war es, der der uralten Sevillaner Töpferkunst Renaissance-Impulse vermittelte; er gab nicht nur den Pisano-Fliesen seinen Namen, er führte auch zwei neue Farben, Rosenrot und Violett, ein. Dieses Portal wird als eines seiner Meisterwerke betrachtet, obwohl ein Teil der Ehren auch PEDRO MILLÁN zukommt.

Nach fünfhundert Metern entlang der Calle de San Luis, die von San Marcos abbiegt, stößt man auf die Fassade der ebenfalls ausgebrannten und restaurierten Kirche **Santa Marina**; auch ihre Fassade zeigt steinerne Heiligenfiguren mit Baldachinen. Beide Kirchen haben Mudéjartürme mit Spitzenmustern und Blendarkaden. Am Ende der Straße liegt die **Puerta de la Macarena**, Teil der Stadtmauer aus der Almohadenzeit, die sich in gutem Erhaltungszustand über einen halben Kilometer nach Osten erstreckt, entlang der großen Ringstraße, die um die Stadt herumläuft, dem Weg der einstigen Almohadenmauern folgend, von denen noch hier und da Spuren zu finden sind. Hier am Tor zeigen sie das typisch almohadische *Antemuro*, eine niedrige äußere Mauer, in gleicher Weise wie die Hauptmauer mit Zinnen geschmückt und in unterschiedlichen Abständen verstärkt durch sieben rechteckige Türme und einen oktogonalen Turmbau. MACARENA war der Name einer Maurin, Tochter eines der Herrscher der Stadt; nicht nur der ganze Stadtteil, lange Zeit ein Armenviertel, wurde nach ihr benannt, sondern auch die berühmteste aller Madonnen Sevillas, »La Macarena«.

Außerhalb des Altstadt, gegenüber der Puerta de la Macarena, liegt das **Hospital de la Sangre** oder de Cinco Llagas. Es ist ein ansprechendes Gebäude aus dem 16. Jahrhundert, eine Kombination von Renaissance und Barock; am schönsten aber ist der Spitzturm zu ihrer Linken. Die Tatsache, daß das Hospiz außerhalb der Stadtmauer liegt, läßt uns annehmen, daß es ursprünglich für Seuchenkranke gedacht war.

Innerhalb der Mauern, gegenüber dem Tor, liegt die Kirche **San Gil**, eine der frühesten christlichen Gründungen in Sevilla, vielleicht über einer früheren Moschee errichtet. Nur die Apsis ist von der ersten Kirche übriggeblieben, aber sie ist einen Besuch wert, denn ihr geometrisches Fliesenmosaik aus dem späten 13. Jahrhundert stellt einen Meilenstein in der langen Geschichte der Sevillaner Töpferkunst dar. Im linken Seitenschiff führt eine schmale Passage zu der modernen Basilika, die gebaut wurde, um die vom Volk heißgeliebte »Virgen de la Macarena« oder »Virgen de la Esperanza« aufzunehmen. Sie ist eine Dolorosa aus dem 17. Jahrhundert und wird PEDRO ROLDÁN oder seiner Tochter Luisa, genannt LA ROLDANA, zugeschrieben.

Wenn man durch die engen, sich windenden Gassen dieses reich bevölkerten Viertels zurückkehrt, sollte man einen Blick auf die Kirche **Omnium Sanctorum** werfen wegen ihrer gotischen Mudéjarfassade und des Mudéjarturmes mit seinem Sebka-Muster. Hinter der historischen Calle de la Feria liegt die **Alameda de Hércules**. Diese Promenade, errichtet an Stelle eines für Verteidigungszwecke angelegten Sumpfes aus der Zeit PHILIPPS II., hat zwei große ionische Säulen an jedem Ende. Die im Süden sind römischen Ursprungs. Sehr passend sind sie mit den Statuen von Herkules und Julius Caesar gekrönt, Arbeiten aus dem 16. Jahrhundert von DIEGO DE PESQUERA. Während die südlichen eher das Nonplusultra des spanischen Wappens zu symbolisieren scheinen, versinnbildlichen wohl die nördlichen das Plusultra der Epoche nach der Entdeckung Amerikas.

Ungefähr zweihundert Meter westlich liegt das Kloster **Santa Clara**. Sein Eingangspatio, »Compás« genannt, ist einer von Sevillas schönsten Plätzen, still, kopfsteingepflastert, mit Orangenbäumen bepflanzt. In den Gärten steht der *Torre de Don Fadrique*; man kann ihn von der Giralda aus erkennen. Er wurde im Übergangsstil von der Romanik zur Gotik errichtet. FADRIQUE (Ferdinand) war der älteste Sohn ALFONSOS X., wurde aber von seinem Vater von der Thronfolge ausgeschlossen und soll in diesem Turm von seinem Neffen, KÖNIG SANCHO IV., der übrigens auch gegen den Vater rebellierte, ermordet worden sein. – Der Turm hat drei Geschosse; die Rippen des obersten Gewölbes entspringen aus Schlußsteinen in Form menschlicher Köpfe; das früheste Beispiel mittelalterlicher Bauplastik in Sevilla.

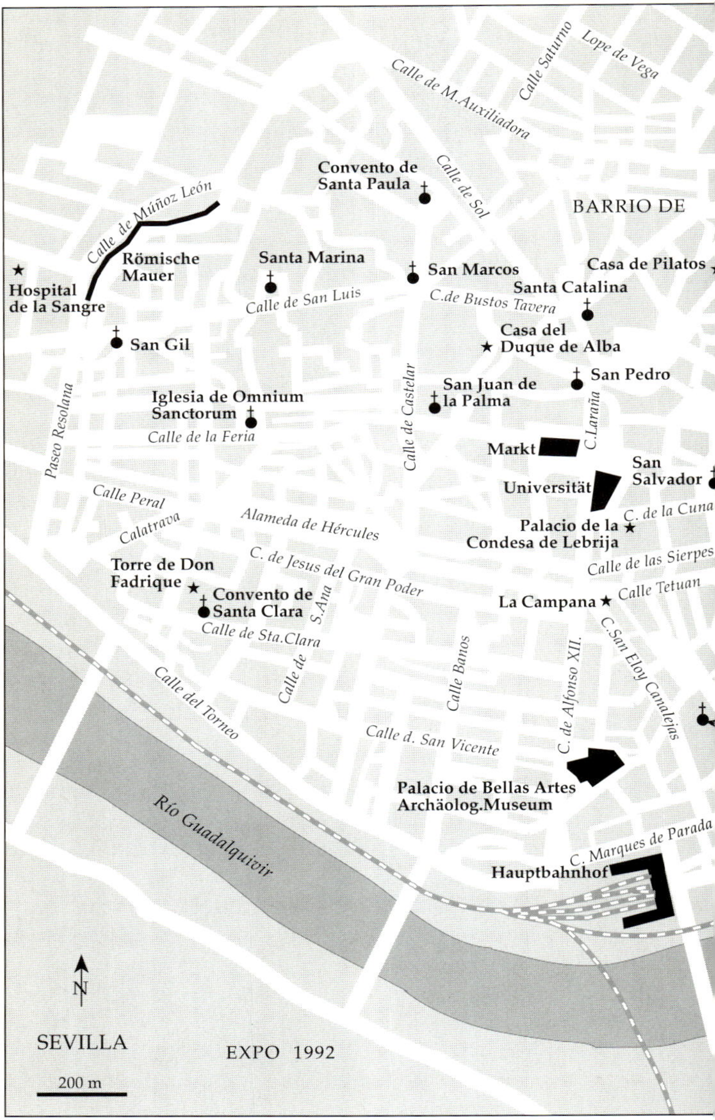
Calle Saturno
Lope de Vega
Calle de M.Auxiliadora
Convento de Santa Paula
Calle de Sol
BARRIO DE
Calle de Múñoz León
Römische Mauer
Santa Marina
San Marcos
Casa de Pilatos
Santa Catalina
Hospital de la Sangre
Calle de San Luis
C.de Bustos Tavera
Casa del Duque de Alba
San Gil
San Pedro
San Juan de la Palma
Paseo Resolana
Iglesia de Omnium Sanctorum
Calle de la Feria
Calle de Castelar
C.Laraña
Markt
San Salvador
Universität
Calle Peral
Calatrava
Alameda de Hércules
Palacio de la Condesa de Lebrija
C. de la Cuna
Calle de las Sierpes
Torre de Don Fadrique
C. de Jesus del Gran Poder
Convento de Santa Clara
S.Ana
La Campana
Calle Tetuan
Calle de Sta.Clara
C.San Eloy Canalejas
C. de Alfonso XII.
Calle Banos
Calle de
Calle del Torneo
Calle d. San Vicente
Palacio de Bellas Artes Archäolog.Museum
Río Guadalquivir
C. Marques de Parada
Hauptbahnhof
N
SEVILLA
EXPO 1992
200 m

Avenida
Borbollo
Avenida de Carlos V.
Avenida de Portugal
Plaza de España
Santa María la Blanca
SANTA CRUZ
C.Sta.María Blanca
Calle Menéndez Pelayo
Asilo de los Venerables Sacerdotes
Av.del Cid
Av.de Israel la Católica
Alcázar
C.de S.Fernando
Av.María Luisa
San Isidoro
Kathedrale
Fábrica de Tabacos
Palacio de San Telmo
Audiencia
Casa Lonja
Pta.de Jerez
Av.de Roma
Av. de la Constitución
Ayuntamiento
Hospital de la Caridad
Río Guadalquivir
Plaza Nueva
Puente de San Telmo
Calle de Zaragoza
Calle Castelar
Torre del Oro
Plaza de Cuba
C.de Adriano
Plaza de Toros
Paseo de Cristóbal Colón
La Magdalena
Calle de San Pablo
Calle Betis
Santa Ana
Avenida de la República Argentina
Pajes del Corro
C. de Arjona
Puente Isabel II.
BARRIO DE TRIANA
Calle de Pureza
Calle San Jacinto

Sie sollten nun zur **Calle de la Feria** zurückkehren, wo seit Jahrhunderten ein Wochenmarkt unter freiem Himmel gehalten wird. Wenn Sie sich einen Donnerstag ausgesucht haben, können Sie die gleiche Atmosphäre erleben, in der schon der junge Murillo seine Kinderstudien anfertigte.

Das **Museo de Bellas Artes** kann man leicht finden; man geht wieder von La Campana aus, aber diesmal westlich die Calle de Alfonso XII. entlang. Nach fünf Minuten Weg gelangt man in einen kleinen französischen Garten zur Linken der Straße, wo eine Bronzestatue des MURILLO steht, der ja, genauso wie VELÁZQUEZ, aus Sevilla stammt. Dahinter liegt das plumpe, verschachtelte Museumsgebäude, ursprünglich das Kloster der Merced Calzada, zu dessen Insassen im frühen 17. Jahrhundert TIRSO DE MOLINA gehörte, der Schöpfer des ersten »Don Juan«. Sein Porträt in Madrid zeigt uns das Gesicht eines Satyrs über dem Gewand eines Mönches. Das Kunstmuseum ist 1838 gegründet worden, zwei Jahre nach der Auflösung der Klöster; sein Kern wird geformt von den Kunstschätzen, die aus den preisgegebenen Konventen geborgen wurden.

Der Eingangskorridor und die meisten Gänge und Patios sind mit Azulejosfriesen aus dem 16. und 17. Jahrhundert gesäumt. Der Museumsplan, er ist an der Kasse erhältlich, verändert sich ständig, und das »Obras«-Gespenst hängt über ihm wie über jedem Gebäude, dessen Mauern feucht sind und dessen Dächer lecken.

Sevilla – Die südliche Stadt

Die **Plaza Nueva** ist ein guter Ausgangspunkt für einen Rundgang zu den Sehenswürdigkeiten des südlichen Sevilla. Sie wird auch *Plaza San Fernando* genannt, weil in der Mitte ihres modernen Palmengartens ein Denkmal des Eroberers von Sevilla steht. Interessanter war das Steinbild des Komturs, des Kommandanten von Calatrava, das früher hier im Kreuzgang des **Convento de San Francisco** zu finden war. Im »Don Juan« von TIRSO DE MOLINA, der ersten Fassung dieses Stoffes von 1630, war der Name des Komturs GONZALO DE ULLOA. Er wurde von DON JUAN bei dem Versuch, die Ehre seiner Tochter DOÑA ANA zu rächen, getötet. Sein Denkmal spielt im zweiten Teil des Titels eine Rolle: »El Burlador de Sevilla y el Convidado de Piedra«; der Spötter und tolldreiste Kerl von Sevilla ist natürlich Don Juan, und der Steinerne Gast das Standbild Gonzalos, der Juans übermütige Einladung zum Diner annimmt und ihn später in seiner Gruft zermalmt, als Zeichen göttlicher Gerechtigkeit. Das Kloster selbst wurde von den napoleonischen Truppen gebrandschatzt, wie noch viele der Stifte, von denen es im 18. Jahrhundert immerhin 74 gab. Viele Plätze des heutigen Sevillas sind so nach der französischen Invasion entstanden, die anderen gehen auf die Sūqs aus der Zeit der Almoraviden und Almohaden zurück. Die Nomenklatur der Straßen Sevillas enthält übrigens 70 Jungfrauen, 17 Frailes und 107 Heilige.

Zweihundert Meter nordwestlich liegt die Kirche **La Magdalena**; wir müssen einen kleinen Abstecher machen, wenn wir sie besichtigen wollen. Der Bau ist typisch Sevillaner Barock, von LEONARDO DE FIGUEROA über dem Grundriß der früheren gotischen Kirche San Pablo errichtet, mit drei Schiffen, Querschiffen und einer weiten Vierung. Das Innere ist wegen seiner vielen Fresken bemerkenswert; sie wurden von LUCAS VALDÉS, dem Sohn des VALDÉS LEAL, geschaffen. Die *Capilla de la Quinta Angustia* hat eine Mudéjarkuppel mit dem charakteristischen Muster einander kreuzender bandartiger Rippen, die in der Mitte einen Stern bilden; man nennt diese Arbeit »Lazo«. Diese Kuppel hat sechzehn Strahlen. In der *Capilla Sacramental* zur Rechten hängen zwei schöne ZURBARÁNS, die seine hohe Meisterschaft in der Behandlung des Lichtes, der Farben, der Falten bestätigen. Das eine Bild von 1626 mit der »Wunderbaren Heilung des seligen Reginald von Orléans« beeindruckt durch die mattvioletten und roten Roben und das bezaubernde Stilleben auf dem Tisch am Bett des Kranken. In der Magdalena wurde am 1. Januar 1618 MURILLO getauft, und auch die Investitur des Bischofs BARTOLOMÉ DE LAS CASAS, des Apostels der Indianer, fand hier statt. 1474 in Sevilla geboren und für die Westindischen Inseln als Bischof eingesetzt, kämpfte er gegen die Unterdrückung der Eingeborenen. Obwohl er selbst nicht ganz konsequent war, waren seine Absichten sicherlich achtenswert, und es gelang ihm, das Gewissen des Kardinals CISNEROS zu wecken. Es heißt, daß die Ansiedlung von Negersklaven in der westlichen Hemisphäre, die man damals für segensvoll hielt, auf Anregung Las Casas' zurückging.

Zurückgekehrt zur Plaza Nueva sieht man die strenge Renaissancefassade des **Ayuntamiento** oder der »Casas Capitulares« vor sich, größtenteils während der ersten Hälfte des 16. Jahrhunderts errichtet. Die Ostfassade sieht auf die Plaza de San Francisco und die »Audiencia«, das nach einem Brand 1918 wiederaufgebaute Appellationsgericht. Diese unvollendete Ostfassade des Ayuntamiento wird als eines der edelsten Beispiele des Platereskstils bezeichnet; seine klassischen Linien erscheinen durch eine Unzahl von Tier-, Pflanzen- und Phantasieornamenten gemildert. Der Eingang liegt an dieser Seite, und das Innere, besonders das Vestibül, ist im typischen Übergangsstil von der Gotik zur Renaissance gehalten. Die Stadtarchive im Obergeschoß gehören zu den wichtigsten Spaniens; hier werden die kostbarsten Dokumente seit der Zeit der Katholischen Könige aufbewahrt.

Wenn Sie etwas Ausgefallenes kaufen oder sich gemütlich zu einer Erfrischung niedersetzen wollen, sollten Sie in die berühmte **Calle de las Sierpes** mit ihren hübschen Läden und Cafés gehen. An der Nordostecke führt eine kurze, gewundene Straße zur Kirche **El Salvador**, einer der interessantesten und am wenigsten bekannten Sehenswürdigkeiten der Stadt.

Das Äußere mit seinen übertriebenen Voluten wird einen vielleicht an einen Bahnhof im Gründerstil erinnern, aber das Innere und besonders der Patio entschädigen dafür doppelt. Der Patio war der Hof von Sevillas Freitagsmoschee, der des ʿUMAR BEN ADABBAS, errichtet unter ʿABD AR-RAḤMĀN II. im Jahre 829. Die älteste arabische Inschrift auf spanischem Boden, die man im Archäologischen Museum bewundern kann, erzählt uns diese Fakten in kufischen Lettern. Die Moschee überlebte 844 den Versuch der Wikinger, sie niederzubrennen, und wurde danach als ein durch ein Wunder bewahrtes Heiligtum betrachtet. Die immer wiederkehrenden, jahreszeitlich bedingten Überschwemmungen, unter denen Sevilla litt, bis am Ende des letzten Jahrhunderts der Fluß endlich richtig eingedeicht wurde, ließen Schlamm zurück, durch den sich das Bodenniveau hob.

Die Säulenkapitelle ragen nur dreißig bis sechzig Zentimeter über den Boden; die Basen sollen ungefähr zwei Meter unter dem Bodenniveau liegen. Die Kapitelle sind römisch und westgotisch (man nimmt an, daß hier bereits eine westgotische Kirche stand); auf ihnen ruhen die Ziegelbögen, zwischen denen moderne Häuser gebaut wurden. Das Minarett, heute der Glockenturm, lag in der Nordmauer des Patio, gleich am Eingang, genau wie in Córdoba.

Von El Salvador zur Kirche **San Isidoro** geht man ungefähr hundert Meter in östlicher Richtung. Das Südportal unter einem Glockenturm, mit Azulejos gedeckt, ist gotisch; die Archivolten zeigen ein Zickzackmuster. Innen sollte man den »Tránsito de San Isidoro« des JUAN DE LAS ROELAS anschauen.

Die Calle de Águilas bringt uns zur **Casa de Pilatos**, zum »Haus des Pilatus«, das nach der Kathedrale und dem Alcázar zum unbedingten Pensum der Touristen gehört.

Das Gebäude wurde 1492 von PEDRO ENRÍQUEZ und seiner Frau CATALINA DE RIBERA begonnen; beider Sohn, FADRIQUE DE RIBERA, der den Namen der Mutter führte, vollendete und verschönerte es mit Marmorstatuen aus Italien. Don Fadrique war ein großer Reisender und unternahm 1519 eine Pilgerfahrt nach Jerusalem; darauf beruht die in nichts sonst bestätigte Annahme, daß das Haus dem Praetorium des PONTIUS PILATUS nachgebildet sei. Diese Annahme führte auch dazu, daß einige Cofradías, deren Prozessionen in der Karwoche eine Zeitlang den Leidensweg darstellten, ihren festlichen Weg am Haus des Pilatus begannen.

Der Ausgangspunkt der Cofradías ist in der Mauer zur Linken des Eingangs durch ein eingelegtes Jaspiskreuz bezeichnet; daneben ist eine Tafel, die an die Heiligsprechung Juan de Riberas, eines Verwandten des Gründers, erinnert.

Das *Innere* entspricht dem gewöhnlichen Grundriß mit einem Außenhof und mehreren Patios. Wieder findet sich eine glückliche Verschmelzung von Mudéjar- und Plattereskstil. Die zweigeschossige Arkadengliederung und die niedrige Balustrade sind typisch für die Renaissance. Die schlanken Marmorsäulen, die gezähnten Bögen, der reiche Stuck, die Zwillingsfenster mit Alfiz-Umrahmung und, mehr als alles dies, die Fliesen rufen die maurische Tradition wach. Ruhm und Prunk des Hauses sind die Azulejos, die jede Wand bis zu einer Höhe von vier Metern bedecken, mit Mustern, die an Orientteppiche erinnern. Die Farben sind die gleichen, die von den Almohaden bevorzugt wurden, blaßbraun und honiggelb, grün und dunkles Purpurrot. Die Purpurfliesen wurden mit Hilfe von gebranntem, mangansaurem Salz hergestellt. Die meisten Azulejos gehören dem Cuencatyp an, bei denen Flachreliefmuster aufgeprägt wurden. Es finden sich aber auch Beispiele der »Cuerda-seca«-Technik. Dabei wurden die Muster mit einer Schnur, die mit Mangansalz imprägniert war, vor dem Brennen nachgezeichnet, um die einzelnen Farben scharf zu trennen. Die fertige Fliese zeigte dann dunkle Konturen.

In jeder Ecke des Patio steht eine römische Statue, darunter zwei Minerva-Figuren. Es konnte nachgewiesen werden, daß sie Kopien der berühmten Lemnischen Athene des Phidias sind, von denen andere römische Kopien in Bologna und Dresden zu finden sind. In der Mitte steht ein eleganter Brunnen, dessen obere Schale von Delphinen getragen wird; die Spitze bildet ein bärtiger Januskopf; das Buschwerk um das untere Becken mildert die Kälte von Marmor und Stein.

Zur Rechten liegt der *Salón del Pretorio* (jeder Raum im Palast ist nach einem Ereignis aus der Passion benannt), dessen schöne plateresque Rejas genauer Betrachtung wert sind; man kann durch eine davon auf eine andere Reja im Garten sehen, ein Lieblingsmotiv der Künstler. Die originalen hölzernen Fensterläden gehören zu den künstlerischsten und besterhaltensten Stücken der Mudéjarzimmerkunst. Die Decke ist ein Wunder an geduldiger Mühe und betont noch einmal die Vereinigung von Renaissance und islamischer Kunst. Sie ist im Geschmack der Renaissance kassettiert, und ein Teil der Kassetten zeigt Wappenschilde, aber die meisten sind in exquisiter Alfarjetechnik mit viereckigen Elfenbeinintarsien gearbeitet. Hier kann man sehr gut die »Racimos« oder Trauben betrachten, die von vielen Decken dieser Art herabhängen. Diese ornamentierten Holzkegel sind in verschiedenen Mustern geschnitzt, manche gleichen Tannenzapfen oder Ananasfrüchten, andere haben ein Mocárabe- oder Stalaktitenmuster, das an Bienenwaben gemahnt. Außerhalb des Saales liegt ein kleinerer Patio mit alten »Olambrillas«, das sind winzige ornamentale Fliesen, die zwischen die Backsteine des Pflasters eingelegt werden, und Kapitellen von Medina Azahara. Das Vorgemach der Kapelle heißt *Sala de Descanso de los Jueces*: Raum, in den sich die Richter zurückzogen, und enthält zwei weibliche Statuen, die eine stellt wahrscheinlich CATALINA DE RIBERA dar. Die Kapelle hat ein überladenes gotisches Gewölbe mit vergoldeten, ornamentierten Rippen und Mudéjarstuck. Die Cuerda-seca-Fliesen in diesem Raum gehören zu den schönsten Spaniens. Von dem Vorgemach führt eine kleine Tür in den *Salón de la Fuente*, so genannt nach dem kleinen Bassin in der Mitte; die schöne Mudéjardecke weist Lazo-Werk, Mocárabes und schwer vergoldete Racimos auf. Im Römischen Saal ist ein kleines Museum römischer Statuen und Büsten eingerichtet, und dahinter liegt wiederum ein Patio, der »Jardín grande«. Im kleinen Arbeitszimmer steht ein häßlicher Tisch aus dem 16. Jahrhundert mit »Opus sectile«, einem Belag aus kleinen, geometrisch geschnittenen Marmorplatten. Hier und da hat man oberhalb der Fliesenverkleidung unter der weißen Tünche Reste von Fresken freilegen können; wie in anderen Mittelmeerländern hatte auch hier eine Pestepidemie dazu geführt, alle erreichbaren Flächen mit Kalktünche zu überziehen. Damit gelang es zwar, Kunstwerke auszurotten, aber der Floh, der die Krankheit überträgt, war dadurch auch nicht im geringsten zu beunruhigen. Letztes Prunkstück ist die Kuppel über dem Treppenhaus, eine »Medianaranja« oder »Halborange«; die Rippen der einzelnen Segmente sind hervorgehoben, das

Ganze wird von höchst phantasiereichem, künstlerischem Holzspitzenwerk mit Marketerie gebildet. Das obere Stockwerk, dessen Räume meistens verschlossen sind, enthält die Archive mehrerer andalusischer Städte; das ist weithin unbekannt, aber für den Historiker sehr wissenswert.

Der malerische **Barrio de Santa Cruz**, das ehemalige Viertel der Juden, die hier brutalste Pogrome noch vor ihrer Vertreibung 1492 erleiden mußten, hat am stärksten die Atmosphäre des alten Andalusien bewahrt. Hier findet man die engen, geschlängelten Straßen mit weiß- oder gelbgetünchten Häusern, winzigen Patios, die Straßenlampen an Wandarmen, Pflaster aus Ziegeln in Fischgrätmuster und engbrüstige Erker mit Holzgittern, den direkten Nachfahren der arabischen »Mushrabija«, das den Haremsdamen erlaubte, das Straßenleben zu verfolgen, ohne selber gesehen zu werden. Hier kann man Erholung finden vom Lärm der Stadt, und sich dem verführerischen Duft von Orangenblüten, Levkojen und Jasmin hingeben.

Es ist unmöglich und auch nicht wünschenswert, einer festen Route durch dieses Labyrinth zu folgen. Die **Calle de Mármoles** ist uns am nächsten; in ihr finden wir in einer Häuserzeile einen Graben klaffen; dort wurden Ausgrabungen vorgenommen, und in der Tiefe ragen drei riesige römische Marmorsäulen auf, wie der Straßenname andeutet. Sie haben keine Kapitelle mehr, und die Basen sind nicht zu sehen, da sich Wasser um sie herum angesammelt hat, mit einem hübschen leuchtendgrünen Überzug aus Entenflott. – Weiter ist da die Kirche **Santa María la Blanca**: wie ihre gleichnamige Schwester in Toledo war sie früher eine Synagoge. Sie birgt ein Gemälde von VARGAS und ein MURILLO zugeschriebenes »Abendmahl«. Man kann mehr als ein Dutzend bezaubernder Plazas finden, am bekanntesten ist die von *Santa Cruz* mit einem schönen schmiedeeisernen Kreuz zwischen Orangen und Magnolien. Eine andere, *Plaza de las Cruzes*, ist dreieckig und hat drei gleiche Kreuze, auf Säulen gestellt, zumindest eine davon römischen Ursprungs. Da ist die *Calle de la Pimienta*, die Pfefferstraße: ihr Name erinnert an die Zeit, als die Gewürzhändler ihren eigenen Basar hatten und Pfeffer mehr wert war als sein Gewicht in Gold.

Im Zentrum des Barrio gab es ein altes Theater namens **Teatro Doña Elvira**. In TIRSO DE MOLINAS »Don Juan« wird noch keine Elvira erwähnt, sie taucht erst später irgendwo in der langen Entwicklung zwischen diesem ersten Don-Juan-Drama und da Pontes Libretto zu MOZARTS »Don Giovanni« auf, und so ist der Name wohl mehr ein Zufall. 1675 wurde dort auch der **Asilo de los Venerables Sacerdotes** gebaut, ein Heim für alte Geistliche. Der tiefliegende Patio aus roten Backsteinen mit Orangenbäumen, Myrten und Topfpflanzen ist in seiner mönchischen Abgeschiedenheit besonders reizvoll. Die Kapelle wirkt heiter, ihre Fresken sind von ungewöhnlicher Thematik, so Friedrich Barbarossa vor dem Papst im Rom und eine Szene aus dem Leben Attilas. Teil des Retablo mayor ist ein Abendmahl von ROELAS. Hier stellen die Cofradías ihre Schätze außer während der Karwoche aus, und man kann die Kirche leicht finden, wenn man den Wegweisern zum »Tesoro de las Cofradías« folgt.

Gegenüber dem Hospital liegt die malerische **Hostería del Laurel**, ein Wirtshaus, das in ZORILLAS' Don-Juan-Bearbeitung als Haus eines anderen, neu eingeführten Charakters, der Inés, vorkommt. Es ist ein kühler, würzig und nach Wein duftender Ort; die Weine reifen hier in großen Fässern, von den Decken hängen unzählige Schinken herab.

Man sollte den Barrio an der entzückenden Plaza de la Alianza und der Calle de la Alcazaba verlassen. An der Südostseite ist ein Mauerstück aus der Almohadenzeit erhalten, mit fünf viereckigen Türmen, und dahinter liegt der berühmte Murillo-Park. Wenn man die Mauer links liegen läßt und um die Ecke biegt, kommt man schnell zum Haupteingang des **Alcázar**, dem letzten Stern aus Sevillas berühmtesten Dreigestirn. Dieser Festungspalast soll ursprünglich von JULIUS CAESAR gegründet worden sein und wurde von den nachfolgenden Eroberern aller Nationen weiter benutzt. Wie die meisten spanischen Alcázars ist auch dieser in die Stadtbefestigung einbezogen, aber anders als die meisten war er seit fast zweitausend Jahren immer wieder wenigstens gelegentlich Residenz jedes Staats- oder Provinzoberhauptes. Es gibt einige Reste römischen Mauerwerks, aber der größte Teil der Befestigungsanlagen ist im 12. Jahrhundert von den Almohaden errichtet worden.

Man tritt unter einem Fayencelöwen ein, der ein Kreuz und ein Motto trägt, wahrscheinlich »ad utrimque«. Vor uns ist ein Torbogen in der Mauer, die zu dem einzigen Bauteil aus der

Almohadenzeit führt, der nicht kriegerischen Zwecken diente, dem *Patio del Yeso* (Gipshof). Er wird Besuchern im allgemeinen nicht gezeigt. Viele Reisende werden den Myrtenhof in der Alhambra von Granada kennen; dieser Hof ist nach dem gleichen Prinzip angelegt, nur daß Granatapfelbäume den Platz der Myrten einnehmen. Wände und Hufeisenbögen mit ihrer typischen Almohadenornamentik sind gut erhalten.

Von diesem Patio geht die *Sala de Justicia* ab, die ALFONSO XI. im 14. Jahrhundert errichtete. Sein Sohn, PEDRO DER GRAUSAME, ließ den Großteil des heutigen Palastes erbauen, der ungefähr hundert Meter entfernt von diesem Bauteil liegt und einen völlig anderen Stil zeigt. Die Wände der Sala de Justicia sind von Stuckfriesen in zwei Ebenen überzogen, mit dem Rautenmuster, das wir von der Giralda her kennen, und Bogennischen, in denen die durchbrochenen Steinfenster steckten. Das Gewölbe ist eine achteckige Pyramide mit Enlacerías und Intarsien, eines der frühesten Beispiele für den Mudéjarstil. In der Mitte des Saales ist ein Brunnen mit einem flachen Abfluß zum Patio del Yeso, und entlang der Wände laufen Bänke aus Ziegeln und Fliesen.

Der große Hof, der vor einem liegt, wenn man die Almohadenmauer passiert hat, heißt *Patio de los Leones*, weil er angeblich einst die Menagerie beherbergte. Der Hof zur Linken ist der *Patio de la Montería*, der Hof der »Gebirgsjäger«, der Leibwache des Königs aus dem Norden Spaniens.

Vor uns liegt nun die Fassade des Palastes PEDROS DES GRAUSAMEN, dem wir uns später zuwenden; zur Rechten die **Casa de Contratación**, die von Königin ISABEL gegründete Handelskammer, die den Handel mit den neu entdeckten Westindischen Inseln regeln sollte.

Wenn man die Eingangshalle mit den von FRANCISCO DE GOYA entworfenen Gobelins durchschritten hat, kommt man in den *Audienzsaal* mit einem schönen Artesonado und weiter in den *Cuarto del Almirante* mit dem großen Bild der »Virgen de los Navegantes«, der »Madonna der Seefahrer«, die ihren Mantel über einige bedeutende Figuren der Weltgeschichte, darunter KARL V., breitet. Dieses populäre Werk malte ALEJO FERNÁNDEZ

Im Inneren des Alcázars von Sevilla.

nach 1530. Interessant ist das Bild auch dadurch, daß in seinem unteren Teil die Handwerke jener Zeit erscheinen.

Wenn wir die Casa de Contratación verlassen, führt uns eine Treppe zur Rechten in die *Königlichen Gemächer*. Das Treppenhaus ist, anhand der Fliesen, die die Wände über anderthalb Meter hoch bedecken, leicht zu datieren, sie gehören zu den besten Arbeiten Sevillaner Manufakturen des 16. Jahrhunderts. Die obere Reihe zeigt abwechselnd die Wappen von Kastilien und León, die drei Türme und den Löwen, und das Wappen KARLS V., die zwei Säulen Herkules' mit einem Schriftband: »Plus Ultra«, das Emblem, aus dem das heutige Dollar-Kürzel wurde.

Der erste Raum am oberen Ende der Treppe heißt *Saleta* und diente als eine Art Vorzimmer. Die Decke ist ein komplizierter Artesonado mit dem Joch und den Pfeilen der Katholischen Könige. Es war zu jener Zeit üblich, daß jeder der adligen Eheleute ein Emblem annahm, das mit dem Anfangsbuchstaben des Namens des anderen begann. So wählten Ysabel (wie sie sich schrieb) die »Flechas« (Pfeile) und Ferdinand den »Yugo« (Joch). Ein anderes Emblem stellte einen Helm (Yelmo) mit einem Fenchel (damals Finojo) als Helmzier dar. Das Joch und die Pfeile dienten dann wiederum als Emblem für die von Primo de Rivera gegründete faschistische Falange-Partei FRANCOS. An den Wänden hängen flämische Tapisserien, und von den Fenstern aus hat man einen großartigen Blick auf die Kathedrale und die Giralda, über die Höfe und Zinnen des Palastes hinweg. Der nächste Raum ist klein, aber prächtig, fast überreich. Er hat eine Alfarjedecke, die in der Mitte von zwölf Marmorsäulen mit vergoldeten Kapitellen aus der Kalifenzeit getragen wird.

Die *Kapelle der Königin Isabel*, ein kleiner Raum mit gotischer Decke, ist wegen ihres Fayencealtars (1504) des FRANCISCO NICULOSO PISANO berühmt, von dem wir auch im Kloster Santa Paula schon einige Arbeiten gesehen haben. Er hat seine Kunst wahrscheinlich in Faenza erworben, jedenfalls führte er als erster mehrfarbige Fliesen ein, die nicht mehr die dunklen Trennlinien des »Cuerda seca« oder die Rillen des Cuencatyps aufweisen. Der Altar ist über und über mit diesen Fliesen verkleidet, die mit Darstellungen in Blau, Weiß und Gelb bemalt sind. In der Mitte

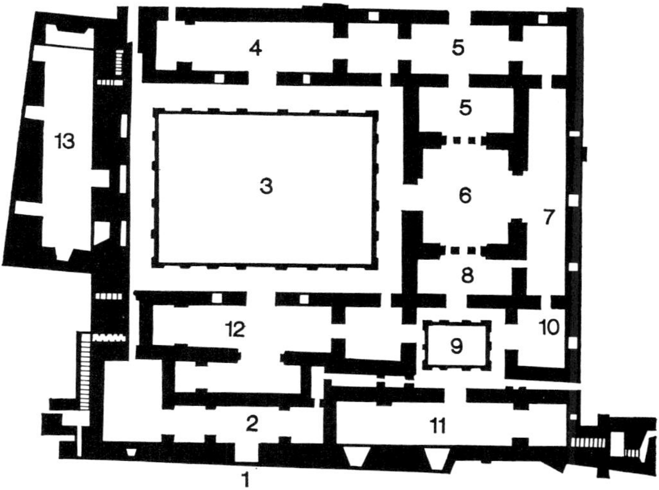

ALCÁZAR VON SEVILLA
Erdgeschoß des Palastes

1 *Puerta del León (Puerta Principal)*
2 *Vestíbulo*
3 *Patio de las Doncellas*
4 *Salón de Carlos V.*
5 *Gemächer von María de Padilla*
6 *Salón de los Embajadores*
7 *Comedor (Salón del Techo) de Felipe II.*
8 *Sala (Dormitorio) de Felipe II.*
9 *Patio de las Muñecas*
10 *Sala de los Reyes Católicos*
11 *Salón de los Príncipes*
12 *Dormitorio de los Reyes Moros*
13 *Capilla*

befindet sich ein ungefähr anderthalb Meter hohes Bild der »Heimsuchung Mariä«, den Rahmen bildet der Baum Jesse. Die übrige Ornamentik des Altars ist typisch plateresk: Pfeile und Joch, mythische Gestalten und Blumenmuster.

Die oberen Gemächer, in denen man im Winter schlief, sind nicht so elegant und auch nicht so interessant. Das *Schlafzimmer Pedros* hat einen schönen Artesonado und einige dekorative Inschriften an den Wänden. Eine silberne Gruppe stellt ISABEL II. (1830-1904) mit ihrer Familie dar. Unter anderen Porträts finden sich zwei der Schwester Isabels: MARÍA LUISA FERNANDA, die spätere Herzogin von Montpensier, nach der der Park im Norden der Stadt genannt ist. Im *Musikzimmer* befinden sich ein Klavier von 1850 und einige Porträts von ANTON RAFFAEL MENGS, dem deutschen Böhmen dänischer Abstammung. Er entdeckte VELÁZQUEZ wieder, dessen Werk im späten 18. Jahrhundert der Vergessenheit anheimzufallen drohte.

Wir kommen nun in den Teil des Alcázar, der immer wieder als schönstes Beispiel der Mudéjarkunst angeführt wird. Herabsteigend in den Löwenhof, findet man zur Rechten einen rechteckigen Torweg, flankiert von Blendarkaden und Sebka-Arbeit. Das Mittelstück vereinigt die besten Züge der Mudéjarkunst mit Details, die an Granada, besonders an die Alhambra, gemahnen; das ist nicht erstaunlich, denn PEDRO konnte 1362 MOHAMMED V. wieder zu seinem Thron verhelfen. Um König Pedro für seine Hilfe zu danken, schickte er ihm seine eigenen Handwerker für den neuen Palastbau.

Das obere Stockwerk zeigt im Mittelrisalit ein von Zwillingsfenstern flankiertes Drillingsfenster, daran links und rechts anschließend offene Balkone. Unter den Fenstern verläuft ein Fries mit Sebka-Arbeit, wieder darunter eine Reihe Blendarkaden; auch unter dem vorspringenden Dach, von geschnitzten, vergoldeten Balken getragen, ist ein Sebka-Fries zu sehen. Über den Fenstern erkennt man ein eigenartiges Band mit lombardischer Inschrift, das besagt, daß PEDRO diesen Alcázar im Jahre 1402, das heißt 1364, bauen ließ. Das Mittelfeld des Bandes besteht aus weißen und blauen Fliesen und bildet scheinbar ein rein geometrisch wirkendes Muster; in Wirklichkeit aber handelt es sich um eine Koranzeile in eckiger, kufischer Schrift, die achtmal wiederholt: »Es gibt keinen Eroberer außer Allah.« Das mag seltsam aussehen über dem Palastportal eines christlichen Königs; aber wir werden diesem Motto der Nasriden noch an viel seltsameren Plätzen begegnen.

Das **Innere** ist von den allgemeinen Anforderungen an eine Residenz bestimmt. Ein Teil ist offiziellen und geschäftlichen Zwecken vorbehalten; ein anderer dem Privatleben. Die offiziellen Räume sind um den *Patio de las Doncellas* gruppiert; die privaten Gemächer um den *Patio de las Muñecas*. Der erstere ist ein großer Hof mit Galerien, Zackenbögen, getragen von schlanken

Marmorsäulen, und viel Sebka-Dekoration. Er wurde von den Hofdamen benutzt: »Doncella« ist eine Dame von Rang, »Doncel« ein königlicher Page. Da der Hof unter den Katholischen Königen stark renoviert wurde, zeigt er heute auch platereske Details; der älteste und schönste Teil ist die untere Wandbekleidung mit Alicatado-Azulejos (mit Zangen ausgeschnittene Kachelstückchen) aus dem 14. Jahrhundert. Der Patio führt zu drei Räumen, deren glanzvollster der *Salón de Embajadores* ist.

Der Haupteingang zu diesem »Saal der Gesandten« liegt hinter feinen Doppeltüren von 1366, die mit Enlacerías im gewöhnlichen geometrischen Muster geschmückt sind. An der Außenseite erkennt man eine arabische Inschrift, die uns den Künstler, einen Toledaner, nennt, und an der Innenseite eine gotische Inschrift mit Auszügen aus dem Evangelium Johannis und dem 53. Psalm.

Das Innere des Salón de Embajadores lodert in Gold, bemaltem Stuck und feinen Azulejos. Der Saal erstreckt sich über die Höhe von zwei Stockwerken und wird von einer Kuppel gekrönt, die größer und köstlicher als jene in der Casa de Pilatos ist. Das geometrische Muster der Lärchenholzbänder umschließt Einlagen von bemaltem Stuck, und der Übergang vom Viereck des Raums zum Kuppelrund erfolgt durch einen Achteckstern mit Zellen- und Stalaktitenstrukturen. Unten öffnen sich an drei Seiten arkadierte Eingänge mit drei Hufeisenbögen, die auf Kapitellen aus der Kalifenzeit aufliegen. Darüber sieht man eine phantastische Dekoration von bemaltem Stuck, verzierten Wandfeldern, Bögen, Schlußsteinen und arabischen Inschriften, alles in lebhaften Farben wie Rosa, Gelb und Blau, während die Balkone teilweise vergoldete Eisengitter haben und von Drachen mit vergoldeten Schwingen getragen werden. PHILIPP II. ließ einen reichen Bildnisfries anbringen, der in Höhe der Balkone rund um den Saal läuft und deshalb auch am besten von diesen aus betrachtet werden kann. Oben läuft ein Schriftband in kufischer Schrift, darunter kommen gotische Nischen mit den Königsporträts. Weder ISABEL DIE KATHOLISCHE noch ihre Tochter JOHANNA sind dargestellt. Unter den Bildern stehen Namen, Wappen, Lebens- und Regierungszeit, und darunter wiederum ein Fries mit arabischer Schrift, diesmal Naskhi. Es war in dieser Halle, wo DON FADRIQUE von seinem Halbbruder PEDRO ermordet wurde, und hier fand auch die Hochzeit zwischen KARL V. und ISABEL VON PORTUGAL statt.

Ein Raum muß noch erwähnt werden, es ist der *Speisesaal* oder *Salón del Techo de Felipe II.*, der nach seiner schlichten kassettierten Decke benannt wurde. Die Wände dagegen sind mit einem völlig andersartigen, gelben und blauen Kachelwerk als das, was wir bisher gesehen haben, überzogen; es schließt die Konturen von Tieren, exotischen Pflanzen und südlichen Motiven ein. Diese Technik wird als Pisano-Technik bezeichnet. Eine seiner Türen heißt nach den Pfauen, die zwischen endlosem Weingerank spazieren, »Puerta de los Pavones«. Von hier aus betritt man den *Patio de las Muñecas*, benannt nach den winzigen, puppenhaften Gesichtern, die die Zwickel der Arkaden verzieren. Da dies der Mittelpunkt der Privatgemächer ist, erscheint die Dekoration wenig üppig, doch nicht minder qualitätvoll. Die Kapitelle stammen fast alle aus Córdoba, vor allem aus Medina Azahara. Die Appartements sind nicht sehr wichtig, der Besucher sollte sie zu seinem eigenen Vergnügen durchwandern.

Der *Patio de María de Padilla* ist ein fast schwermütiger Hof mit Zypressen und Myrten. MARÍA war PEDROS Mätresse oder seine Gemahlin; sie scheint eine ebenso gute wie schöne Frau gewesen zu sein, und Pedro betete sie – abgesehen von einigen Anfällen von Untreue – bis zu ihrem frühen Ende an. In den Tagen Marías war der Patio völlig gedeckt, und ein Teil zeigt noch die Fenster, die die Zisternen im Hof erhellten.

Hinter diesem Patio liegt der **Palast Karls** V., eigentlich ein gotischer Bau, älter als der Palast PEDROS. Die Gobelins hatte KARL V. in Auftrag gegeben, um seine Eroberung von Tunis 1535 zu verherrlichen; er hatte einen Brüsseler Künstler mitgenommen, der die Operationen der vereinigten Mächte beobachten sollte. Sein Name war JAN VERMAYEN. Er war stolz darauf, sein eigenes Porträt in einer Ecke der Kartons untergebracht zu haben, die er für die Weber anfertigte. Die Ausführung 1554 stammt ebenfalls von einem Flamen, WILHELM PANNEMAKER; die Seiden- und Wollgarne wurden ihm aus Granada geschickt, das Gold aus Mailand. In jeden Teppich ist die Geschichte des Feldzugs in lateinisch und spanisch eingewoben. Die Gobelinfolge ist ein hervorragendes Zeitdokument, wie man es nur selten findet.

Die Kirche des Hospitals de la Caridad,
in der auch zahlreiche Werke von Murillo zu sehen sind.

Auch die **Gärten** des Alcázar sind mit Recht berühmt, teils arabisch, teils im Renaissancegeschmack, teils Gartenstile der Moderne repräsentierend. Magnolien, im 16. Jahrhundert aus Südamerika eingeführt, fallen auf, persischer Jasmin, der Flaschenbaum aus Kuba, Palmen, Zedern. Da ist ein großer Teich mit barocken Rustikamauern, da sind gekachelte Bänke und der berühmte *Pavillon Karls V.* in der Naranjería. Der alte Orangenbaum davor, der immer noch treibt, soll von KARL V. gepflanzt worden sein. Seine Wände sind bis zu drei Meter Höhe mit Cuenca-Azulejos voll seltsamer und abwechslungsreicher Muster belegt, darüber laufen arabische Inschriften und Stuckarabesken. Der Innenraum wird von einer kassettierten, für die Mitte des 16. Jahrhunderts typischen Kuppel überspannt. Es ist erquickend, auf geschlängelten Pfaden an den Fontänen und Hecken entlangzuwandern, sprudelndem Wasser und dufterfülltem Windhauch zu lauschen, unter Palmen und zwischen Orangenbäumen, die noch PEDRO DER GRAUSAME pflanzen ließ, auszuruhen; dann an Jasmin und Bambus weiterzuschlendern, vorbei an Buchsbaum- und Myrtenhecken oder einem riesigen Schachbrett aus Rosen.

Wir verlassen den Alcázar bei der Plaza del Triunfo; rechts liegt das alte Gebäude der **Casa Lonja**, der Börse, das heute das »Archivo General de Indias« beherbergt. Es wurde von JUAN DE HERRERA entworfen, dem Architekten des Goldenen Jahrhunderts Spaniens, der die Größe seines Landes im Escorial in Stein brannte. Die Lonja wurde unter PHILIPP II. für die Kaufleute errichtet, die vorher im Patio de los Naranjos verhandelten. Wie gut passen PERRINS »Geldwechsler« hierher, die über der Puerta del Perdón sitzen. Die Casa Lonja (fränkisch Loge, Laube) wurde 1583 bis 1598 erbaut, und fast zweihundert Jahre später richtete KARL III., der bedeutendste spanische Bourbonenkönig, in diesem Gebäude die Archive ein. Die einzelnen Abteilungen erfassen alle Vorgänge in den spanischen Kolonien, von religiösen Dingen bis zum Finanzwesen.

Wenn man die geschäftige **Avenida de la Constitución** entlangspaziert, erreicht man in ein paar Minuten die attraktive, aber lärmüberflutete Puerta de Jerez, wo das großartige Luxushotel »Alfonso XIII.« mit der typischen Fassade in Weiß und Rotbraun steht.

Östlich vom Hotel liegt das große, eckige Gebäude der **Fábrica de Tabacos**, neben dem Escorial das zweitgrößte Gebäude Spaniens, heute Universität, wo einst Tausende von Frauen arbeiteten. Aber die bekannteste von ihnen war eine Phantasiegestalt von PROSPER MÉRIMÉE, und ihr Name wurde in der ganzen Welt durch eine Oper berühmt: »Carmen«.

Was viele auf diesem großen Platz aber übersehen, ist die bezaubernde **Seminarkapelle** des MAESE RODRIGO, das einzige erhaltene Gebäude der ersten Universität Sevillas, die eine Ecke der Nordseite einnimmt. Sie hat ein gotisches Mudéjarportal und ein gotisches Fenster in der Seitenwand; der einschiffige Bau von 1506 wird von einem wirklich fein gearbeiteten Artesonado überspannt, und der Altar von ALEJO FERNÁNDEZ ist ein sehr gutes Beispiel primitiver sevillanischer Malerei nach byzantinischem Typus in einer gotischen Szenerie. Zur Rechten des Altars ist eine Fliese in die Wand eingelegt, die den Punkt markiert, bis zu dem 1892 das Hochwasser stieg. Diese Katastrophe brachte solche Verheerungen über die Stadt, daß man sich endlich entschloß, den Fluß wirksam zu regulieren.

Um das **Hospital de la Caridad** zu besuchen, können wir dann schräg durch die gegenüberliegende Calle Maese Rodrigo gehen. Zur Rechten ist ein weißgetünchter Hufeisenbogen, in den ein gotischer Bogen eingebaut erscheint; eine Tafel besagt, daß dies der »Postigo« sei, ein Ausfallpförtchen des Alcázar, das auch von CERVANTES erwähnt wird. Das Hospital ist schön und gegenüber einem kleinen Garten gelegen, in dem ein Bronzedenkmal des Gründers DON MIGUEL DE MAÑARA steht. Er hält in seinen Armen einen sterbenden Bettler. In diesem Garten kann man außerdem die frischesten Blumen von ganz Sevilla kaufen. Das Hospital hat eine reizende Barockfassade mit weißblauen Azulejo-Bildern, die angeblich von MURILLO entworfen wurden. Sie stellen Glaube, Hoffnung und Liebe dar, dazu die Heiligen Rochus und Georg. Diese Themen erscheinen dann auch über dem Hochaltar.

Der *Patio de Acceso*, direkt am Eingang, hat gute Proportionen, er bildet ein von einem Arkadengang geteiltes Rechteck, das mit dem kreuzgangähnlichen Gesamtplan in Einklang steht. In jeder Hälfte steht ein Marmorbrunnen im Stil der italienischen Renaissance. An den Wänden ist eine Reihe blau-weißer, holländischer Kachelbilder von de Wet: »De tien Geboden« – »Die zehn Gebote«; der Titel bezieht sich seltsamerweise nicht auf den Bildinhalt: Da ist ein Jonas mit dem Wal, Abraham bei der Vorbereitung zur Opferung Isaaks und andere alttestamentarische Szenen, die als Hinweis auf das Evangelium ausgelegt werden.

In der Kirche ist ein Gemälde von VALDÉS LEAL, bei dem es einem kalt über den Rücken läuft. Es stellt ein Totengerippe dar, das unter dem Motto »In ictu oculi« mit weiten Schritten über die Eitelkeiten der Welt hinwegstolziert. Ihm gegenüber hängt das bekannte »Finis gloriae mundi«, die kraß naturalistische Darstellung eines toten, von Würmern zerfressenen Erzbischofs und eines Ritters des Calatravaordens, über die MURILLO die Bemerkung anstellte, er halte sich jedesmal die Nase zu, wenn er es anschaue. In dem Mönch, dessen Leichentuch mit dem Ordenskreuz geschmückt ist, soll angeblich MAÑARA selbst dargestellt sein.

In schreiendem Kontrast dazu steht die 1670 geschaffene Hochaltargruppe von PEDRO ROLDÁN, die alle Mittel des Barock zur Steigerung des Ausdrucks einsetzt. Die überlebensgroße Szene der »Grablegung Christi« ist sehr angemessen, denn eine der Aufgaben des barmherzigen Ordens war es, hingerichtete Verbrecher zu begraben. Neben anderen berühmten Kunstwerken finden sich mehrere Bilder von MURILLO: »Moses schlägt an den Felsen« in der oberen Galerie ist im Vaporoso-Stil gehalten und hat, ebenso wie sein Pendant »Die Speisung der Fünftausend«, einen für Murillo ungewöhnlich detailreichen Hintergrund. Man beachte die Hörner von Moses' Heiligenschein. Die Vulgata berichtet, daß sein Antlitz »cornutus« (gehörnt) war, als er vom Berge Sinai zurückkehrte; und man nimmt an, daß das hebräische Wort »kehren« (scheinend oder strahlend) als »karan« (gehörnt) gelesen wurde. »Die heilige Elisabeth pflegt die Aussätzigen« zeigt ein ganz naturalistisch dargestelltes Kind mit einem Grind; in Wahrheit und Tiefe des Ausdrucks wie auch in dem zurückhaltenden Chiaroscuro kann man es zu den besten Werken des Malers rechnen. Das kleine, von MURILLO gemalte Kruzifix soll über MAÑARAS Bett gehangen haben, und bei seinem Tode hat er es angeblich in den Händen gehalten. Das schmiedeeiserne Lesepult und der »Cristo Implorante« sind von

Links die Torre del Oro; rechts die Giralda.

FRANCISCO ANTONIO GIJÓN. Ein Bild des »Heiligen Johannes des Täufers« von MURILLO verewigt die Züge MAÑARAS; zu den plötzlich entdeckten Talenten des letzten gehörte auch die Malerei: zum Beispiel ist sein Bild »Die unbefleckte Empfängnis« zu sehen.

Hinter dem Hospital ist die enge Treppe, die Mañara bei seinen Besuchen in der Kapelle häufig benutzte. Die gotischen Ziegelbögen sind wichtig, denn sie sind alles, was von der »Atarazana« oder Schiffswerft von ALFONSO DEM WEISEN übriggeblieben ist: angeblich 1252 durch ALFONSO X. errichtet, aber möglicherweise schon zu dem arabischen »Dār as-san'a« (Haus des Handwerks, unser »Arsenal«) – gehörig, das drei Jahrhunderte früher genau am gleichen Fleck stand.

Wenn wir das Hospital verlassen, liegt rechts die **Maestranza de Artillería**, eine Artillerieschule, die 1587 gegründet wurde. Vor dem Haupteingang ist ein eigenartiges schmiedeeisernes Kreuz mit Lampen. Links erlaubt die Straße einen Blick auf die **Torre de la Plata**, die ebenso wie die **Torre del Oro** einst Teil der Almohadenbefestigungen war, die vom Alcázar zum Flußufer liefen. Es gab auch einen unterirdischen Gang, eine allgemeine Vorsichtsmaßregel jener Tage. Der »Silberturm« ist weißgetüncht, bewohnt und an seinen Zinnen kenntlich; darüber erhebt sich ein primitives Wetterdach. Der »Goldturm« ist viel beeindruckender, ein zwölfeckiger Bau, von dem aus früher eine Kettenbrücke zum gegenüberliegenden Ufer gespannt werden konnte. Den Namen erhielt er nach den goldglänzenden Kuppelziegeln, die in der Sonne funkelten, heute aber ersetzt sind.

Heute ist der Turm ein Marinemuseum und zieht Fachleute wie Liebhaber gleichermaßen an. Man hat einen guten Ausblick von dort. Der zweite Stock des Turmes, aus Ziegeln gebaut, ist mit Blendarkaden versehen, einige sind ausgelappt, einige zeigen den leicht zugespitzten Hufeisenbogen neben Sebkamustern. Am interessantesten ist eine ungewöhnliche Alfiz-Form, fast einzigartig in ihrem weiß-grünen Schachbrettmuster aus Fliesen: ein unversehrtes Überbleibsel aus dem 13. Jahrhundert.

Von der Torre del Oro führt die Flußpromenade Paseo de Cristóbal Colón in Nordrichtung zur Puente Isabel II., den man für einen Besuch der Vorstadt Triana überqueren muß. Rechts liegt die **Plaza de Toros** (die Real Maestranza, die Stierkampfarena). Triana ist nicht mehr die romantische Zuflucht von Zigeunern und Töpfern wie ehedem. Die Burg, die einst die alte Brücke bewachte und die dort stand, wo die Puente Isabel II. die beiden Ufer verbindet, ist nicht mehr. Zu beiden Seiten erheben sich Appartementblocks; der Name der Vorstadt, eine Verdrehung des Namens Kaiser Trajans, ist das älteste, was es hier überhaupt gibt, und die Sehenswürdigkeiten sind bescheiden: Es sind die **Capilla de Nuestra Señora del Patrocinio**, wenn man den »Cachorro«, den »Sterbenden Christus«, aus der Nähe betrachten möchte, und die Kirche **Santa Ana**.

Sie ist wahrscheinlich die älteste Kirche Sevillas, und einige Anzeichen sprechen dafür, daß Baumeister von Burgos, dessen Kathedrale von 1250 im großen und ganzen beendet wurde, hier tätig waren. Es gibt Spuren von Mudéjarwerk aus dem nachfolgenden Jahrhundert und so viele Barockergänzungen, daß dadurch das Gleichgewicht gestört ist. Sie besitzt viele Kunstschätze von allerdings sehr unterschiedlichem Wert; ALEJO FERNÁNDEZ malte eine »Madonna mit der Rose« und FRANCISCO NICULOSO PISANO schuf 1503 ein Fayencegrabmal. Da die Öffnungszeiten in die Meßzeiten fallen, ist es sehr wohl zu überlegen, ob man sich der Mühe der Besichtigung überhaupt unterziehen will, sofern man nicht fachwissenschaftliches Interesse hat. Wenn man sich in Nummer 90 in der Calle de Pureza anmeldet, an der Ostseite der Kirche, ist es leichter, hineinzugelangen.

Die letzten Sehenswürdigkeiten Sevillas, die wir noch nicht besucht haben, kann man jetzt hübsch von einer Pferdekutsche aus genießen. Von den Hotels »Cristina« oder »Alfonso XIII.« führt die Avenida de Roma links am **Palacio de San Telmo** und rechts an den bezaubernden **Jardines de Cristina** vorbei. Der Palast war ursprünglich eine Schule für Seeoffiziere und Lotsen und betont die Rolle, die Sevilla als Verbindung zu Amerika spielte. MARÍA LUISA FERNANDA, die Schwester ISABELS II. und Herzogin von Montpensier, kaufte das Gebäude und die zugehörigen ausgedehnten Grundstücke; sie bestimmte es auf ihrem Totenbett zu einem religiösen Seminar. Der schöne Park, der sich südlich am Flußufer erstreckt, heißt noch immer nach ihr.

Eine Fahrt durch den **Parque de María Luisa** und den anschließenden **Parque de las Delicias** – er verdient seinen Namen – mit Palmen, Zitrusbäumen und Hunderten anderer Baumarten ergeben einen guten Ausgleich zu dem lärmenden Gewühl Sevillas. Die Pavillons, die für die Lateinamerikanische Ausstellung 1929 errichtet wurden, zeigen typische Baustile des Mutterlandes und der ehemaligen Kolonien. Diese Exposiciones Universales, wie sie in Spanien hießen, sind unsere jetzigen »Weltausstellungen«. Die erste fand 1851 in London statt. Spanien feierte seine erste 1888 in Barcelona, wovon der ausgezeichnete Roman »Die Stadt der Wunder« von Eduardo Mendoza handelt. 1992

bildete Sevilla wiederum den Schauplatz einer Monsterausstellung anläßlich der Fünfhundertjahrfeier der Entdeckung Amerikas durch Kolumbus.

Das **Archäologische Museum** ist in dem plateresken **Palacio de Bellas Artes** untergebracht, und zwar genau an dessen anderem Ende, an der Plaza de América. Die interessante Sammlung prähistorischer und iberischer Funde ist didaktisch sehr schön aufgebaut. Der römische Saal enthält zahlreiche Fundstücke, besonders aus Itálica; darunter sind ein griechischer Hermes, erkennbar an seinen geflügelten Sandalen, hier »Mercurio« genannt, und die Büste Trajans von ungewöhnlichem Rang. Das hübscheste Arrangement vereint vier römische Säulen und eine Fontäne mit einer ziemlich vollständig erhalteten Diana. Der Stolz des Museums ist der Schatz von El Carambolo, einem wenige Kilometer entfernten Ort. Vorteilhaft beleuchtet und in Vitrinen beispielhaft aufgestellt sind zwanzig Stücke aus purem Gold, darunter zwei riesige Armringe und eine herrliche Halskette, die in einem Gehänge aus sieben ornamentierten, pflaumengroßen Tropfen endet. Man nimmt an, daß er aus Tartessos stammt, mit dem die Phönizier handelten und das jenes Tarschisch der Bibel ist, woher Salomos Flotte »Gold und Silber, Elfenbein und Affen und Pfaue« brachte.

Das große, halbkreisförmige Gebäude an der Ostseite des Parks, in dem die Capitanía General und andere Regierungsstellen untergebracht sind, ist der **Palacio Español**, ein Werk des ANÍBAL GONZÁLEZ von 1929. Es kann am besten als Renaissance-Barock mit Mudéjarzügen beschrieben werden; das Genie des Architekten zeigt sich darin, daß es keinem anderen Bauwerk in Spanien gleicht und doch durch und durch spanisch ist. Die Szenen auf den Rücklehnen der Kachelbänke stellen meist historische Momente der verschiedenen spanischen Provinzen dar.

Gegenüber, im **Parque María Luisa**, sind verschiedene Winkel, die den großen Geistern Spaniens gewidmet sind, während die Alleen nach den Entdeckern und Eroberern benannt wurden. Zwei Ruhepunkte verdienen besondere Erwähnung: ein Monument für GUSTAVO ADOLFO BÉCQUER, und eine Fontäne,

Säulengang an der Plaza de España,
die zur Iberoamerika-Ausstellung 1929/30 erbaut wurde.

die nach den Brüdern ÁLVAREZ QUINTERO benannt ist. Bécquer war ein großer Lyriker der spanischen Romantik, Sevillaner von Geburt; HEINE hat ihn stark beeinflußt. Die Brüder Álvarez Quintero waren Dramatiker, geboren in Utrera in den frühen siebziger Jahren des vorigen Jahrhunderts. Sie lebten in Sevilla und schrieben hier ihre leichten, witzigen, ein wenig sentimentalen Stücke. Die drei, Bécquer und die Álvarez Quinteros, werden in einer neuen und ungewöhnlichen Weise geehrt. Neben der schattenspendenden Wasserzypresse des einen und der dekorativen Fontäne des anderen Denkmals oder bei jenen für die Gebrüder Machado oder für Cervantes können Sie sich ausruhen – nichts wird die Stille stören als ein Vogelruf oder das Plätschern des Wassers – und den Nachmittag sinnend verbringen, vielleicht über das, was Sie nicht gesehen haben, aber erahnen können, z. B. daß Sevilla, die viertgrößte Stadt Spaniens, auch mit ungeheuren urbanistischen Problemen fertig werden muß: Umweltzerstörung, Arbeitslosigkeit, Boden- und Immobilienspekulation, Kriminalität und Drogen, Schlafstädte der Peripherie, Infrastruktur und vieles mehr.

Azulejos am Spanischen Platz.

Drei Ausflüge von Sevilla

Nach San Isidoro del Campo und Itálica

Die kürzeste Tour nach Nordwesten führt durch Triana und ein Stück am Ufer des Guadalquivir entlang. Nach weniger als zwei Kilometern, bei La Panoleta, gabelt sich die Straße und wir haben rechts die N 630 einzuschlagen, bis eine Seitenstraße zum Dorf *Santiponce* führt. Hier liegt das Kloster **San Isidoro del Campo**, ursprünglich 1298 von den Zisterziensern gegründet durch Guzmán den Guten, den Helden von Tarifa. 1431 wurde es dem Orden des heiligen Hieronymus übergeben und blieb in dessen Obhut bis zur Auflösung der Klöster 1836. Inzwischen sind einige Ordensbrüder aber wieder zurückgekehrt.

Die kraftvolle Silhouette der Gebäude wird noch strenger durch die befestigten Apsiden der Zwillingskirchen und ihre schweren Strebepfeiler. Der alte Eingang aus dem 15. Jahrhundert wird nicht mehr benutzt, man tritt durch eine unscheinbare Tür ein, die in die Sakristei führt. Das Kloster hat Klausur, so daß man nicht alle Schätze sehen kann, aber die Kirchen können ohne weiteres besichtigt werden. Die ältere war ein rein gotischer Bau, bis im 16. Jahrhundert Restaurierungen nötig wurden, die ihr viel von ihrer schlichten Schönheit raubten. Aber obwohl weiße Tünche und Barock sie beeinträchtigt haben, bezeugen die Proportionen und die Rippengewölbe der Apsiden noch ihre Zisterzienser-Vergangenheit. Das geschnitzte Retabel wird als Höhepunkt polychromer spanischer Skulptur betrachtet und enthält eines der schönsten Werke von MARTÍNEZ MONTAÑÉS. Die Mittelfigur, der »Heilige Hieronymus als Büßer«, kann abgenommen und auf Prozessionen mitgetragen werden. Zu beiden Seiten des Altarraumes findet man Grabmäler mit den knienden Gestalten von GUZMÁN DEM GUTEN und seiner Frau, ebenfalls von der Hand des Sevillaners.

Ein Torweg führt zur zweiten Kirche, von JUAN ALONSO PÉREZ DE GUZMÁN, Sohn von Guzmán dem Guten, im 14. Jahrhundert parallel zur ersten errichtet. Hier ist das Grab des Gründers, ein für die Sevillaner Plastik vom Ende des 14. Jahrhunderts typisches Werk. Ihm gegenüber, zur rechten Seite des Chors, das berühmte Grabmal der URRACA OSSORIO, Gemahlin des Juan Alonso, die auf Befehl PEDROS DES GRAUSAMEN lebendig verbrannt wurde.

Es gibt zwei Höfe, die man nur mit Erlaubnis betreten kann, der eine, *Patio de los Muertos*, ist ein zweigeschossiger Kreuzgang. Die Bögen des oberen Geschosses ruhen auf typischen achteckigen Ziegelpfeilern des Mudéjartyps; der andere Hof, *Patio de los Evangelistas*, läßt sich durch die Alfices der gotischen Fenster ebenfalls leicht als Mudéjar identifizieren.

Nicht weit von hier liegen zur Linken der Straße die Ruinen von **Itálica**, der ersten Römergründung in Andalusien, das damals Baetica hieß, erbaut von SCIPIO AFRICANUS MAJOR für die Veteranen des zweiten Punischen Krieges. Dieser große Heerführer leitete auch die Eroberung von Cartagena, schlug HASDRUBAL BARCAS in Bailén und HANNIBAL bei Zama. Itálica wurde als Geburtsort Kaiser TRAJANS und HADRIANS berühmt und verfiel erst, als die Westgoten eine Hauptstadt im nahen Flußdorf Hispalis (Sevilla) aufschlugen. Itálicas Blüte dauerte also nicht mehr als 400 Jahre. Fachleute können Straßen, Wasserleitungen und Zisternen erkennen, Bäder und ein Gymnasium; aber das einzige, was den unvorbereiteten Besucher beeindrukken wird, sind die Ruinen des großen Amphitheaters sowie die schönen Bodenmosaiken von Neptun, dem Labyrinth und dem Planetarium.

Nach Alcalá de Guadaira, Utrera, Morón de la Frontera und Marchena

Der zweite, längere Ausflug führt durch die geschichtsträchtige, fruchtbare Landschaft südöstlich von Sevilla. Man verläßt die Stadt an der Puerta de Carmona; gleich zur Rechten sieht man einige Bögen eines Aquäduktes. Spuren von ihm finden sich noch in vielen Orten. Es ist nicht sicher, ob dieser Aquädukt römischen Ursprungs war, denn das westgotische Hispalis war in der Römerzeit noch eine vergleichsweise unwichtige Stadt; sicher aber wurde er von den Mauren benutzt. Das nächste

Dorf, das wir passieren werden, bewahrt die »Caños (Wasserleitung) de Carmona« in seinem Namen: *Torreblanca de los Caños*. Ungefähr einen Kilometer von der Puerta de Carmona entfernt liegt ein überkuppeltes Ziegelgebäude mit offenen Seiten. Es beherbergt die »Cruz del Campo«, eine einstige Station der Osterprozessionen.

Die Landschaft ist fruchtbar; nach zehn Kilometern gabelt sich die Straße: Die rechte Abzweigung führt nach drei Kilometern nach **Alcalá de Guadaira**. Es ist wert, dort einen Augenblick Rast zu machen, wo die Straße ansteigt, um den Río Guadaira zu überqueren: Die Silhouette der alten Burg ist ein großartiger Anblick. Die Burgmauern in Tapia-Technik oder »Pisé de terre« (aus gestampfter Erde) und die Steintürme machen den Eindruck, als habe sich hinter ihnen eine ganze Stadt erstreckt. Auf der Spitze des Hügels liegt die Kirche *San Miguel*, so genannt, weil die Stadt am Namenstag dieses Heiligen von FERDINAND erobert wurde.

Ein Jahrhundert später schenkte ALFONSO XI. die *Burg* seiner Mätresse, LEONOR DE GUZMÁN. Sie war die Mutter der Bastardprinzen, die schließlich ihren Bruder, PEDRO DEN GRAUSAMEN, töteten und die Dynastie der Trastamara begründeten.

Die Straße bringt uns über den Fluß, dann hinauf in die Burg und zur Kirche. Von außen kann man noch Teile der alten Moschee erkennen, und der Glockenturm ist ein früheres Minarett. Die gotische Sandsteinapsis mit Rippengewölbe ist jünger als der Rest des Gebäudes. Am beeindruckendsten ist ein schlichter, radförmiger Kandelaber aus Schmiedeeisen, der in der Mitte des Schiffes hängt.

Die Burg ist weitläufig, ganz offensichtlich als Fluchtburg in den Zeiten benutzt, als die häufigen Beutezüge oder Razzias das Niemandsland zwischen christlichem und maurischem Gebiet verwüsteten. Weite Aussicht, schattige Winkel, der Duft würziger Blüten und das Summen der Bienen machen sie zu einem angenehmen Rastplatz.

Einundzwanzig Kilometer weiter entlang der C432 liegt **Utrera**, eine andere wohlhabende Stadt, ebenfalls eingebettet in fruchtbare Felder. Das erste, was man von ihr erkennt, ist der Santiago Matamoros (Sankt Jakob mit dem Schwert), der als »Wetterhahn« über der Kirche *Santiago* aus dem 15. Jahrhundert thront. Das Westportal mit Flamboyantdekoration, Eselsrücken und Alfiz erinnert an den schönen Eingang von San Jacinto in Córdoba. Im Innern der engen, himmelstrebenden Kirche ist wenig Interessantes zu sehen: Riesenmuscheln als Weihwasserbecken. Die andere Kirche ist *Santa María de la Asunción*, besser bekannt als Santa María de la *Mesa*.

Die Wallfahrtskirche *Nuestra Señora de la Consolación* liegt an der N 333 am Stadtrand und ist durch eine reizvolle Allee zu erreichen. Die wundertätige Madonna ist Utreras größter Ruhm. Tausende von Votivtafeln künden davon. Sie wird überall in Spanien und in weiten Teilen von Iberoamerika verehrt. Die Kirche hat eine einfache Barockfassade, das Gebäude datiert von 1619; seine Hauptattraktion ist – ungeachtet der Kapellen, Juwelen und des Altars – der große Mudéjarartesonado über dem einschiffigen Raum. Durch gelappte Bögen und arabische Inschriften in vergoldetem Stuck oder in Fresko wurde der Versuch gemacht, eine orientalische Atmosphäre zu erzeugen. Die arabischen Schriftzeichen an den Wänden heißen: »Es gibt keinen Eroberer außer Allah.«

Nach neun Kilometern auf der N 333 kann man rechts in die C 342 nach **Morón de la Frontera** einbiegen. Zur Rechten liegt die Sierra de Morón, erster Ausläufer der Gebirge, die das Herz Andalusiens bilden.

Man kann den Wagen in der Nähe des Ayuntamiento parken. Um die Kirche San Miguel zu erreichen, geht man in östlicher Richtung an weißgetünchten, niedrigen Häusern entlang. Links sieht man einige interessante Nebenstraßen, besonders die nach FERNANDO VILLALÓN, dem Stadtpoeten, benannte. Sie besteht aus einer Folge von Stufen, und in der Mitte der Straße verläuft eine Reihe von Miniaturgärtchen in gefliesten Kästen mit einigen ungewöhnlichen Rosenarten, die in dieser Gegend gedeihen. Das Fliesenmuster wird von Auszügen aus den Gedichten des Villalón unterbrochen.

Die Kirche *San Miguel* liegt auf dem Sattel zwischen den beiden Hügeln Moróns. Vor dem Hochaltar steht eine herrliche Reja mit geometrischen Mustern, die in den oberen und unteren Abschnitten Enlacerías suggerieren.

Wieder heruntergestiegen, wendet man sich bei der ersten Seitenstraße nach rechts, wo uns einige schöne Barockfassaden

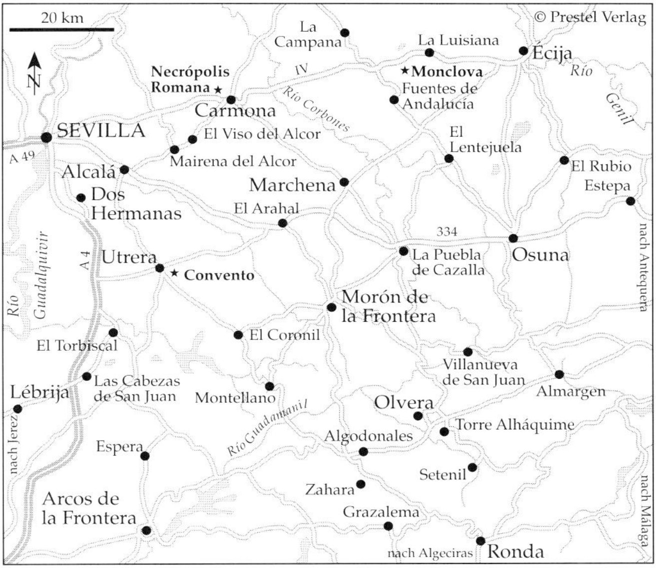

Südöstlich von Sevilla.

erwarten. In einem der Häuser befindet sich die örtliche Landwirtschaftskammer. In der Eingangshalle sieht man die übliche Wandverkleidung aus Azulejos und auch hier einen Fries, der verkündet, daß kein Eroberer außer Allah sei; leider hat man die Fliesen verkehrt eingesetzt. Der Düsenfluglärm kommt von der in der Nähe liegenden amerikanischen NATO-Basis.

Von Morón nach **Marchena** sind es nur 25 Kilometer in Nordrichtung auf der C339. Sobald man den Ort erreicht, liegt zur Seite der Straße eine Häuserzeile, die in, auf und mit Steinen der Mauer der alten Araberstadt gebaut ist; hier und da findet man auch noch Reste der Türme. Gegenüber einer Nebenstraße zur Linken steht der Hufeisenbogen, der den Eingang bildet, wie gewöhnlich in einen Winkel zur Mauer gesetzt, so daß Angreifer ihre ungeschützte rechte Seite den Verteidigern beim Eindringen preisgeben mußten. Drinnen ist es sehr still, voll malerischer Winkel, Rejas, Ziegeldächer; an den Hausfassaden Straßenlampen, eine wiegende Palme und blendendes Weiß.

Zwei Kirchen gibt es in der Altstadt, *Santa María* und *San Juan*. Die erste hat Azulejosverzierungen am Glockenturm wie viele andalusische Kirchen und zwei gotische Portale. Die zweite ist eine übergroße gotische Mudéjarkirche, fast erschreckend, wie sie da in ihrem stillen Hof steht. Zwei Fassaden, mit Alfizdekoration an den Portalen, sind teilweise restauriert. Das Innere mit seinen fünf Schiffen ist grandios, aber es gibt wenig zu sehen außer dem aus Zedernholz geschnitzten Chorgestühl und der feinen Reja im Coro. Das Retabel enthält flämische Gemälde aus dem 16. Jahrhundert. Da die Kirche nur zu den Meßzeiten offen ist, muß man sich in der Umgebung nach dem Sakristan erkundigen. Der Turm ist mehrstöckig, sein Pyramidendach mit Azulejos gedeckt.

Nach Huelva an den Atlantik

Ein dritter Ausflug geht nach Westen und berührt die Atlantikküste. Wenn man diese Route fahren möchte, sollte man eine oder besser zwei Übernachtungen für die Rückkehr über Niebla einkalkulieren. Man verläßt Triana in derselben Richtung wie bei unserem ersten Ausflug nach Itálica, bleibt aber bei La Pañoleta auf der N431. Schon nach einem Kilometer erreicht man die Hauptstraße von Castilleja de la Cuesta, die steil ansteigt, zur Linken das große **Instituto de la Bienaventura de la Virgen María**. Wer das nicht auf einmal auszusprechen sich getraut, fragt einfach nach dem Convento de las Irlandesas oder dem Palacio de Hernán Cortés.

CORTÉS soll hier 1547 gestorben sein, vergessen in dem hektischen Taumel der Ereignisse, in dem Spanien sich in seinem »Goldenen Jahrhundert« befand. Jedermann weiß, daß er Mexiko mit vierhundert Spaniern und ein paar Pferden eroberte; weniger bekannt ist, daß er die Küste von Kalifornien entdeckte und erforschte, daß er in Italien kämpfte und an der unseligen Unternehmung KARLS V. gegen Algier teilnahm. Trotz eines gnädigen Willkomms seines Königs wählte er Rücktritt und Vergessenheit; sein Leichnam wurde 1556 nach Mexiko überführt.

Aber diese Dinge sind nicht in Castillejas Goldenem Buch verzeichnet; dies ist eine Stadt der Pastetenbäcker, und ihre Produkte, Torten und »Magdalenas«, ein Gebäck aus Mehl und Eigelb in Schiffchenform, werden in Sevilla gerne verschmaust. Und wenn der Bürger der Stadt vielleicht auch nicht weiß, daß Cortés hier starb, so kann er Ihnen bestimmt erzählen, daß der Großvater von RITA HAYWORTH hier Konditor war.

Eine enge Straße gegenüber dem Kloster führt nach **Castilleja de Guzmán**, wo eine Familienburg der Herzöge von Medina Sidonia durch mehrere aristokratische Hände ging, ehe sie das staatliche »Colegio de Santa María de Buen Aire« für die Studentinnen der Universität Sevilla wurde. Der Eingang trägt noch das Wappen der GUZMÁN, die Gebäude sind weiß, mit lichtbraunen Kanten entlang der Traufen und um die Tür und Fensteröffnungen. Die Kapelle ist neu, und das Fliesenretabel gibt oben die »Virgen de los Navegantes«, die »Madonna der Seefahrer« im Alcázar von Sevilla wieder, und im unteren Teil das Oratorium Isabels der Katholischen im gleichen Palast.

Von hier aus kann man entweder zur Hauptstraße zurückkehren und die Route fortsetzen, oder man sucht sich den Weg über ein Labyrinth höchst malerischer Nebenstraßen, die durch Valencina de la Concepción, Salteras und Olivares nach **Sanlúcar la Mayor** führen. Die Kirche *Santa María* ist eine ehemalige Almohadenmoschee, aber der Großteil des heutigen Gebäudes ist Mudéjarwerk. Die Fassade ist besonders üppig und wurde offensichtlich in dem Bestreben restauriert, dem Besucher von allem etwas zu bieten. Da ist ein gotisches Backsteinportal mit drei Archivolten, einem Alfiz, gekrönt von einer Reihe Mauerzacken mit Zickzackornamenten. Dann kommt die glatte, weißgetünchte Front, belebt mit gotischen Backsteinen und Ajimezfenstern in schlichten Ziegel-Alfices, nur das mittlere hat noch einen zweiten Rahmen in Form eines Hufeisenbogens: zu schön, um echt zu sein. Im Innern sind die drei Schiffe der Moschee erhalten, mit ihren in eine Spitze auslaufenden Hufeisenbögen, und ein Sanktuarium aus dem 13. Jahrhundert mit römischen Kapitellen. Der Glockenturm ist natürlich ein altes Minarett mit einer Rampe anstelle einer Wendeltreppe wie in der Giralda.

Am anderen Ende der Stadt liegt die Kirche *San Pedro*. Sie hat eine eigenartige Lage am Ende eines Pfades, der sich zwischen

Eisengittern, Felsgestein und Feigenkakteen hinschlängelt, und sie wurde offensichtlich gebaut, um einer Belagerung standhalten zu können, mit Stufenzinnen und Lanzettfenstern, schmal wie Pfeilspitzen, in einen Blendhufeisenbogen eingefügt und von einem Alfiz umrahmt. Das Innere besticht mit einer monumentalen Treppe, die zum Hochaltar führt. Dieses typisch spanische Motiv wird hier durch die alten Fliesen betont, die die Setzstufen, also die vertikalen Teile der Stufen, zieren. Einige Fliesen wurden im Laufe der Jahrhunderte ersetzt, so daß der Liebhaber die Entwicklung dieser Kunst durch ein halbes Jahrtausend verfolgen kann. Völlig ungewöhnlich sind auch die drei Altäre im Ostende; die beiden Seitenaltäre stehen auf halber Höhe der Treppe.

Zurückgekehrt auf die N431 oder A49 hat man glatte Fahrt bis Huelva. Wenn aber die Zeit keine Rolle spielt, sollte man sich erst nach Osten, wieder in Richtung Sevilla, wenden. Nach vier Kilometern bringt uns eine Abzweigung rechts nach Umbrete, Benacazón und Aznalcázar. Die große Ziegelkirche von **Umbrete** hat eine schöne Azulejos-Kuppel, und in **Aznalcázar** steht ebenfalls eine Kirche mit Zinnen und gleich hinter der Stadt, auf dem Weg nach Pilas, einem vier Kilometer entfernten, nicht besonders reizvollen Dorf, eine Römerbrücke.

Nach weiteren vier Kilometern, auf der Straße nach **Almonte**, stößt man auf ein typisch andalusisches Gehöft, einen »Cortijo«, hinter einer der letzten Mauern des Dorfes verborgen. Die Wohngebäude liegen an der einen Seite und all die anderen notwendigen Baulichkeiten eines mittelalterlichen Gutshofes sind ringsherum gruppiert. Es gehört jetzt einem Marqués, hatte aber einst einen Pächter mit ganz großem Namen: MURILLO. Eine gute Straße bringt uns nach Almonte, und noch davor zeigen die Wegweiser **El Rocío** an.

Die umgebende Landschaft ist zum Teil den Sümpfen abgerungen, und reiche Eukalyptuspflanzungen stehen auf den Feldern Schildwache; der Eukalyptus ist ein sehr durstiger Baum. Naturfreunde, die das einmalige Natur- und Vogelschutzgebiet kennenlernen möchten, können von El Rocío oder Sanlúcar nach Coto de Doñana weiterfahren; vorher läßt man sich vom amtlichen Fremdenverkehrsbüro in Sevilla eine Erlaubnis der **Estación Biológica de Doñana** besorgen. Früher gehörte dieses riesige Schwemmland den Herzögen von Medina Sidonia. 1969 wurde es dann zum Nationalpark erklärt. Mit seinen 75765 Hektar ist dieses Gebiet der größte Wildpark Spaniens und wohl auch der schönste Europas. Die Fauna blieb hier seit Jahrhunderten nahezu unverändert. Sogar verwilderte Dromedare, die noch bis ins 18. Jahrhundert ab und zu als Lasttiere verwendet wurden, Pferde, Rinder und Wölfe soll es hier noch geben. Über 200 Vogelarten aus drei Kontinenten lassen sich hier alljährlich auf ihren Zügen nieder. Doch ist leider auch dieses Paradies von Menschen bedroht. Gegen die chemischen Ablagerungen aus den Pyritminen von Aznalcázar, die Pflanzen- und Unkrautvernichtungsmittel der Reisbauern und Agrikultoren längs des Guadalquivir und seiner Zuflüsse, Wilderer und Bodenspekulanten würden wohl nur radikales Umdenken Abhilfe schaffen.

Zurück nach Almonte fährt man in Nordrichtung weiter und erreicht bei La Palma del Condado die Hauptstraße N431. Wenn man sich jetzt rechts wendet, in Richtung Sevilla, gelangt man nach fünf Kilometern nach **Villalba del Alcor**, der »Weißen Stadt auf dem Berge«. Man sollte diesen Abstecher nur machen, wenn man noch nach Huelva will, um dort zu bleiben und dann über die Riotinto-Minen zurückzukehren.

Wenn man die steile Hauptstraße in Villalba herunterkommt, liegt links die Kirche *San Bartolomé*, heute ein Nationaldenkmal, ein wenig abseits der Straße. Die Fassade ist ein seltsames Gemisch aus einem gotischen und einem barocken Portal sowie einem vermauerten Hufeisenfenster, ein Überbleibsel der Almohadenmoschee. Auch der Turm, dessen unterer Teil in Sogy-y-tizón-Technik gemauert ist, gehörte bereits zur Moschee. Im Innern entdeckt man, daß die gotische Kirche im rechten Winkel zur Moschee angelegt ist. Das Schiff hat sieben gotische Ziegelbögen; die Kuppel ruht auf Trompen, ein orientalischer Zug. Die Bögen des Schiffes tragen das Gewölbe dagegen mit Hilfe recht unentwickelter Pendentifs, eine anspruchsvollere Methode, am besten an der linken Seite zu erkennen, wo das einzige Seitenschiff liegt. Rechtwinklig zum Altarraum ist zur Linken eine Kapelle; auch sie ein Teil der Moschee, mit Hufeisenbögen und einem Rippengewölbe. Das frühere Minarett kann von der Kirche aus bestiegen werden, ein Rest der alten Wendeltreppe ist erhalten.

Wenn man auf der N431 wieder westwärts fährt, gelangt man nach 16 Kilometern zu der zweifellos edelsten Ruine, die jemals die Sinne der Romantiker entzückte. Man sieht die nebeligen Umrisse einer Stadt auf einem Hügelrücken; die Nebelhaftigkeit ist dabei reiner Zufall, denn wenn **Niebla** auch Nebel heißt, so ist dieser Name doch entstanden aus Ilipula (römisch), Elepla (westgotisch) und Lebla (arabisch). Der erste Graf von Niebla war jener GUZMÁN, der BEATRIZ, Tochter HEINRICHS VON TRASTAMARA, geheiratet hatte, aber das verlieh der Stadt beileibe nicht die erste Weihe. Hier schlug schon SCIPIO die Lusitanier, die Westgoten machten Elepla zum Bischofssitz, und nach dem Zusammenbruch des Kalifats von Córdoba wurde Niebla die Hauptstadt einer kleinen, aber unabhängigen Taifa.

Wenn man sich der Stadt nähert, überquert man erstmals den Río Tinto. Das felsige Bett des Flusses, dessen Wasser nicht so tief dunkel ist, wie der Name vermuten ließe, hat eine helle Goldfarbe durch die Metalloide, die sich hier seit Jahrtausenden abgelagert haben. Der Weg führt über eine Römerbrücke in gutem Zustand, und nach ein paar Minuten liegen linkerhand die in Tapia-Technik erbauten Mauern mit ihren sechsundvierzig Türmen und steinernen Befestigungen. Die drei Kilometer lange, gewaltige Mauer wurde größtenteils von den Mauren erstellt. Einzelne Abschnitte gehen aber bis zu den Iberern zurück.

Die alte *Puerta de Socorro* hat einen Hufeisenbogen, seinen Proportionen nach westgotisch, und führt durch eine Wachstube und einen zu jedem maurischen Verteidigungsdispositiv gehörenden rechtwinklig verlaufenden Gang in die Stadt. Auf der Plaza, auf die man so gelangt, steht isoliert ein Stück Mauer mit Hufeisenbogen; dort kann man bequem im Schatten parken. Ein anderer Rest römischen Mauerwerks zur Linken dient heute als Eingangstreppe eines Hauses.

Gleich geradeaus, also genau südlich, steht ein faszinierender Glockenturm mit Ajimezfenstern an allen vier Seiten, stark restauriert und teilweise mit Ziegelsteinen nachgemauert, aber noch immer deutlich seinen westgotischen Ursprung verratend. Darüber ein modernes Zifferblatt und wiederum ein Rundbogenfenster, durch das man die große Glocke sehen kann; die kleineren Glocken hängen ein Stockwerk tiefer. Auf dem Dach wächst ein kleiner Garten wilder Blumen, eine gute Bekränzung des uralten Baus. Hinter ihm steht die Kirche *Santa María de la Granada*; sie wurde wiederaufgebaut, nachdem sie im Bürgerkrieg fast völlig zerstört worden war. Stein und Ziegel sind in abwechselnden Lagen vermauert, und der kleine Eingangspatio war einst der Orangenhof der Moschee. Da sind ein paar Reste von zwei Arkadenreihen, auch mit Hufeisenbögen, aber es ist unmöglich zu sagen, ob sie vor, während oder nach der Maurenzeit errichtet wurden. Reste römischer Säulen und Kapitelle und eine steinerne Geschoßkugel liegen herum. Die Nordwand der Kirche zeigt einen Bogen mit Laubmaßwerk, und neben ihm finden wir ein kostbares westgotisches Überbleibsel, ein Drillingsfenster mit primitiver Ornamentik, aus einem einzigen Stein gemeißelt, flach in die Wand einbezogen. Das Innere ist enttäuschend, aber da ist noch ein maurisches Zwillingsfenster mit einer eingestellten westgotischen Säule aus weißem Marmor mit typischem Flachreliefmuster.

Das Osttor der Stadt, die *Puerta de Sevilla*, ist römisch; man kommt hügelabwärts zu ihr, vorbei an schlichten einstöckigen Häuschen. Das Südtor, *Puerta de Agua*, ist ebenfalls über einen steilabfallenden Rasen zu erreichen und sieht auf den Fluß hinaus. Hier sollen einst die Frauen zum Wasserholen gegangen sein, das erklärt zwar den Namen, ist aber sehr unwahrscheinlich, denn das Wasser des Río Tinto ist ungenießbar, da Brackwasser, und wird auch nicht zum Wäschewaschen benutzt. Hier war jedoch vor langer, langer Zeit, als noch Schiffe, mit Eisenerz beladen, flußabwärts nach Huelva geschickt wurden, ein Schiffsanlegeplatz. Das letzte Tor ist im Westen – die Stadt hält sich in der Tat an einen rudimentären römischen Grundriß – und wird *Puerta del Buey*, Ochsentor, genannt. Es ist ebenfalls ein maurisches Tor, mit Hufeisenbogen, Alfiz und einer Blendarkade aus Ziegeln. Von hier aus hat man einen wunderbaren Blick auf den Fluß und die Landschaft; das leuchtende Grün im Frühling wird gemildert durch das schimmernde Grau der Ölbäume.

Das ist fast schon alles. Die Kirchenruine *San Martín* lohnt eigentlich keinen Besuch, und das alte Hospital *Nuestra Señora de los Ángeles* gegenüber dem Glockenturm ist zum größten Teil heute ein Laden, nur ein Teil vom alten Patio hat überlebt. Wer hier die Fahrt abbrechen will, kann jetzt gemütlich nach Sevilla auf der N 431 zurückkehren, es sind nur sechzig Kilometer.

Unsere Straße aber führt weiter nach **Huelva**; 28 Kilometer noch, und dann liegt es vor uns, dort, wo der Río Tinto in den Río Odiel mündet. Es ist gegen den Atlantik durch die Saltes-Insel geschützt, die vor Zeiten abwechselnd von Schmieden und Wikingern gehalten wurde. Huelva ist die Heimat des »Fandango«, der Mittelpunkt des längsten Sandstrandes Spaniens, der Costa de la Luz, und die Vaterstadt vieler kulinarischer Spezialitäten, kurz, ein reizvolles Standquartier für viele Ausflüge und Besichtigungen, aber auch nicht mehr. Beklagenswert ist es, wie hier aber die Umwelt geschändet wird. Petrochemische Komplexe ergießen ihre polychromen Stoffe ganz offen über die Landschaft. Man riecht es, man sieht es, es treibt einem die Tränen in die Augen ...

Unbedingt sollte man die Fahrt von ungefähr drei Kilometern entlang dem Paseo del Conquero machen; sie enthüllt ein phantastisches Panorama der beiden Flüsse und Lagunen und führt zur Wallfahrtsstätte *Nuestra Señora de la Cinta*, zu der KOLUMBUS pilgerte, weil er auf der Rückfahrt aus arger Seenot gerettet wurde. Den Ursprung der »Madonna vom Gürtel« kann man über die Venus, der Aphrodite von Eryx bis zu der Astarte und babylonisch-assyrischen Ischtar zurückverfolgen, die alle als Beschützerinnen der Seefahrer galten.

Und die anderen so eng mit der Geschichte des KOLUMBUS verknüpften Orte zu besuchen, folgt man der Avenida de los Pinzones (die Steuermänner der Kolumbusflotte) etwa fünf Kilometer entlang dem Ufer des Río Odiel bis zum *Monasterio de la Rábida*. Auf der nahen Spitze steht die 36 Meter hohe Kolossalstatue des Kolumbus von GERTRUDE V. WHITNEY aus Granitblöcken geschaffen und 1929 errichtet. Über den Fluß leuchtet das Kloster mit seinen weißen Gebäuden unter Palmen, Mimosen und Schirmpinien, die in dem Sandboden gut gedeihen.

Den meisten wird die Szene aus dem Leben des Kolumbus geläufig sein, wie der weißhaarige Fremde 1484 mit seinem kleinen Sohn DIEGO im Kloster ankam, wie er die Mönche für seinen Plan, zum Fernen Osten zu segeln, interessierte, und wie sie für seinen Sohn sorgten und sein Ziel förderten. Es ist sehr

Huelvas Kathedrale La Merced aus dem 17. Jahrhundert.

verständlich, daß das Kloster heute ein Museum wichtiger Erinnerungsstücke an Kolumbus birgt und daß hier jährlich Vorträge in einer sogenannten »Universität von Santa María de la Rábida« stattfinden. Viele bisher unbekannte Einzelheiten des großen Abenteurers sind erst in unserem Jahrhundert ans Licht gekommen. Es kann natürlich längst nicht alles beschrieben werden, was hier zu sehen ist.

Die wenig bekannten Städte **Palos de la Frontera** und **Moguer** liegen an der H 624, die uns wieder nach Huelva zurückbringen soll. Beide sind schäbig und nur noch Schatten ihrer großen Vergangenheit. Aus dem heute nicht mehr benutzten Hafen lief am 3. August 1492 Kolumbus aus und landete hier wieder am 15. März 1493.

Auch Moguer ist eine vernachlässigte Stadt, Geburtsort des Nobelpreisträgers JUAN RAMÓN JIMÉNEZ. In seinem Haus ist jetzt ein kleines Museum eingerichtet. Er gilt als wichtigster Vertreter des Modernismo und richtungsweisend für alle späteren Dichtergenerationen. Sein bekanntestes Werk ist sein Prosapoem »Platero und ich«, die Erzählung eines Eselchens. 1956 erhielt er den Nobelpreis.

Moguer, Palos de la Frontera und Lepe sind die großen Zentren, wo unter riesigen Plastikhüllen die Früherdbeeren gezüchtet werden. Ein zehnmal größeres Plastikmeer werden wir noch nach Almería antreffen.

Zurück in San Juan del Puerto nimmt man die N 435 nach **Valverde del Camino**. Das Land ist jetzt nur spärlich besiedelt; wenn man den Fuß der Sierra Morena erreicht, sind weite Strekken mit Zistrosen bepflanzt. Ihre großen, weißen oder gelben Blüten haben fünf Blütenblätter, von denen sich die gelben Stempel scharf abheben. Die Blüten duften nicht, aber wenn man sie abbricht, geben die Stengel einen dickflüssigen, wohlriechenden Saft ab, der in der Parfumfabrikation verwendet wird. Dann wird fruchtbarer Boden selten; Korkeichen und immergrüne Eichen nehmen den Platz der Felder ein. Die Korkeichen haben eine dicke Rinde, die alle neun Jahre bis in Mannshöhe abgeschält wird; die Eicheln der immergrünen Bäume werden als Schweinefutter geschätzt; Hunderte von Quadratkilometern der Landschaft, durch die wir jetzt fahren, sind mit diesem Baum bepflanzt. Die romanischen und frühgotischen Kalendarien zeigen immer wieder als Oktoberbild, wie die Eichbäume mit Knütteln geschlagen werden und die Schweine sich darunter hoffnungsvoll versammeln.

Zalamea la Real hat die steilen Straßen, die in diesem Gebiet zum Stadtbild gehören, und der Spitzturm der Backsteinkirche ist mit Azulejos gedeckt.

Wenn man eine Bergwerkstadt sehen möchte, so bietet sich **Riotinto** in der Nähe an. Seit den Tagen der Phönizier hat man nach und nach den ganzen Hügel abgetragen, und in den Riesenstufen, die das große Loch umkreisen, zeigen die dunklen Mündungen der Schächte, wo man den Erzadern nachschürfte. Die älteren bedecken sich langsam wieder mit Vegetation, und auf den ganz alten wachsen bereits Pinien. Es ist die größte von Menschenhand abgetragene Erdmasse der Welt.

Eine gute, aber sehr gewundene, ermüdende Straße führt nach **Aracena**, beliebtem Ziel der Sonntagsausflügler von Huelva, Sevilla und Südportugal. Sie kommen, um die **Gruta de las Maravillas** zu sehen, Tropfsteinhöhlen, in denen kristallklare Wasser die magischen Farben der Mineralien reflektieren.

Den Hügel krönt die Ruine einer Almohadenburg, und eine Templerkirche, **Nuestra Señora de los Dolores**, erhebt sich über dem Grundriß einer ehemaligen Moschee. Sie ist gotisch, die drei Schiffe sind durch viereckige Pfeiler und Säulen mit Blattkapitellen gegliedert. Die Kirche hat einen »Coro en alto«, wahrscheinlich eine spätere Ergänzung. Es handelt sich um eine Eigenart, die erst am Ende des 15. Jahrhunderts voll ausgebildet war; eines der schönsten Beispiele ist in der Kirche San Juan de los Reyes in Toledo. Zur Linken des Altarraumes, hinter einer sehr schönen Reja mit knienden Figuren, liegt das Grabmal des Priors PEDRO VÁZQUEZ von 1500 in glasierter Terracotta, die auf den ersten Blick wie Alabaster wirkt. Es ist ein Werk von großem Charme und künstlerischem Empfinden.

Das Schönste habe ich bis zum Ende aufgespart: den *Glockenturm* der Templerkirche, auf den Grundmauern des Almohadenturms errichtet, in warmem roten Backstein, mit Zackenbogen und dem vertrauten Sebka-Werk, bekrönt vom Templerkreuz. – Eine Stunde Fahrt durch Eichenwälder und Heiden bringt uns auf der Hauptstraße von Portugal (N 433) nach Sevilla zurück.

Von Sevilla nach Jerez

Wir verlassen Sevilla jetzt endgültig und folgen dem Paseo de las Delicias, der breiten Straße, die am Ufer des Guadalquivir entlang gen Süden führt. Wer kann sich heute noch vorstellen, daß in diesem Fluß von Januar bis Mai Störe bis weit über Sevilla hinauf kamen. In **Coria del Río** arbeiteten sogar russische Experten für die Kaviarherstellung der dortigen Fabrik, die in den sechziger Jahren den Betrieb einstellen mußte. Wenn man dann die ganze uninteressante Strecke von rund hundert Kilometern auf der N IV (resp. A4) zurücklegt, läßt sie sich in weniger als einer Stunde schaffen. Auf dem Wege kommt man vorher noch an **Dos Hermanas** vorbei; der Name der Stadt läßt sich bis ins 12. Jahrhundert zurückverfolgen. Hier wurde AMINTA von DON JUAN auf seinem Weg nach Lebrija verführt; hier lebte ab 1821 FERNÁN CABALLERO, und hier wurde 1942 FELIPE GONZÁLEZ, Spaniens sozialistischer Premierminister, geboren.

An der N333, etwa fünfzehn Kilometer südlich von Utrera, befindet sich **El Palmar de Troya**. Schon von der Autobahn aus kann man die Türme der Kathedrale sehen, die sich der selbsternannte Papa (Papst) CLEMENTE errichten ließ, nachdem dort 1968 vier Mädchen die Jungfrau Maria erschienen sein soll.

Wir kommen nach **Las Cabezas de San Juan**. Die Stadt zeigt wie gewöhnlich lauter weißgetünchte Häuser, diesmal auf einem einsamen Hügel. Sie war eine befestigte Station auf der Römerstraße von Sevilla nach Cádiz. Die »Cabezas« (Köpfe) kamen durch ein Mißverständnis in den Namen, der eigentlich lautete: »San Juan del Cabezo« – »Johannes der Täufer vom Hügel«.

Der *Ayuntamiento* steht am Ende eines kleinen, unbedeutenden Hofes, dessen andere Seite von der steilen Hauptstraße eingenommen wird. Der Balkon eines sonst unscheinbaren Hauses, das auf den Platz schaut, sah 1820 den liberalen General RAFAEL DE RIEGO, der hier sein »Pronunciamento« verlas. Das war der Beginn von Spaniens vielen Auseinandersetzungen zwischen meineidigen Politikern und verlogenen Königen.

Etwas weiter hügelaufwärts liegt die recht junge Kirche *San Juan Bautista*, die einiges Interessante beherbergt. »Die heilige Anna lehrt die Jungfrau Maria das Lesen« wurde von einem anonymen Künstler ausgeführt. Weiter hängt hier eine Kreuzigung von JUAN DE MESA und ein bezauberndes »Pesebre« von LA ROLDANA, der Tochter des PEDRO ROLDÁN. Miniaturkompositionen der Szenen um Christi Geburt waren eine Zeitlang sehr beliebt. Vor allem in den ehemaligen spanischen Gebieten von Süditalien und Sizilien findet man noch viele Beispiele. Im Genrestil des 18. Jahrhunderts vermitteln sie uns viele Informationen über Bräuche und Kostüm der Zeit.

Lebrija ist der nächste Halt auf dieser Straße; die Stadt ist reizvoller, als man vermuten würde. Die Pfarrkirche heißt *Nuestra Señora de la Oliva* und zeigt ganz deutlich ihre Herkunft von einer Almohadenmoschee, und der Glockenturm übernahm das Erbe des Minaretts, besonders in den unteren Teilen. Die Kirche hat innen zu jeder Seite drei Hufeisenbögen, um das Hauptschiff von den Nebenschiffen zu trennen. Jedes der Seitenschiffe trägt vier Kuppeln mit verschiedenen Rippenmustern; wenn man sie vom Hügelgipfel aus sieht, wirken sie wie die Dächer einer Moschee mit angeschlossenen Medresen (theologische Schulen). Das Retabel wurde von MIGUEL CANO und seinem Sohn ALONSO geschaffen. Alonso Cano zählt zu den größten Künstlern Spaniens, und das Retabel in Lebrija war sein erster Triumph. Es zeigt vier gute Skulpturen; oben eine Kreuzigung, darunter Statuen von St. Peter und St. Paul und ein Marienbild im Camarín hinter dem Altar. Diese wunderschöne Statue, aus einem einzigen Ölbaum geschnitzt, verdient all das Lob, das reichlich über sie ausgeschüttet wurde; sie verbindet spanische Strenge mit italienischer, raffaelischer Zärtlichkeit. Sehr kühn für einen jungen Anfänger, bezog er Konsolenschnecken in den Gesimsfries ein; diese Art von Neuerung war zuletzt vor über einem Jahrhundert von PEDRO MACHUCA versucht worden.

Aus Lebrija stammt der Humanist ANTONIO DE NEBRIJA, der 1492, im selben Jahr der Eroberung des letzten Maurenreiches, der Vertreibung der Juden und der Entdeckung Amerikas, die erste Grammatik der spanischen Sprache herausgab, was für die sprachliche und vor allem politische Einigung Spaniens noch bedeutender als LUTHERS Bibelübersetzung war.

Von Lebrija führt eine rauhe Straße nördlich in die **Marismas**, wo Reis gepflanzt wird, und wo man Kampfstiere züchtet. Der Vogelfreund kann weiße Reiher und Kronenreiher, Adler und Eulen und hundert andere Arten beobachten.

Die **Isla Menor**, nördlich gelegen, war einst eine Trutzburg der Wikinger, die dort 844 ihr Hauptquartier aufgeschlagen hatten, von wo aus sie das umliegende Land zu ihrem Vergnügen brandschatzten. Ihre Schreckensherrschaft endete als die disziplinierten und gut geführten Truppen 'ABD AR-RAḤMĀNS II. sich ihrer aller auf einmal entledigten. Nur eine Abteilung, die umzingelt war, wurde verschont, unter der Bedingung, daß sie sich zum Islam zu bekehren habe. Sie siedelten in den Marismas, wurden gute Rinderzüchter und verstanden viel von der Milchwirtschaft, ihr Käse war bis Córdoba berühmt.

Die C441 führt weiter nach **Sanlúcar de Barrameda**, einer alten Stadt, die am Südufer des Guadalquivir liegt. Sie sah die Abreise MAGELLANS und seines Ersten Offiziers ELCANO zu ihrer ersten triumphalen Erdumseglung und die des Kolumbus bei seiner dritten Reise. Der große, rechteckige barocke Block des *Colegio de San Francisco*, ein Seminar, war früher ein Krankenhaus für englische Seeleute, von HEINRICH VIII. gegründet; ein Beweis dafür, wie eng damals die Handelsbeziehungen zwischen England und den spanischen Weinhäfen gewesen sein müssen, gefördert vielleicht durch Heinrichs Ehe mit KATHARINA VON ARAGÓN.

9 *Zahara de la Sierra bei Cádiz.*

10 *Mit farbfrohen Umzügen und Flamencodarbietungen wird die Feria del Caballo (Pferdemesse) in Jerez de la Frontera gefeiert.*

11 *Am Playa de Castilla zwischen Matalascanas und Mazagón.*

12 *Das Wasser des Río Tinto ist durch Eisen- und Kupferverbindungen des alten Bergbaus rotbraun gefärbt.*

13 *Das Kastell von Casares im Süden Andalusiens.*

Die Pfarrkirche *Nuestra Señora de la O* ist einen Besuch wert, sie ist dem Palast der Herzöge von Medina Sidonia eng benachbart. Was das O bedeutet ist unklar. Die Kirche hat eine eindrucksvolle Fassade mit einem restaurierten gotischen Portal in einem erstaunlichen Alfiz, dessen oberster Fries aus Kragsteinen mit eingemeißelten, sehr verwitterten Gesichtern besteht. Danach kommt ein Streifen mit Sebka-Dekoration über einem Band enggestellter Säulen und darunter sind zwei von Löwen gestützte Wappenschilder und verschiedene geometrische Ornamente. Haupt- und Seitenschiffe haben schöne Artesonados, und ein privates Chorgestühl nahe dem Chor ist mit einem kunstvoll geschnitzten Holzgitter geschützt, das zum benachbarten Palast hin fortgesetzt wird. Hier haben wir das genaue Gegenstück zum »Pasadizo« der Emire und Kalifen von Córdoba, das sie benutzten, wenn sie die Moschee besuchten. – Oberhalb der Kirche sieht man das alte Kastell, ein idealer Aussichtspunkt; unterhalb die verwitterte gotische Fassade eines Palastes, der einst dem HERZOG VON MONTPENSIER, dem Schwager ISABELS II., gehörte.

Im Mündungsgebiet ist die Region der Arenas Gordas genannten Sanddünen und des »Parque Nacional Coto de Doñana«, den wir weiter vorn beschrieben haben. Unser Weg führt in westlicher Richtung weiter zu der Stelle, wo der verbreiterte Guadalquivir wirklich ins Meer mündet. Dort liegt **Chipiona**, ein durch den Badetourismus entstellter Ferienort, dessen Typ wir an der Küste Südspaniens wieder begegnen werden.

Rota liegt südlich an der Küste und ist als umstrittener amerikanisch-spanischer NATO-Stützpunkt von Häusern im kalifornischen Stil umgeben und hat herrliche Zufahrtsstraßen durch weite Kiefernwälder. Der Badestrand weist viel feineren, sauberen Sand auf, als man in den meisten Mittelmeerorten finden kann, ein Resultat der Gezeiten des Atlantiks. Leider ist aber ein Großteil der Strände militärisches Sperrgebiet.

Weiter geht's nach **Puerto de Santa María**, an der Mündung des Guadalete. In der äußeren Bucht des Hafens von Cádiz gelegen, blickt der reizvolle Ort zu der funkelnden Provinzhauptstadt auf ihrer Halbinsel hinüber. Puerto de Santa María ist ein bekannter Ferienort, eine Weinstadt, ein Fischereihafen, und außerdem hat er noch ein berühmtes geschichtliches Museum.

Viele ziehen ihn Jerez vor, und sicherlich ist er für den Feriengast attraktiver, mit seinen schönen Stränden und der Möglichkeit eines täglichen Bootsausfluges nach Cádiz.

Aus diesem Städtchen stammt ein weiterer bekannter spanischer Lyriker: RAFAEL ALBERTI, der, wie auch JIMÉNEZ, wegen Franco viele Jahre im Exil leben mußte.

Das *Castillo de San Marcos* ist ohne Zweifel das bedeutendste Bauwerk in Santa María. An einer der Mauern aus rotem Stein ist eine Tafel angebracht, die es als zeitweiligen Wohnort von KOLUMBUS und JUAN DE LA COSTA ausweist; Juan war Steuermann auf Kolumbus' Flaggschiff Santa María und der erste Kartograph der Neuen Welt. Auch andere berühmte Entdecker, AMERIGO VESPUCCI und PEDRO DE VILLA, lebten hier in den Tagen, als Santa María größer war als Cádiz. Leider ist San Marcos in Privatbesitz; es gehört der CABALLERO-Familie, die es von den MEDINACELI erwarb. Die fast unzerstörte Moschee, heute natürlich eine Kapelle, ist das Glanzstück der Burg; sie hat auch einen eigenen kleinen Patio de Naranjos. Außer der Mezquita in Córdoba und der Giralda in Sevilla das einzige Zeugnis nicht zerstörter maurischer Moscheen in Südspanien.

Der Eingang ist gotisch und führt direkt in die Sakristei, die an einer der Wände eine kufische Inschrift zeigt. Die Kapelle selbst hat drei Schiffe und sieben Joche; die 33 Hufeisenbögen ruhen auf verschieden gestalteten Stützen, darunter auch einige Römersäulen. Der Barockaltar steht vor dem mit keinem Finger berührten Miḥrāb, einem oktogonalen Gebilde im gleichen Stil wie der in Córdoba, mit Fresken anstelle von Mosaiken; im Innern hat er ein winziges Kreuzrippengewölbe. Zu beiden Seiten des Altars steht ein kleines Bord aus Stützen mit Mocárabes, Stalaktitenmuster; und dahinter, links und rechts des Miḥrāb, findet man einen Schmuck, der vielleicht einzig in Europa ist, eine gepunzte Lederverkleidung, vergoldet und bemalt. Kamelhäute sind das Material, denn im Mittelalter hielt man in Spanien von Rindleder nicht viel, weil es nicht besonders haltbar sein soll. Dieses Kunsthandwerk war eine arabische Spezialität, »Guadamacilería« genannt; die Handwerker, die es ausübten, hatten in Córdoba eine eigene Straße, die Calle Placentines. Der wohl älteste Bericht über dieses Handwerk in Spanien findet sich im »Poema de mio Cid«.

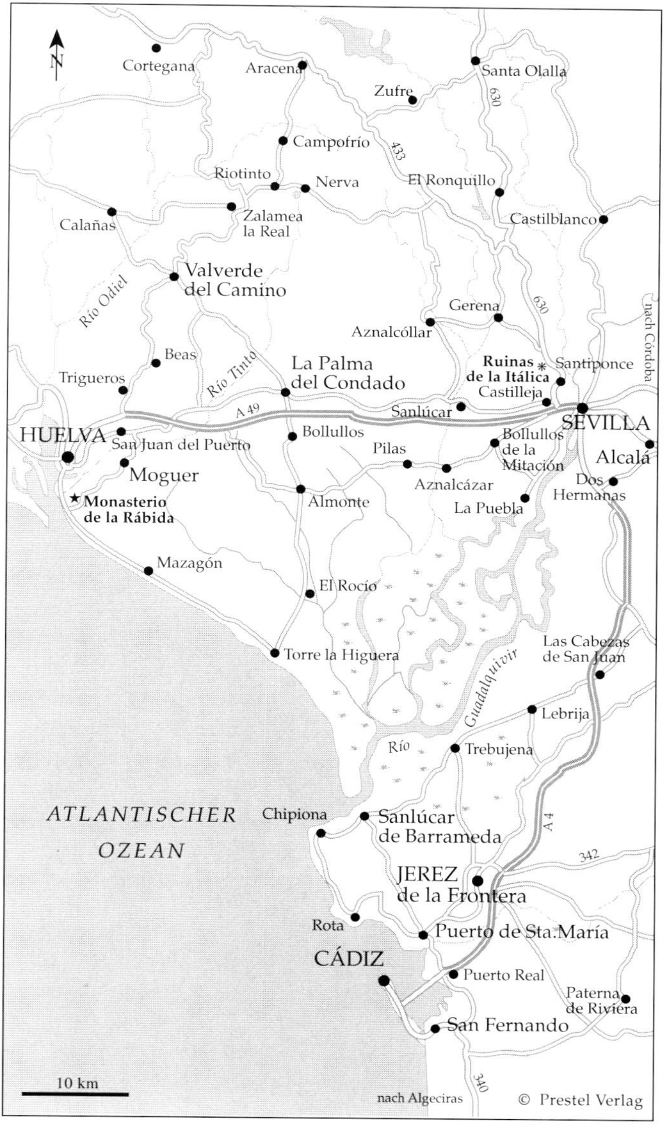

Zwischen Sevilla, Huelva und Jerez.

An der Nordseite liegt die Kapelle des Sagrario, verschlossen mit einer herrlichen vergoldeten Reja mit einer Kreuzigung. Darin steht die romantische Statue der Virgen de la Granada, auch Virgen de España genannt; sie hält in der rechten Hand einen Granatapfel und trägt das Kind auf dem linken Arm. Zwei Fenster mit Glasmalerei im Westende zeigen Illustrationen zu den »Cantigas« Alfonsos des Weisen und Bilder von ihm und Maria. Eine arabisch wirkende Tür, mit Enlacería an der Innenseite und außen mit Bronzeplatten verkleidet, führt zu dem kleinen Patio, in dem noch immer Orangenbäume blühen.

Vielleicht haben Sie nicht darauf geachtet, aber auf dem Wege hierher sind Sie durch viele Weingärten mit weißem, sandigem Boden gekommen, und auf der Straße nach Jerez werden Sie noch viele andere passieren. Auf diesem armseligen Boden gedeihen die weißen Trauben am besten, und wenn **Sherry** sich auch eigentlich nur auf den Wein, der wirklich in Jerez gemacht wird, beziehen sollte, kann man doch den Manzanilla von Sanlúcar und die Weine von Puerto de Santa María in den Begriff miteinbeziehen. An diesem Ort gibt es drei Bodegas von großem Ruf, und vielen Besuchern macht es mehr Spaß, sich hier kostenlos herumführen zu lassen als in den großen Kellereien in Jerez. Wenn man nur das geringste Interesse zeigt, wird man alles über die Sherry-Produktion erfahren können. Man erzählt dem Besucher hier nur allzu gerne, wie die Trauben reifen und wie der Boden gepflegt werden muß, wie man die Beeren pflückt, den Saft preßt, wie der Wein bereitet und gelagert wird.

Es gibt hier natürlich einige edle Weine, die die Zunge des Kenners und ein gewisses Ritual verlangen, aber sie sind selten. Die meisten sind angenehm aromatisch, trocken genug, um den Gaumen auf ein gutes Mahl vorzubereiten, oder süß genug, ein Dessert zu begleiten. Jeder Schritt in der Herstellung des Weines hat einen Grund; das Ziel dabei ist, einen Wein zu machen, dessen Qualität nicht von Jahrgang zu Jahrgang variiert. Unter den verschiedenen Rebenarten ist die Palomina die gewöhnlichste und die Pedro Ximénez die süßeste. Die Beeren dieser Rebe werden bis zum Austrocknen am Stock gelassen, wie man am Rhein eine Spätlese behandelt. Ihren Namen soll sie von einem deutschen Söldner namens Siemens aus der Zeit KARLS V. erhalten haben, der sie als Setzling aus dem Rheintal mitbrachte. Der britische Pirat Sir FRANCIS DRAKE brachte seiner königlichen Hoheit natürlich auch dieses flüssige Gold mit, das SHAKESPEARE »Sheris Sack« nannte. Im 18. Jahrhundert war Pedro Ximénez' Sherry so beliebt, daß man ihn in großen Mengen unter dem Namen Pérochimelle als Dessertwein nach Frankreich exportierte. Die Ersten jedoch, die vor ungefähr dreitausend Jahren den Rebstock einführten, waren die Phönizier oder Griechen, und seitdem hat der Weinexport aus Spanien nie mehr nachgelassen.

Jerez de la Frontera bedeutet für verschiedene Menschen völlig verschiedene Dinge: Für die meisten Leute ist sie nur die Sherry-Stadt par excellence, deren 500 Bodegas einen jährlichen Umsatz von über einer halben Million Mark ausmachen; für einige ein Schatzhaus architektonischer und künstlerischer Denkmäler; für dritte ein Ort interessanter Autorallyes; für andere ein Zentrum der Zucht edler Reitpferde. Die ruhmreichen Grauen der Kartäuser sollen zu den Ahnen der Lippizaner der Spanischen Reitschule in Wien zählen, und der Hispano-Anglo-Araber, der einen guten Tropfen Berberblut in seinen Adern hat, gehört zu den besten Zuchtpferden überhaupt.

In Jerez heißen eine Straße und ein Platz nach Domecq: Dieser Name ist nicht nur mit den berühmten Bodegas verbunden, ÁLVARO DOMECQ war einer der größten Rejoneadores (Stierkämpfer vom Pferde aus) aller Zeiten, und als er sich aus dem Ring zurückzog, wurde er Bürgermeister der Stadt. Er war es, der 1973 die Andalusische Schule der Reitkunst gründete, die 1986 zur Real Escuela de Arte Ecuestre wurde, um mit Wien und Saumur gleichzuziehen.

Jerez wurde von FERDINAND DEM HEILIGEN 1251 erobert und ging unter der Regierung seines Sohnes ALFONSO wieder an die Mauren verloren.

Jerez geht vermutlich auf ein phönizisches Xera zurück, aus dem dann das westgotische Ceret, das arabische Scherisch wurde. Ein Zeugnis jener Zeit ist der Alcázar, ein weithin sichtbares Wahrzeichen der Stadt in ihrer linken Ecke; er wurde häufig restauriert. Der oktogonale Turm geht in die Almohadenzeit zurück, andere Teile wurden im 15. Jahrhundert errichtet.

Von hier bis zur Kirche *San Miguel* ist es nur ein kurzer Weg. Die Westfront ist ein eindrucksvolles spätgotisches Schaustück mit dem üblichen stilisierten Spitzbogen in einem stark ornamentierten Alfiz und viel Mudéjardekoration. Das Innere ist ein eingehendes Studium wert. Die Pfeiler wechseln von schlichter zu Spätgotik, und die Netzgewölbe der sechs Joche, des Chors, der vier Kapellen und der Apsis sind alle verschieden; viele der Motive sind geometrisch und erinnern an orientalische Muster. In der Kapelle Nuestra Señora del Socorro finden sich außerdem paarig angeordnete groteske Figuren in Flachrelief zwischen den Gewölberippen.

Das riesige Retabel war vom über sechzigjährigen MARTÍNEZ MONTAÑÉS geplant worden; die Ausführung der Flügel überließ er einem weniger bekannten Künstler, JOSÉ DE ARCE, und seiner Frau MARÍA. Es braucht schon das Auge eines Experten, um die Unterschiede zu entdecken. (Die Mittelreliefs – der Kampf der Engel, Verklärung und Himmelfahrt – und die freistehenden Figuren von St. Peter und St. Paul sind von MARTÍNEZ MONTAÑÉS.) Weiter kann man in der letzten Kapelle zur Linken eine erschreckend realistische Kreuzigung sehen und zur Rechten in der Capilla de Pavón (ein Familienname) ein ZURBARÁN zugeschriebenes Gemälde, »Schweißtuch der Veronika«.

Von San Miguel sind es nur hundert Meter zur *Plaza de los Reyes Católicos*. Dort steht ein Denkmal des Generals MIGUEL PRIMO DE RIVERA, der Vater des Begründers der Falange. Flachreliefs mit seinen Siegen in Marokko schmücken den Sockel neben allegorischen Figuren, die wohl als Anspielung auf die Jahre 1923 bis 1930, in denen er die Geschicke seines Landes lenkte, verstanden werden müssen. Das Ganze spricht mehr von Begeisterung als Kunst.

Geht man die Calle de Calvo Sotelo entlang, stößt man auf die *Plaza Escribanos*, auch Plaza de la Asunción genannt. Wenn Jerez auch größer als die Provinzhauptstadt Cádiz ist, ist es doch verwunderlich, wie wenig Charme die Innenstadt aufweist, man hält sich am besten nur kurz hier auf. Die Südseite des Platzes wird von der Renaissancefassade der *Casa del Cabildo Viejo* mit der Stadtbibliothek und dem Archäologischen Museum gebildet.

Das Kartäuserkloster Nuestra Señora de la Defensión zwischen Jerez de la Frontera und Medina Sidonia.

Die Bibliothek enthält 25000 Bücher, darunter einige sehr seltene Exemplare und das Archäologische Museum, obwohl nicht groß, beinhaltet viele Gegenstände von Interesse.

Die Ostseite des Platzes wird von der Kirche *San Dionisio* eingenommen; sie wurde wie üblich nach dem Heiligen benannt, an dessen Namenstag die Stadt von den Mauren zurückerobert wurde. Das Äußere ist ein seltsames und fesselndes Stilgemisch, Mudéjar und Gotik herrschen vor. An der Südseite ist ein kleiner Patio; Orangen und Zitronenbäume verleihen ihren Duft dem stillen Ort und setzen sich noch auf dem Gehsteig der Kirche, zu dem sich der Patio öffnet, fort. Die Kirche folgt dem üblichen Grundplan mit zwei Seitenschiffen. Ein großes Rokokoretabel, fast zwanzig Meter hoch, wurde zur Zeit der Vertreibung der Jesuiten aus dem Kloster Santa Ana übernommen. Die Stützen, paarig gestellte schlanke Säulen, erinnern an die italienische Romanik, nur daß sie hier nicht in skulptierten Kapitellen enden, sondern in Doppelreihen von arabischen Stalaktiten. In der Nähe der Kirche ist ein Mudéjarturm, *Torre de la Atalaya* oder auch *de la Vela* genannt, nach seiner Funktion als Träger von Rauch- oder Feuerzeichen, als er noch ein Glied in der Kette der Grenztürme und Burgen bildete. Jede Seite hat eine eigene Dekoration, ein reizvolles Gemisch aus Ajimezfenstern, Bögen mit Blattmaßwerk und Alfizeinfassungen über Bögen im Isabelstil.

Die *Stiftskirche San Salvador* ist über den Fundamenten der ehemaligen Freitagsmoschee errichtet. Sie ist die Hauptkirche, wenn auch nicht in künstlerischer Hinsicht; ihre starke Wirkung bezieht sie vor allem aus der monumentalen Treppe, die an ihrer Westfront zum Portal hinaufführt. Neben dem freistehenden Glockenturm kauert die Kirche, mit einer Kuppel gekrönt und ziemlich überflüssigen, fliegenden Strebebogen verziert. Ein Blick ins Innere gibt Ihnen einen Vorgeschmack auf die neue Kathedrale in Cádiz, erbaut vom gleichen Architekten, der diese Kirche vollendete, TORCUATO CAYÓN DE LA VEGA. Vielleicht war es die Furcht vor einer Wiederholung des Bebens von 1755 von Lissabon, die ihn dazu bewog, das Strebewerk in seinen Plan einzubeziehen, das so gar nicht zu einem Barockbau passen will.

Fünf Kilometer von Jerez entfernt liegt auf der Straße nach Medina Sidonia (C 440) das berühmte Kartäuserkloster **La Car-**

tuja de Nuestra Señora de la Defensión. Die Kartause besaß reiche Kunstwerke, aber bis zur Ankunft der Franzosen auch noch einen Schatz von gängigerem Wert: das Gestüt. Die Bilder waren glücklicherweise in Cádiz in Sicherheit gebracht worden, wo man noch jetzt viele sehen kann, die Pferde aber, die Grauen der Kartäuser, waren in alle Winde verstreut. 1949 konnten die Mönche zurückkehren, die Pferde aber konnte Domecq erst 1986 wieder besorgen, und die Kartause wurde zur Königlichen Kunstreitschule. Der Claustrillo und der Claustro Grande sind gotisch, das Refektorium und der Kapitelsaal plateresk. Der dritte Kreuzgang ist von MARTÍNEZ MONTAÑÉS.

Wenn Sie ungefähr einen Kilometer weiterfahren, kommen Sie an eine bucklige Brücke von 1581, die über den Guadalete führt, von wo aus Sie die fruchtbaren, buschbewachsenen Uferhänge überblicken können, die 711 das Ende der Westgotenherrschaft sahen. Zweifellos ist »Guada« das arabische »wādī« (Flußbett), aber der zweite Teil des Namens muß viel älter sein.

Von Jerez nach Cádiz

Die niedrigen Berge, über und durch die sich die N 342 von Jerez aus nach Nordosten windet, sind eine angenehme Abwechslung nach all dem flachen Land seit Sevilla. Nach zehn Kilometern erhebt sich ein alter Turm auf einem steilen Hügel, und eine kurze Fahrt den Feldweg hinauf bringt uns zu den Ruinen des **Castillo de Melgarejo**. Da ist ein kurzer Abschnitt zinnenbewehrter Mauer mit einem spitzzulaufenden Hufeisenbogen und gleich daneben ein grauer Sandsteinturm; auf quadratischem Grundriß erhebt sich der Unterbau und wird dann achteckig fortgeführt, mit einem Pechnasenkranz; es ist aber nur wenig von den oberen Teilen erhalten.

Arcos de la Frontera liegt 21 Kilometer weiter; die Altstadt krönt einen steilen Hügel am Nordufer des Guadalete. Am besten nehmen wir die linke Gabelung, wenn wir in die Stadt einfahren, und folgen dann den steilen, immer enger werdenden Straßen, deren Beschilderung zum Parador weist. Unter einem Torbogen durchführend, endet die Straße auf der *Plaza de España* mit dem modernen und wirklich empfehlenswerten Hotel. Der Parador steht links; gerade vor uns liegt ein Aussichtsbalkon, von dem aus wir den großartigen Blick bis Ronda haben. Unten windet sich der stille Fluß mit seinen Inseln und Sandbänken, begleitet von einem Regulationskanal, der unter dem Hügel verschwindet, auf dem die Stadt steht. Geradeaus liegen niedrige Hügel, Weizenfelder und Olivenhaine; Weingärten sind rar hier, denn die Winter sind streng.

In der Südwestecke des Platzes liegt der winzige *Ayuntamiento*, zu dem alle Gebäude der Westseite gehören. Er hat zwei gute Artesonados, die einen Besuch lohnen. Gleich rechts daneben führt ein Torbogen zu einer kopfsteingepflasterten Straße, die am Eingang der Burg endet; leider ist sie die Residenz der MARQUESA DE TAMARÓN, und nur ihre Freunde können durch das gotische Portal mit seinem Alfiz und den zwei Wappenschildern gelangen. Aber von dem Plateau zur Westseite kann man noch

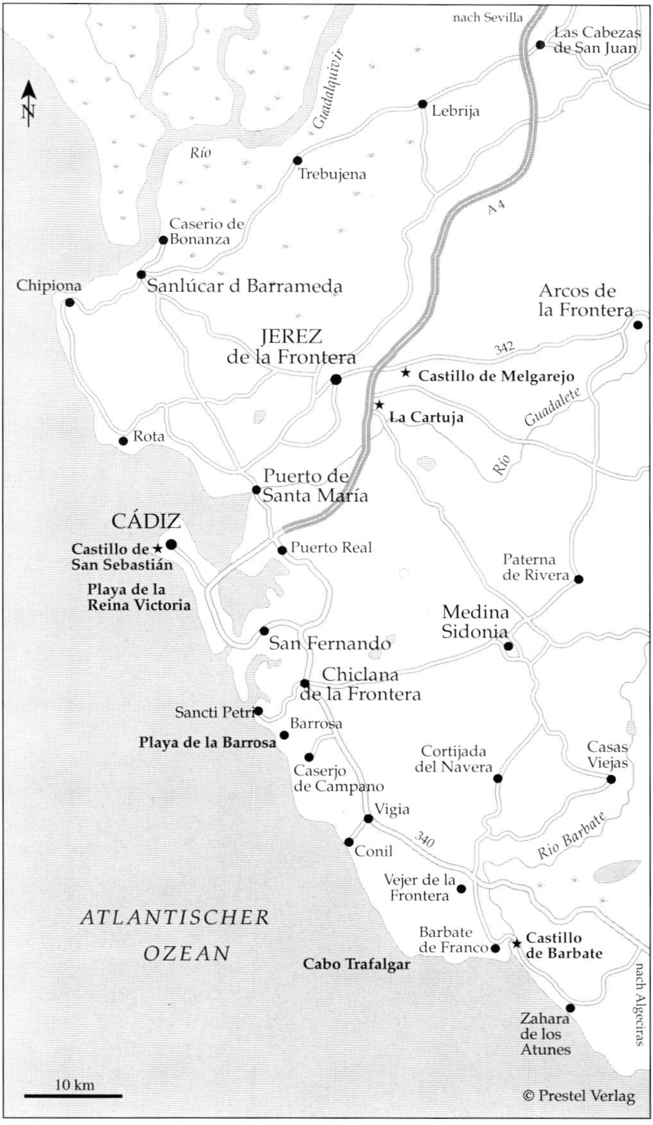

Zwischen Jerez und Cádiz.

einen Blick auf diese alte Mauerfeste erhaschen. Die langen, mit niedrigen Zinnen versehenen Mauern umspannen den Kamm eines abfallenden Hügels, an dessen Abhang der braunrote Fels durch einen Mantel von Büschen hindurch sichtbar wird. Palmen heben sich schattenrißartig von den Mauern ab.

Zur Nordseite der *Plaza de España* steht eine der beiden Pfarrkirchen; jede der Zwillingsturmspitzen von Arcos hat ihren eigenen Heiligen, und die Rivalität zwischen ihnen ist noch sehr lebendig. Die Kirche *Santa María de la Asunción* war ursprünglich eine westgotische Gründung, aber die ältesten Bauglieder der heutigen Kirche stammen aus dem 16. Jahrhundert, mit Ausnahme der Außenseite der Apsis, wo noch ein bißchen Mudéjarmauerwerk in den verschlungenen Backsteinblendarkaden überlebt hat. Der Uhrturm erhebt sich über der Barockfassade, mit einem Azulejomuster an dem krönenden Campanile; der Westeingang wird durch eine Treppe an der Nordwestecke erreicht; er ist im Isabelstil gehalten, aber leider so plaziert, daß man nicht weit genug zurücktreten kann, um ihn zu bewundern.

Das Mauerwerk der Pfarrkirche *San Pedro* macht deutlich, daß sie einst Teil der arabischen Befestigung war. Über dem Eingang zum nördlichen Querschiff hängen zwei maurische Banner, durch ALFONSO XI. am Salado erobert, wo er die Meriniden vernichtend schlug, die Nachfolger der Almohaden und letzte marokkanische Dynastie, die Spanien zu einem Schauplatz des Heiligen Krieges machte. Hinter dem Hochaltar ist ein gotisches Retabel aus ungefähr der gleichen Zeit, 1347. Zwei PACHECOS und einige ZURBARÁNS hängen sehr hoch an der Nord- und Westwand. Zwei mumifizierte Heilige stellen Vitus und Fructuosus dar, doch auch Westfalen sowie noch andere Orte der Iberischen Halbinsel behaupten, ihre Reliquien zu besitzen. Der etwas beschwerliche Aufstieg zur Spitze des Kirchturms lohnt sich. Die Aussicht ist überwältigend.

Wir bleiben für 37 Kilometer auf der C 343, die uns über den Salado südwärts führt und zwischen Ölbaumhainen zu einem Berg, auf dem die alte Stadt **Medina Sidonia** steht. In dem Namen steckt die Erinnerung an die Phönizierstadt Sidon und an

Die Kirche Santa María de la Asunción in Arcos de la Frontera.

das vergleichsweise moderne arabische Madīna, erst zwölfhundert Jahre alt. Über den kopfsteingepflasterten Hof des Stadteingangs kommen wir auf einer steilen, grasbewachsenen Straße zum *Arco de la Pastora*, dem Stadttor mit seinem doppelten Hufeisenbogen aus der Maurenzeit.

Oberhalb der Stadt, zu erreichen über eine sehr steile kopfsteingepflasterte Straße, liegt die *Parroquia de Santa María Coronada*. Ihr zunächst steht der einzige erhaltene Turm der alten Burg, in dem BLANCHE VON BOURBON auf Befehl ihres Gatten PEDRO DES GRAUSAMEN ermordet wurde. Im gleichen Kastell verbarg sich LEONOR DE GUZMÁN, die Mutter der Bastarde ALFONSO XI., der Halbbrüder Pedros, die ebenfalls 1351 von ihm ermordet wurden.

Das geräumige Innere der lichten Kirche ist aus schönem, elfenbeinfarbigem Sandstein, errichtet im Übergangsstil von der Gotik zur Renaissance. Das große Retabel, über dessen Meister keine Einigkeit unter den Fachleuten erzielt werden kann, zeigt Szenen aus dem Leben Christi, die obere Reihe ist besonders eindrucksvoll. Zum Ende des rechten Seitenschiffes ist ein MARTÍNEZ MONTAÑÉS zugeschriebenes Bild mit einem Franziskaner und das Porträt eines alten Mannes von Ribera. Der Chor liegt ungewöhnlich weit hinten, ein erfreulicher Unterschied von der gewöhnlichen Praxis, und davor stehen einige alte Bänke, die bei großen Anlässen von den Mitgliedern des Inquisitionsgerichtes benutzt wurden. Einer der Plätze zeigt ein Wappen mit Kreuz, Schwert und Palmwedel, nicht aber das Motto: »Steh auf, Herr, und verteidige deine gerechte Sache«, und der nächste das einfache Kreuz der Dominikaner. Dies müssen die Sitze der Mächtigen gewesen sein, denn die Dominikaner, oder »Domini canes«, »Jagdhunde des Herrn«, wie man sie im Scherz nannte, waren das Hauptinstrument des Heiligen Gerichts. Über dem Eingang zum Baptisterium ist eine Teufelsmaske in Stein gemeißelt, die Satans sprichwörtliche Abscheu vor gesegnetem Wasser darstellen soll.

Aus Medina Sidonia führt die C 346 nach **Chiclana de la Frontera**, einem hübschen, aber unbedeutenden Ort, und von dort die N 340 nach **San Fernando**, einer modernen Stadt, in der sich die spanische Admiralität befindet. Dann gleitet die Straße ununterbrochen über kleine Inseln, die zusammen die Halbinsel

Cádiz bilden. Zur Rechten erstreckt sich das weite Becken des inneren Hafens, und bald kommen wir links zur **Playa de la Reina Victoria**, zwei Meilen goldenen Sandes, wie es ihn kaum irgendwo in Europa schöner gibt, ein idealer Fleck zum Baden, wenn man die hohen Brecher des Atlantiks liebt. Hinter dem Strand sind nur der Damm und die Eisenbahnlinie zu finden. Das Zentrum von Cádiz nimmt das äußere Ende des Vorgebirges ein; sie ist nur 46 Kilometer von Medina Sidonia entfernt.

Cádiz

Cádiz hat einen Charme, der sich nur schwer beschreiben läßt. Poeten haben es mit vielen Beinamen geschmückt: »Aireario« sagte JUAN RAMÓN JIMÉNEZ, der uns in Moguer begegnet ist; »Salada Claridad« schrieb MANUEL MACHADO, Bruder eines noch berühmteren Dichters. BYRON sprach von der »Sirene des Ozeans«, die Einwohner selber nennen sie »Silbertäßchen« und der neoromantische Schriftsteller JOSÉ MARÍA PEMÁN bezeichnete seinen Geburtsort als »Señorita del Mar, Novia del Aire«, »Geliebte der Luft«, das ist ein passendes Kompliment für den weißesten, saubersten Seehafen Spaniens.

Die Stadt, auf einem engen, meerumspülten Gelände, hatte kaum Platz, sich auszudehnen, und so ist die Chance, Zeugen des Altertums auf ihrem Boden zu finden, gering. Aber ihr Name, wie der von Medina Sidonia, trägt uns über fast vier Jahrtausende zurück, zu den Phöniziern, die »Gadir« als Konkurrenz für Tartessos gründeten. Das war die fernste Siedlung der bekannten Welt, Umschlagplatz für Zinn und Bernstein aus dem wolkenumhangenen, unbekannten Norden.

Die Stadt, wie wir sie heute sehen, geht zum größten Teil auf das 17. und 18. Jahrhundert zurück; denn die Plünderung 1588 von Sir FRANCIS DRAKE und die Zerstörung 1596 durch DEVEUREUX, den Grafen von Essex, führte natürlich zu einem ausgedehnten Wiederaufbau in den folgenden Jahrhunderten. Eine Ringstraße wurde um die Stadt gelegt, und dort, wo andere Straßen sich in scharfen Winkeln auf sie öffnen, wirken die Eckhäuser wie ein Schiffsbug. Die Häuser haben flache Dächer und die meisten einen kleinen Turm, auf dem früher die Einwohner

die Heimkehr der Flotte beobachteten. Von diesen Dächern aus lauschten die Bürger von Cádiz dem Kanonendonner der Schlacht von Trafalgar. Ein paar Jahre später erlebte Cádiz die größte Krisis seiner Geschichte: es hörte auf, die alleinige Marine- und Handelsbasis für die Verbindung mit Lateinamerika zu sein; nach den Unabhängigkeitswirren Lateinamerikas wurden ihre Tochterstädte plötzlich Schwesterhäfen.

Man sollte Cádiz zu Fuß und vor allem ohne Hast erobern. Das Hotel »Atlántico« mit seinem reizenden Garten ist ein guter Ausgangspunkt. Wenn wir der Ringstraße in Südrichtung folgen, die einmal genau innerhalb der Befestigungen verlief, werden wir an der ersten Kurve zur Rechten die Festung **Santa Catalina** sehen und weiter draußen, ihr gegenüber, die von **San Sebastián**, mit der Stadt durch einen Damm verbunden. Die Bucht zwischen ihnen heißt La Caleta, was ein spanischer Diminutiv des arabischen Wortes für Bucht ist. Badekabinen, ein Restaurant und Aussichtsterrassen wurden gebaut, und von Juli bis September kann man hier angenehm baden. Eine örtliche Spezialität, »Sopa caletera«, ist nach diesem alten Fischereihafen genannt, eine Fischsuppe mit Reis und Schinken.

Hinter der Caleta wendet sich die Straße nach Osten; links liegt eine große psychiatrische Klinik, in die einst die Kirche **Santa Catalina** oder **de los Capuchinos** einbezogen war.

Wir gehen weiter in Ostrichtung und haben plötzlich die kubische Masse der **Neuen Kathedrale** mit ihrer flachen Kuppel in all ihrer grauen, festen Geschlossenheit vor uns. Sie wirkt wie eine symbolische Insel, seit Jahrtausenden Sturm und Wellen trotzend. Errichtet wurde sie im 18.Jahrhundert, entworfen schon 1720 von VICENTE ACERO, aber es dauerte über hundert Jahre, bis der Bau abgeschlossen war. Steht man dicht vor der Fassade, sieht man, daß sie nicht aus grauem, sondern eher aus einem bräunlichen Stein besteht; das spätere, klassizistische weiße Obergeschoß verdirbt viel von der Wirkung. Der Aufriß wirkt von den Seiten irgendwie vertraut, und wenn man eintritt, versteht man auch warum: hier finden wir ein sehr ähnliches

Hauptportal der aus dem 18.Jahrhundert stammenden mächtigen Kathedrale von Cádiz.

Interieur wie das der Stiftskirche von Jerez, 1753 entworfen vom selben Architekten, TORCUATO CAYÓN. Es ist die einzige wirkliche Barockkirche Spaniens, so seltsam das auch klingt, und wenn man auch nicht das edelste Material genommen hat, so ist der Gesamteindruck doch von beherrschter Großartigkeit.

Der Plan verdankt DIEGO DE SILOÉ viel, die Ähnlichkeiten mit der Kathedrale von Granada sind mehr als nur oberflächlich. Auf den massigen Pfeilern mit vorgelegten kannelierten Säulen korinthischer Ordnung lasten Rundbogen; vier von ihnen tragen mit Hilfe von Pendentifen die Kuppel über dem Chor. Eine Flut von Licht fällt auf den freistehenden Altar und betont das Spiel von Licht und Schatten, das für die Barockarchitektur so wesentlich ist. Die Krypta ist ein Meisterwerk, ihre dunkelgrauen Steinquader sind so präzise behauen, daß für ihre Errichtung ursprünglich kein Mörtel benötigt wurde. Sie hat ein Bogengewölbe und eine ganz flache Kuppel mit einer Scheitelöffnung wie das Pantheon in Rom. Ganz schlicht, vermittelt sie eine ernste Stimmung; die Akustik ist ungewöhnlich: ein Echo wird fünfzehn Mal wiederholt. Hier ruhen unter einer Platte aus granadinischem Granit die Gebeine MANUEL DE FALLAS, eines der größten Komponisten Spaniens, die aus Argentinien, wo er im Exil gestorben ist, überführt wurden. Er ist vor allem durch seine Ballette bekannt geworden. »Der Dreispitz« und »El Amor Brujo« (Amor als Zauberer). Mit seinem Werk »Nächte in spanischen Gärten« hat er der spanischen Volksmusik einen großen Dienst erwiesen. Eine Mauer der Krypta stößt ans Meer, dessen Brecher an Sturmtagen umheimlich an das Gemäuer schlagen, im Innern wohl zu hören. Das ist ein angemessener Ruheplatz für den Musiker, der über der Arbeit an seiner großen Kantate »La Atlántida« starb. Die Bürger der Stadt sind stolz auf PLINIUS' Annahme, daß Gades der einzige Teil des untergegangenen Atlantis sei, der die Katastrophe überlebt hat.

Die alte Kathedrale, heute die **Pfarrkirche von Santa Cruz**, ist hundert Meter entfernt. Sie war einst ein schöner Bau, wurde aber von DEVEUREUX, dem Grafen von Essex, völlig ausgeplündert. Eine von CERVANTES' Novellen, »La española inglesa« (Eine Spanierin in England), erzählt von einem kleinen spanischen Mädchen, das gefangengenommen und in einer kryptokatholischen Familie in London erzogen wurde.

Die Calle Prim führt zu der hübschen **Plaza de Emilio Castelar**; er war ein republikanischer Führer aus der Zeit ISABELS II. Die **Plaza de San Juan de Dios** mit ihren hohen Palmbäumen sieht direkt auf die Kais, sie ist die lebhafteste Ecke der Stadt. Es ist immer eine Art Schock, wenn man eben die Kathedrale und den Atlantik auf der einen Seite gelassen hat und hier gleich wieder die großen Dampfer im Hafen liegen sieht: daran wird deutlich, wie schmal das Vorgebirge wirklich ist. Gerade um die Südostecke herum liegt das **Hospital de San Juan de Dios** mit zwei wunderschönen Patios, deren Mauern ihre dreihundert Jahre alten Azulejos zur Schau stellen. Der klassizistische *Ayuntamiento* trägt die Titel der Stadt »muy noble ...« an der Fassade; er nimmt die Rückseite des Platzes ein.

Wenn man das Hospital de San Juan de Dios hinter sich gelassen hat, kommt man in das **Viertel Santa María**, wo man in einer »Freiduría« Spezialitäten aus dem Meer probieren kann. Die Atlantikküste von Portugal bis Tarifa ist für ihre Fischgerichte berühmt, sei es nun »raya en pimentón« (Rochen in Paprikasauce), »almejas a la marinera« (ein appetitliches Muschelgericht), »atún con tomate« (Thunfisch mit Tomaten) oder, sehr beliebt in Spanien, »Sopa al cuarto de hora«. Man muß sehr vorsichtig sein, wenn man diese Suppe bestellt, am besten sieht man auf die Uhr, denn der Witz der Sache ist, daß die Fische wirklich nur eben fünfzehn Minuten in der Suppe ziehen dürfen, bis sie ihren Geschmack angenommen hat. Viele der Fische, die hier gegessen werden, sind uns kaum vertraut, aber der Feinschmecker sollte sich den »Choco« nicht entgehen lassen, dessen Vetter der Tintenfisch des Mittelmeeres ist.

Wenn man zum Kai herunterschlendert, ist die letzte Straße links die Calle del Duque de la Victoria. Unter dem Straßenschild ist eine keramische Platte mit einer Kutsche angebracht, aus den Tagen, als Cádiz als eine der ersten Städte Einbahnstraßen eingeführt hatte. Nach einem kleinen Stück Weg ändert die Straße ihren Namen in San Francisco; im fünften Block zur Linken liegt die Kirche **San Agustín**, die Sie von der linken Parallelstraße aus betreten. Ihr Prunkstück ist der »Cristo de la Buena Muerte« von MARTÍNEZ MONTAÑÉS im rechten Querschiff. Da ist auch ein klassizistisches Retabel mit der »Virgen de la Correa« in einem Camarín, der beleuchteten Kammer hinter spanischen Altaraufsätzen, die den Vorzug hat, daß Besucher auch während der Messe die Statue betrachten können, ohne selber gesehen zu werden.

Zurückgekehrt in die Calle de San Francisco gehen wir weiter in nordwestlicher Richtung. Man kann durch Nummer 11 in der Calle de San Francisco das Oratorium von **La Santa Cueva** betreten, obwohl der Haupteingang in der Parallelstraße ist. Das Oratorium ist kreisrund, mit fünf Lünettenbildern nach biblischen Themen; drei davon hat GOYA gemalt; es gibt nicht viele religiöse Werke von ihm, und diese zählen zu seinen besten. Das Abendmahlsbild, das auf einer Zeichnung POUSSINS basieren soll, ist besonders interessant; die Personen sind liegend dargestellt, wie sie auch sicher das jüdische Passamahl eingenommen hätten; aber seltsamerweise wurde Fisch gegessen, nicht Lamm, und das Brot ist keine Matze, sondern ein Laib, wie er noch heute in Andalusien gebacken wird. Am Ende der Straße liegt der Eingang zum **Patio San Francisco**, bemerkenswert wegen der Mudéjardecken im Kreuzgang und seiner reichen Flora. Aus den weißen Wucherblumen erheben sich Aprikosen und Magnolien, und hoch über ihnen allen wiegt sich eine von Efeu umhüllte Palme. Hinter diesem Block liegt ein anderer reizender Hof, die Plaza de Mina; in einem ihrer Häuser wurde der Komponist MANUEL DE FALLA geboren.

Hier ist auch die **Academia de Bellas Artes** und das **Archäologische Museum**, das im Erdgeschoß untergebracht ist. Aus der Sammlung ragt ein anthropoider Marmorsarkophag besonders hervor, ein außergewöhnliches Beispiel plastischer Gestaltung aus der phönizischen Epoche Spaniens (5.Jahrhundert v.Chr.). Er wurde mit weiteren Stücken im 19.Jahrhundert in der Nekropole von Punta de Vaca gefunden. Hier können Sie die kopflose Mariquita aus Lebrija sehen, auch María Piña genannt, als sie im vorigen Jahrhundert noch in der Ecke eines Hauses stand; niemand kann sagen, warum. Drei Römerköpfe sind da, die identifizierten Porträts von AUGUSTUS, TIBERIUS und CLAUDIUS gleichen, der letztere könnte allerdings auch GERMANICUS sein.

In der Kathedrale von Cádiz befindet sich die größte Monstranz der Welt, die sogenannte »Millionen-Monstranz«.

Das Kapitell einer phönizischen Säule aus dem 7. vorchristlichen Jahrhundert hat Widderhorn-Voluten, die später durch die ionischen Kolonien in Kleinasien Eingang in die klassische Kunst fanden, also ein ursprünglich orientalisches Motiv sind; es ist der älteste Besitz des Museums.

Nach dem Museum von Sevilla ist das **Museo Principal de Bellas Artes** das bedeutendste in Andalusien.

Von der Plaza de Mina aus führt die Calle San José südlich durch das geographische Zentrum der Stadt. An der fünften Kreuzung kommen wir in die Santa Inés, und hier stoßen wir auf ein anderes Zeugnis der Geschichte des 19. Jahrhunderts. Das **Oratorium** von **San Felipe Neri** ist ein Barockbau, der später als Sitz der Cortes während der Belagerung von Cádiz 1811/12 diente. Die Wände sind mit Erinnerungen an dieses Ereignis bedeckt. Die Treppe des Nachbarhauses (heute eine Schule) war Schauplatz der Verkündung der neuen Verfassung von 1812.

Die Halbinsel **Trocadero**, mit ihrem Fischerdorf und ihrem Fort, spielte eine Hauptrolle in dem Erwachen aus dem liberalen Wunschtraum. Wir haben erlebt, wie Ferdinand VII. 1823 die französische Armee ins Land holte, und wie das Proletariat, das sich an ein Leben ohne Fesseln nicht gewöhnen mochte, die »Hunderttausend Söhne von St-Louis« begeistert begrüßte. Die einzigen Schwierigkeiten machte das Fort von Trocadero, wo dem Einmarsch mutiger Widerstand entgegengesetzt wurde; nachdem man diesen überwunden hatte, wurden der dort gefangene König und GENERAL RIEGO den »Rettern« ausgeliefert, ein Beispiel punischer Treue in der einst phönizischen Trutzburg. Die große Waffentat wurde in Frankreich in der Umbenennung eines kleinen Hügels in Passy, eines Palastes, später einer Métrostation, eines Platzes und eines Aquariums gefeiert.

Doch zurück zum Oratorium. Es ist ein hübscher, kleiner Bau, der eine »Inmaculada« MURILLOS und einen Kopf Johannes des Täufers in Terracotta von PEDRO ROLDÁN enthält. Die neue Verfassung wurde am St.-Josephs-Tag verlesen, daher erhielt die Kapelle den Beinamen »La Pepa«, ein Diminutiv für Josefina. So wurde »Viva la Pepa« zur Parole der Konstitutionalisten.

Das Gebäude nebenan beherbergt ein **Historisches Museum**, vor allem eine Sammlung über die Jahre, über die wir gerade gesprochen haben. Da ist ein genaues Modell der Stadt, wie sie im 18. Jahrhundert aussah; man kann daran erkennen, daß jedes Haus seinen Patio und jeder Patio seinen Brunnen hatte, in dem das Regenwasser von den Dächern gesammelt wurde. Weiter einige historisch interessante Bilder ohne künstlerisches Verdienst.

Wenn man das Museum verläßt, geht man am besten die Calle Santa Inés in östlicher Richtung entlang bis zum Ende dieses Blocks und biegt dann rechts in die Calle Sagasta, eine enge Hauptverkehrsader der Halbinsel, ein. Die zweite Abbiegung nach links bringt Sie direkt zum *Hospital de Mujeres.* Das alte Hospital ist jetzt Teil der bischöflichen Residenz, aber der Patio ist wegen der »Olambrilla«-Arbeit an den Wänden aus dem 18. Jahrhundert einen Besuch wert. Jede der kleinen Palmen im Hof wächst aus einem gekachelten Blumentopf hervor, und eine schöne zweiarmige Marmortreppe führt in das Obergeschoß. In der Rokokokapelle hängt einer der wenigen EL GRECOS in Andalusien, eine »Verzückung des heiligen Franziskus«, die man unwillkürlich mit der Behandlung des gleichen Themas durch MURILLO in der Kapelle Santa Catalina vergleicht. Die Farbgebung hier ist so dunkel, daß eine schwarz-weiße Zeichnung nahezu den gleichen Effekt haben müßte; und es ist deutlich, daß es El Greco, dem ernsten Wahlkastilier, nicht möglich war, sich mit der lichten Gläubigkeit des Franziskus zu identifizieren. Es ist übrigens auffallend, daß uns in Cádiz nicht eine einzige Spur der immerhin fünfhundertjährigen Maurenherrschaft zu Augen gekommen ist. Es mag mit der Lage der meerumgürteten Stadt zusammenhängen, die es nicht erlaubte, Denkmäler der Vergangenheit zu erhalten.

Der *Parque Genovés* verläuft parallel zum Hafenbecken. Ein Freilichttheater verspricht für Sommerabende charmante Unterhaltung; und die Stadt hat ihre großen Söhne in Denkmälern verewigt. Hier kann man CELESTINO MUTIS, den Botaniker, sehen, der einen ihm zukommenden Platz unter den seltenen Pflanzen des Parks einnimmt. Dort steht zum Beispiel ein schönes Exemplar des Dracoena draco, des Drachenbaumes von den Kanarischen Inseln; von den vielen Pflanzen mit dem Beinamen »Drache« ist dieser der einzige, der rotes Harz ausschwitzt, das echte »Drachenblut«. Auch JOSÉ MARÍA PEMÁN, dem Dichter, kann man begegnen; seine Züge kommen dem römischen Stil der Darstellung entgegen, die der Bildhauer wählte. Der neoklassische, vorromantische Schriftsteller JOSÉ CADALSO stammt ebenfalls aus Cádiz. Er schrieb die »Cartas Marruecas«, ein ähnliches Werk wie MONTESQUIEUS »Lettres Persanes«.

Wenn wir entgegengesetzt dem Weg zur Kathedrale und zur Santa Catalina weitergehen, können wir einen hübschen Spaziergang machen. Zuerst passiert man den Genovés-Park, dann stößt man auf die Candelaria-Batterie, deren Kanonen jedoch nie eine Drohung für die vielen Räuber waren, die Cádiz terrorisierten. Hinter der alten Befestigungsanlage ist die Kirche **Nuestra Señora del Carmen**, ein Barockbau, der sich von allen anderen, die wir bisher gesehen haben, unterscheidet. Um diesen Unterschied voll zu verstehen und zu würdigen, sollte man tatsächlich Mittel- oder Südamerika kennen, denn dort findet man von Mexiko bis Chile die gleiche Anpassung des Barock. Genau so, wie die Mudejaren die Gotik abwandelten und mit Unterstützung der christlichen Eroberer in ihren eigenen Dekorationsstil einbezogen, gaben die Indianer dem Barock einen exotischen Anstrich. Und so, wie Sitten und Bräuche sich oft lange in Kolonien erhalten und dann eines Tages, leicht verändert, ins Mutterland zurückkehren können, wo sie längst aus der Mode geraten sind, so kehrte die Architektur des spanischen 16. Jahrhunderts nach zweihundert Jahren in die iberische Heimat zurück, vollgesogen mit indianischen Elementen; denn die eingeborenen Mexikaner und Peruaner waren geschickt in der Bildhauerei und Schnitzkunst, lange bevor die Spanier erstmals Fuß auf ihren Boden gesetzt hatten. Und so bewahrt die Kirche der Carmen etwas Exotisches in ihrer Fassade, den kraftvollen Einfluß einer unterdrückten Zivilisation, ferne Andeutung eines Aztekentempels.

Von Cádiz nach Ronda

Es gibt nur eine Landstraße, die nach Cádiz hineinführt, wir müssen also entlang dem schmalen Vorgebirge von San Fernando den gleichen Weg zurückfahren. Danach bringt uns die N 340 in südlicher Richtung weiter. Zu beiden Seiten des Weges sieht man die Salinen, eine antike Methode zur Gewinnung des lebenswichtigen Minerals. Die flachen, teichartig abgeteilten Salzwasserbecken erzählen von einer langen Reihe heißer Sommertage, denn das Salz, gewonnen durch Verdunstung von Meerwasser, ist zu glitzernden Pyramiden angewachsen; sie sind nicht einmal, wie in Sizilien, mit losen Ziegeln geschützt: ein einziger Regensturm könnte die Arbeit eines ganzen Monats hinwegwaschen.

Wenn wir San Fernando verlassen, überqueren wir die tief eingeschnittene Bucht **Sancti Petri**, und bei **Chiclana de la Frontera** bringt uns eine Abzweigung rechts zum acht Kilometer entfernten Kastell Sancti Petri. Es ist heute nur ein Leuchtturm, der sich aber über den Ruinen der Burg erhebt, die wiederum über den Resten des weithin berühmten Tempels des Herkules errichtet wurde. Der Römerbau soll seinerseits ein Nachfolger des phönizischen Tempels sein, der dem Gott Melkart (der phönizische Urherkules) geweiht war. Vom Römerheiligtum finden sich noch jetzt Reste. Arabische Schriftsteller haben den eindrucksvollen antiken Leuchtturm und den Tempel der Kolossalstatue des Herkules, der in der linken Hand einen Schlüssel hielt, mehrfach beschrieben. 1145 unterhöhlte ein maurischer Admiral die Fundamente, um dort einen vergrabenen Schatz zu bergen, und Tempel, Herkules und Leuchtturm stürzten ein.

Die Straße führt nun durch eine uninteressante Landschaft, die nur selten einen Blick auf das Meer freigibt, obwohl sie parallel zur Küste verläuft. Die französische Blockade von Cádiz 1810 bis 1812 hatte hier ihre südliche Basis. Die Schlacht von Barrosa, die die Spanier die Schlacht von Chiclana nennen, war ein Versuch, die Einkreisung zu unterbrechen.

Die Küste hat an dieser Stelle mehr als zehn Kilometer ununterbrochenen Sandstrand; die Pinienwälder kommen oft bis ans Meer. Neunzehn Kilometer hinter Chiclana zweigt eine Straße rechts ab nach **Conil de la Frontera**, der selbsternannten »Perle des Atlantiks«, mit schönem Strand und etwas kühlerem Klima als an der Costa del Sol.

Vejer de la Frontera liegt elf Kilometer weiter, die wir auf der N 340 zurücklegen. Diese sehr alte Stadt, unter dem heiligen FERDINAND kurze Zeit von den Christen besetzt, hat eine sehr wechselvolle Geschichte gehabt. Sie wurde endgültig durch SANCHO IV. (El Bravo) zurückerobert, und bildete einen Teil des Hausguts der GUZMÁN-FAMILIE, von der wir bald noch mehr hören werden. Die Herzöge von Medina Sidonia führten später Bienenzucht und Thunfischerei ein; ihnen gehörten sämtliche Bienenkörbe, für die Vejer berühmt war. Die blendend weiße Stadt, auf einem Hügel mit Blick auf Trafalgar, Marokko und die Sierra de Ronda, ist eine Freude für jeden Reisenden, aber künstlerisch nicht besonders wichtig.

Die moderne Stadt liegt am Fuß des Hügels, und ein steiler Weg hinauf führt durch einen Torbogen mit einem Balkonfenster und gibt uns einen guten Einblick in andalusisches Leben. Vejer ist eines der typischen Dörfer »an der Grenze«, das sich wie viele andere Örtlichkeiten zwischen den Kriegsfronten seinen Beinamen in den zweihundert Jahre währenden Auseinandersetzungen zwischen Christen und Mauren verdienen mußte. Ein feines arabisches Gestern spiegelt sich noch in seinem Castillo, in den Stadtmauern, Türmen, Torbogen und Patios. Vom Mirador, dem Aussichtspunkt auf 180 Metern, blickt man über Plantagen, Weiden und das Becken des Río Barbate. Eine Palette von Grautönen der Eukalypten, Pappeln, Oleander, Bambus und der intensiv bebauten Gärten erfreut das Auge, und hinter den Pinienwäldern in Richtung Kap Trafalgar verliert sich das Blau des Atlantiks im Unendlichen.

Die *Burg* wurde zum großen Teil wiederaufgebaut, aber auch ein originaler Turm ist noch vorhanden, und einer unten in der Stadt, den man durch den Patio eines einstigen Adelshauses be-

Vejer de la Frontera – die »weiße Stadt«.

treten kann. Von diesen Türmen aus kann man den Fluß Barbate sehen und fünf Meilen weiter südlich das Schlachtfeld von Guadavicea, wo die Westgoten unter WALLIA die Alanen und silingischen Wandalen aufrieben.

Vergegenwärtigen wir uns hier doch kurz die dreihundertjährige Germanenzeit in Spanien. Im Jahr 409 brachen Sueben (Schwaben), hastingische und silingische (Schlesier) Wandalen und die aus China vertriebenen, iranischen Alanen mit- und nacheinander über die Pyrenäen nach Spanien ein und teilten als Föderaten Roms untereinander die Hispania auf. In Galicien setzen sich die Hastinger und Sueben fest, die Alanen in Portugal, Niederandalusien und der West-Carthaginensis, während sich die Silinger in der Baetica niederließen. Doch schon 415 stießen nach der Plünderung Roms die arianischen Westgoten bis in die Betik vor und vernichteten die Alanen und Silinger, zogen sich wieder nach Gallien zurück und gründeten dort ihr Reich mit Zentrum Toulouse. In das Vakuum dringen nun die hastingischen Wandalen aus Zentralspanien vor, aber schon zehn Jahre später setzen sie 429 unter GEISERICH in die Kornkammer Nordafrikas über und mauserten sich dadurch vom ruhelosen Wandervolk zur vom afrikanischen Karthago aus das ganze westliche Mittelmeer beherrschenden Seemacht. 507 wurden dann in Gallien die Westgoten von den Franken geschlagen, was den Ostgotenkönig THEODERICH veranlaßte, seinem Enkel AMALARICH zu helfen, ein spanisches Reich mit Zentrum Toledo zu gründen. (Dort bekehrt sich dann REKKARED 589 zum Katholizismus.) Diese neue Machtverschiebung nimmt nun seinerseits der byzantinische (oströmische) Kaiser JUSTINIAN wahr, der mit Belisar 552 die ganze Südküste von Sanlúcar bis Córdoba (ohne Sevilla), Denia und die Balearen besetzte und zwar bis 621. Bleibendstes Zeichen der Germanenpräsenz in Spanien ist der Name Andalusien (landa-hlauts) selbst, dann viele architektonische Elemente, der Katholizismus, viele Lehnwörter (wie robar = rauben, Falda = Rock, guerra = Wirren, Krieg), Namen wie Rodrigo (Rothriks), Gonzalo (Gunthisalvus), Fernando (Frithunandus), Elvira (Gailwira).

Ein Besuch der Wallfahrtskirche **Nuestra Señora de la Oliva** nimmt uns nur wenig Zeit. Von der ursprünglichen westgotischen Kapelle hat sich nichts erhalten.

Nach 20 Kilometern biegen wir rechts nach **Zahara de los Atunes** ab, einem Fischerdorf, das nur in der Thunfangzeit aus seinem Dornröschenschlaf erwacht. Überall an der Küste wird der Thun noch nach der uralten Methode in einem Labyrinth von Netzen gefangen und dann durch Stiche oder Keulenschläge getötet. Ein eindrückliches Bild davon hat SALVADOR DALÍ gemalt.

Aber wie verträumt der Ort auch sein mag, er hatte seine Vergangenheit. CERVANTES reihte ihn unter den ihm bekannten Diebesburgen gleich hinter dem Zocodóver von Toledo ein, dieses »finis terrae« der Banditen und ihrer Opfer, die er so gut zu beschreiben wußte. In seiner Novelle »Die vornehme Küchenmagd« nennt er es die Akademie der Thunfischer. Hier in der Nähe schlug ALFONSO XI. 1340 die vereinigten Armeen von Granada und Fez; die Afrikaner wurden von ABŪ L-ḤASAN, dem »Schwarzen Sultan« der Meriniden, befehligt. Man nimmt an, daß die Moslems Kanonen mitführten; das wäre dann deren erste Anwendung in Europa. Weil dann aber später die Mauren den Anschluß an das »technische Zeitalter« der Kriegsführung verpaßten und auch nicht versuchten, die in Norditalien entstehenden Feuerwaffen zu erwerben oder weiterzuentwickeln, war ihr Untergang prädestiniert.

Zurück auf der Hauptstraße sehen wir bald die dränierte **Laguna de la Janda** zu unserer Linken; eine riesige Weidefläche für Rinder, darunter die »Toros bravos«, die Kampfstiere, vom Gut der Medina Sidonia. Im Frühling erstreckt sich ein Teppich von Wiesenblumen bis zum Horizont; da jede Art für sich blüht, ist der gen Osten langsam ansteigende Wiesengrund mit großen Flecken in Violett, Karmin, Gelb und Weiß übersät. Der Küstenstreifen zwischen Lagune und Meer ist sehr schmal, wenn man bedenkt, wieviele Schlachten sich hier abgespielt haben. Es ist der natürliche Landeort für eine Invasionsarmee von Afrika, und darum nimmt man auch an, daß das erste Treffen zwischen der kleinen berberischen Macht des ṬĀRIQ und der großen westgotischen Armee unter RODERICH hier stattfand. König Roderich wurde von der Partei WITIZAS als »Usurpator« beschimpft; es muß hier gewesen sein, daß die ungeschickterweise den Söhnen seines Vorgängers Witiza anvertrauten Flügel seiner Armee zum Feind übergingen.

Die Straße windet sich nun zwischen niedrigen Hügeln durch das Moorland, und nach 68 Kilometern finden wir zur Rechten die verlassene Kapelle **San Juan del Valle**, wo ein Rekrutierungszentrum untergebracht ist. Die neue Straße führt hinter dem Berg Silla del Papa vorüber und senkt sich nach acht weiteren Kilometern zu einem Fischerdorf, **Bolonia**, noch nach seinem römischen Vorgänger genannt, dessen Überreste jetzt Belo heißen. Es liegt sehr schön in einer unberührten Bucht mit goldenem Sandstrand, am Horizont sieht man die Küste von Marokko. Selbst wenn man kein archäologisches Interesse hat, ist der Ort die Fahrt wert.

Die römischen **Ruinen von Belo**, einst Baelum oder Bolonia, sind auf den ersten Blick enttäuschend; es ist leicht, an ihnen vorüberzufahren, ohne sich über ihre Bedeutung klarzuwerden. Sie werden seit 1920 von französischen Archäologen ausgegraben. Eine etwa vier Meter hohe Stadtmauer mit Tor, die aus der Zeit des Kaisers CLAUDIUS (41-54) stammt, läßt die Befestigung der Siedlung aus dem ersten Jahrhundert n. Chr. erkennen. Gleich der Siedlung gegenüber befindet sich das Forum.

Auf der Erhebung hinter dem Forum stehen drei Tempel Seite an Seite, jeder mit eigenen Fundamenten. Sie waren Juno, Jupiter und Minerva geweiht. Das Theater zeigt noch Spuren von Großartigkeit. Zum Strand hinunter ragen Straßenecken aus dem Sand hervor, und man kann noch die Tröge erkennen, in denen Fische eingesalzen wurden. Dieser 1966 gemachte Fund stimmt mit unserem Wissen überein, wonach Cádiz in der Römerzeit ein Monopol für gesalzenen Fisch hatte, ein bekanntes Handelsprodukt der Phönizier schon. Die Ausgrabungsstücke befinden sich heute zum größten Teil in Paris, aber einige verstümmelte Statuen sind auch nach Madrid gelangt.

Tarifa, das an der Punta Marroquí liegt, ungefähr 18 Kilometer entfernt von der Abzweigung, an der wir die Hauptstraße verlassen hatten, ist die südlichste Stadt in Spanien und liegt Afrika am nächsten, denn hier ist die Straße von Gibraltar nur 14 km breit. Hier ist auch das Ende der Costa de la Luz, dieses fast ununterbrochenen Sandstreifens, dem wir seit Huelva, seinem nördlichen Ende, folgen. Jetzt vertauschen wir die Gezeiten, die rollenden Wogen und das Tosen der Brandung gegen die matten Küsten des Mittelmeers.

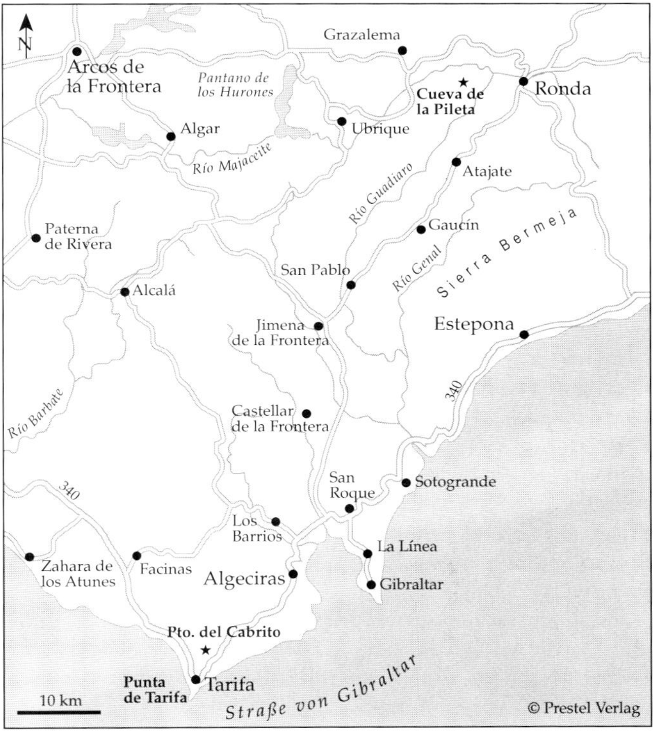

Zwischen Arcos de la Frontera, Tarifa und Ronda.

Im Sommer läßt es sich gut in den Hotels wohnen, die an der Hauptstraße, ein paar Kilometer vor Tarifa, errichtet wurden. Das an der Ostseite, an der Straße nach Málaga, liegt hoch in der Sierra del Cabrito zwischen Farn und Korkeichen. An einem schönen warmen Tag, wenn der Levantewind nicht weht, kann man von hier aus die ganze marokkanische Küste von Ceuta (seit 1688 zu Spanien gehörend) bis Tanger überblicken, eine gezackte Gebirgslinie mit dem Djebel Mūsā im Osten; denn beide Säulen des Herkules heißen nun nach moslemischen Eroberern.

Bei guter Sicht kann man in weiter Ferne im Süden die Schneehäupter des Atlas erkennen.

Der einzige Weg in die Stadt Tarifa führt durch den spitzen Hufeisenbogen in der Stadtmauer, dort, wo die Hauptstraße eine scharfe Biegung nach Osten macht. Die *Puerta de Jerez* öffnet sich zwischen Blumenbeeten und Palmen.

Es gibt in der Stadt nicht viel zu sehen, aber wenn man durch die sauberen weißen Straßen wandert, spürt man, daß man hier nur ein paar Seemeilen von Marokko entfernt ist. Alle Straßen führen hügelabwärts, aber wenn man irgendeine der links abbiegenden Gassen nimmt, gelangt man immer zu der spätgotischen Kirche, die über den Resten der ehemaligen Hauptmoschee errichtet wurde. *San Mateo* heißt sie. Der Glockenturm ist wohl über dem Fundament des Minaretts errichtet; schön sind die kunstvoll durchbrochenen Steinfenster an der Nordseite und der Kontrast der Barockfassade in grauem Sandstein zu den Ziegelmauern. Im Innern ist wenig Interessantes. Die Kirche ist berühmt wegen einer westgotischen Tafel aus dem Jahr 674, die in dem mehr als fünf Kilometer entfernten Hügel entdeckt wurde und jetzt außen am Sagrario (der letzten Kapelle zur Rechten) befestigt ist.

Die *Burg* war unter ʻABD AR-RAḤMĀN III. errichtet und vollendet worden; wie auch die von Marbella geplant, um die ägyptischen Fatimiden, die das westliche Mittelmeer bedrohten, abzuschrecken. Es ist ein imposanter Bau; heute liegt hier Militär, am Wochenende aber steht der Alcázar den Besuchern offen. Von dem ausgedehnten Weg entlang der Zinnen hat man einen schönen Blick auf die Stadt und kann den Umkreis ihrer Mauern gut ausmachen. Die »Isla de las Palomas« ist mit dem Festland durch einen Damm verbunden und für die Öffentlichkeit gesperrt. Zwischen dem Hafen und dem Damm liegt ein schmaler, aber geschützter und gut besuchter Strand.

Auch vom *Ayuntamiento* hat man einen weiten Blick, und in der Nordostecke der Stadt sieht man ein besonders gut erhaltenes Stück der Befestigung, das heute *Boquete de la Cilla* heißt; es war einst ein Speicher für Lebensmittel.

Im Rathaus befindet sich eine wunderbare Sammlung von Originaldokumenten, die die Privilegien der Stadt bestätigen. – 1811 wurde die Stadt ergebnislos von den französischen Truppen belagert. Die Bresche an der Ostseite der Mauer ist noch ein Zeugnis davon.

Hinter der Palmenallee und der Guzmán-Statue ist der schmale Damm, der zur Insel führt, mit dem geschützten Strand zur Ostseite und der Playa de los Lances im Westen, ein Sandstreifen, der noch zum Atlantik hin liegt, mehr als zwei Kilometer lang, an dessen äußerstem Ende man gute Badegelegenheit findet. Heute lebt die Stadt vor allem von der Fischerei.

Eine letzte Attraktion dieses reizvollen Ortes ist ein eindrückliches Naturschauspiel, das an Tagen besonderer Wind- und Wetterverhältnisse beobachtet werden kann. Da der Mittelmeerspiegel tiefer als der Atlantik liegt und die Meeresströmungen und -temperaturen divergieren, prallen die Wellen oft mit solcher Wucht zusammen, daß sie meterhoch in den Himmel steigen, ähnlich wie am Skagerrak. Bei Windsurfern ist Tarifa deshalb sehr beliebt.

Wir folgen jetzt auf der N 340 den Wegweisern nach Málaga. Nach acht Kilometern Fahrt überqueren wir die Sierra del Cabrito mit ihren Korkeichen. Der Blick auf die Straße von Gibraltar und die Nordküste Marokkos ist atemberaubend; wir haben ihn schon früher genossen, wir werden auch noch ein paar weitere Blicke auf Afrika haben, wenn wir über die Berge landeinwärts fahren, aber nie wieder wird sich uns das Panorama so großartig darbieten wie an dieser Stelle. Ceuta liegt links, dann kommt die gewaltige Masse des Djebel Mūsā und die ganze faltenreiche Küste bis Tanger und Kap Espartel.

Bergwärts geht es nach **Algeciras**, das wir nach zehn Kilometern Fahrt erreichen. Das Städtchen bietet nicht allzu viel, von der großen Vergangenheit ist nichts mehr zu finden. Die Isla Verde ist ganz und gar bebaut und durch einen häßlichen Pier mit dem Festland verbunden. Kein Stein findet sich mehr von den dicken Mauern, die 1344 ALFONSO XI. berannte und stürmte; es ist unmöglich, sich ihre Stärke vorzustellen. Und doch errangen hier die zwölf Kämpen von Úbeda unsterblichen Ruhm, verewigt in der Gestalt von zwölf Löwen im Wappen ihrer Stadt. Nicht einmal über die Wunden, die die ersten eisernen Kanonenkugeln in der Geschichte Europas der Stadt schlugen, können wir meditieren; sie haben so wenig Spuren hinterlassen wie der Schwarze Tod, der 1350 nicht nur die Bewohner eines ganzen Stadtviertels, sondern auch König ALFONSO während der Belagerung von Gibraltar dahinraffte. Algeciras ist der Hafen nach Ceuta und Tanger, deshalb treffen wir hier so viele Nordafrikaner. Der größte Bürger der Stadt wird der Gitarrist PACO DE LUCÍA sein, der hier 1948 geboren wurde.

Jetzt umrandet die Straße die Bucht von Algeciras, um **San Roque** zu erreichen, eine verhältnismäßig moderne Stadt; sie wurde erbaut, um die Flüchtlinge von Gibraltar aufzunehmen, als der Felsen 1704 von Admiral Rooke handstreichartig eingenommen wurde.

Seit 1982 ist auch der Straßenzugang von La Línea, wo eines der größten petrochemischen Werke hemmungslos die Umwelt verschmutzt, nach **Gibraltar** offen. Wenn Ihnen an Einkaufsramsch und Bankgeschäften nichts gelegen ist, brauchen Sie hier wirklich keine Zeit zu verlieren, es sei denn, Sie wollen das zur romantischen Touristenattraktion verkommene Festungswerk besichtigen oder die Affen am 425 Meter hohen Felsen sehen. Interessant ist diese Klippe höchstens historisch und politisch. Im Vertrag von Utrecht (1713) mußte der erste spanische Bourbonenkönig, PHILIPP V., die Stadt, die Festung und den Hafen auf immer der britischen Krone überlassen. Die heutige britische Kronkolonie zählt um die 30000 Einwohner (Llanitos). Seit 1981 gehört Spanien der NATO und seit 1986 der EG an, vielleicht ist es also bald einmal müßig, über Nationalitätszugehörigkeit zu hadern.

Unser nächstes Ziel auf der C333 ist **Castellar de la Frontera**. Die Anfahrt zur Burg hinauf ist steil, die Umgebung herrlich. Die Überraschung kommt erst, wenn man in die Burg eindringt, denn sie enthält ein ganzes Dörfchen mit winzigen, weißgetünchten Häusern und geschlängelten, kopfsteingepflasterten Gassen, die nur selten einen Blick auf die zinnengekrönten Umfassungsmauern freigeben. Es ist schwierig, die wenigen Läden zu erkennen, die sich bescheiden hinter gewöhnlichen Hausfronten mit Gittern und Blumentöpfen verstecken. Niemand, nicht einmal der Bürgermeister, kennt die Geschichte der Stadt oder Burg; beide gehören der Familie des HERZOGS VON MEDINACELI. Schön ist die Aussicht westwärts über die stillen Wasser des Pantano del Guadarranque, und der kleine »Mirador« erlaubt uns noch einen fernen Blick auf den Felsen von Gibraltar.

Eine weitere Nebenstraße ermöglicht es uns, die C 333 wieder zu erreichen, wo sie den Fluß Hozgarganta überbrückt, dem man dann dreizehn Kilometer stromaufwärts bis **Jimena de la Frontera** folgt. Man fährt die steilen Straßen zur Burg hinauf, so weit es nur möglich ist; den Rest geht man zu Fuß. Da ist ein dreifaches Tor mit Hufeisenbogen, in das römische Grabsteine verbaut wurden, und innen ist ein weiter Platz, wo in Kriegszeiten Flüchtlinge und ihre Herden sich unter die Soldaten mischten. Die unterirdischen Vorratskammern sind jetzt teilweise freigelegt, die parallelverlaufenden Tonnengewölbe werden von Bogenpfeilern gestützt. Am Nordende liegt der städtische Friedhof, wie man es häufig findet, um den leeren Raum innerhalb der Burgmauern zu nutzen; die Toten ruhen dort mit mehr Pracht, als ihnen zu Lebzeiten gegönnt war. Gen Westen sieht man durch die Korkwälder das wilde Panorama der grauen Granitbrüche und nach Süden Gibraltar und Nordwestafrika, wenn man von einem runden Turm herabsieht, dessen Plattform einem Schiffsbug gleicht.

Wir verlassen Jimena, nehmen die rechte Gabelung zur C 341 und erreichen nach 15 Kilometern **Gaucín**. Hier starb GUZMÁN EL BUENO an Wunden, die er sich wegen einer kleinen Grenzstreitigkeit geholt hatte. Hier blicken wir ein letztes Mal auf Afrika, und dann steigt die Straße über verschiedene Bergkämme, bis wir die Serranía de Ronda erreichen und die Stadt Ronda sich in der Mitte ihrer fruchtbaren Ebene erheben sehen.

Ronda und Umgebung

Die Serranía de Ronda heißt so nach den Sierras, die das Hochplateau rundum umgeben, in dessen Mitte Ronda liegt. Hier gedeiht im Osten der Stadt, in der Sierra de las Nieves, noch ein vorgeschichtlicher Baum, der »Pinsapo«; es ist sein letztes Reservat in Europa.

Wir erreichen **Ronda** durch die Vorstadt San Francisco; sie soll als Zollstätte erbaut worden sein. Das ist verständlich, da ein großer Teil der Güter, die über Gibraltar ins Land kommen, diesen Weg nahmen. Weitere Stationen auf dieser »Schmuggelstraße« sind Montejaque und Benaoján im Westen, danach verliert sie sich nördlich in der Sierra Morena. Montejaque ist berühmt wegen seiner im Schnee haltbargemachten Schinken, was dazu führte, daß aller Schinken in Südspanien natürlich »serrano« genannt wird.

Ronda steht auf einem geneigten Plateau, fast herzförmig angelegt, wobei die südliche Spitze von dem größeren Mercadillo durch einen fürchterlichen Abgrund, den durch eine geologische Verwerfung entstandenen Tajo (Einschnitt), getrennt ist. Dieser Teil, die alte Ciudad, ist mit ihren nackten Felswänden so isoliert, daß sie durch einen Sturmangriff nicht zu nehmen gewesen wäre. Das erste, was man von ihr sieht, ist ein Stück Stadtmauer, das sich über den einzigen landschaftlich zugänglichen Teil erstreckt; dort ist die **Puerta de Almocábar** mit einem Hufeisenbogen zwischen restaurierten Bollwerken und einem späteren, barocken Torweg an der westlichen Flanke. Durch dieses Tor zog FERDINAND DER KATHOLISCHE, als er sie 1485 übernahm.

Ronda hat mehrere gute Hotels; im »Reina Victoria« haben der Großvater von JUAN CARLOS, ALFONSO XIII., mit seiner englischen Gemahlin VICTORIA EUGENIA im Winter 1912/13 und der Dichter RAINER MARIA RILKE gewohnt. Rilkes Raum, mit ein paar Büchern und anderen Erinnerungsstücken, kann auf Verlangen besichtigt werden; und im Garten ist sein Denkmal. Es leugnet die Spuren seines Lungenleidens nicht und steht da, wo er selber wohl gerne weilte, einsam zwischen Rosen und Palmen in seinem Mirador, mit einem Blick zum Doppelgipfel der Dos Hermanas. Ein anderer Dichter, der hier einige Monate in Ronda im Bürgerkrieg verbrachte, war ERNEST HEMINGWAY.

Man kann Ronda ganz gut in einem Tag besichtigen. Wir gehen vom »Reina Victoria« entlang der Calle de Jerez, passieren die Iglesia de la Merced, und kommen rechts direkt zur **Alameda**, zum Stadtpark. Vor dem Abhang kann man vom Geländer den gleichen Blick genießen wie die Hotelgäste. Ein wenig weiter kommt man zu der berühmten Stierkampfarena von Ronda, 1785 erbaut. Die **Plaza de Toros** ist eine der ältesten in Spanien. Die Arena, angeblich die größte Spaniens, ist aus grauem Stein errichtet, mit zwei Reihen dorischer Säulen, und einzig darin, daß sie zwei Stockwerke hat, jedes mit einem eigenen Dach. In keiner anderen Stierarena ist das Tor des »Toril«, des Stierstalles, unter der Präsidentenloge, sondern immer gegenüber. Die Geistlichkeit hat ihre Loge gleich neben dem Präsidenten. Eine Kapelle ist, wie auch ein Raum für erste chirurgische Eingriffe, obligatorischer Bestandteil einer jeden Stierkampfarena; dazu gehört aber auch der Schlachtraum und selbstverständlich eine Bar …

Das nächste Gebäude ist das **Teatro Espinel**. VINCENTE ESPINEL wurde 1551 in Ronda geboren. Er komponierte sehr schöne Gitarrenmusik, war Soldat, Priester, Poet und Schriftsteller. Die »Abenteuer des Marcos de Obregón« sind das Urbild von Lesages »Gil Blas«.

Die Straße führt jetzt zur Plaza de España und zum **Puente Nuevo**, einem interessanten Beispiel für die Ingenieurkunst des 18. Jahrhunderts. Er überspannt den über hundert Meter tief abfallenden Tajo, dessen Wände so nackt sind, daß die Brückenpfeiler auf Fundamenten im Bett des Guadalevín errichtet werden mußten. Der Architekt, ein Aragonese namens JOSÉ MARTÍN DE ALDEHUELA, ist 1802 in Málaga gestorben und nicht von der Brücke gestürzt, wie es die Legende wissen will. Der Blick von ihr aus ist großartig. Gen Osten wird die Schlucht immer enger, bis sie sich in einer scharfen Biegung den Blicken entzieht; zum Westen weitet sie sich ganz allmählich, und am Südhang kann man ein altes Tor mit einem Hufeisenbogen und die Ruinen der alten arabischen Mühlen erkennen. Der Wasserfall sprudelt nur noch spärlich, denn der Hauptzustrom wurde gezähmt, er fließt heute durch einen Tunnel und treibt die Turbinen eines Kraftwerks.

In dem Brückenbau war ein Gefängnis untergebracht, das man über eine Treppe vom Ayuntamiento aus erreichen kann; es ist heute in ein Mesón típico umgewandelt, ein Restaurant, bewußt im alten Stil mit einem leicht befangenen Charme. Die Decke ist ein Tonnengewölbe, und ein großer »puchero« oder Schmortopf hängt im Kamin. Das Essen ist vom Besten, ohne Zugeständnisse an den Geschmack von Ausländern.

Wir verlassen nun den Mercadillo, überqueren die Brücke und betreten die einstige Ciudad der Moslems, die sich nach einwöchigem Bombardement von der anderen Seite der Schlucht aus König FERDINAND ergeben mußte. Man benutzte eiserne Kanonenkugeln und primitive Granaten, die aus Werg, Pech, Öl und Schießpulver hergestellt wurden; sie verwandelten die enge, übervölkerte, kleine Stadt in einen Feuerofen. Das ist einer der Gründe, warum sich kaum Gebäude aus jener Zeit erhalten haben; aber die Straßen sind, wenn wir von den Fenstern absehen, noch immer typisch afrikanisch; und die Türen fanden wegen der unendlich vielen Variationen ihrer ornamentalen Beschläge die Beachtung von Kennern. Die zerfallene Häusergruppierung unten zwischen den alten Stadtmauerüberresten und dem eigentlichen Ronda sind die ehemaligen arabischen Bäder und das Judenviertel.

Wenn wir uns nach rechts wenden, erreichen wir rasch die **Plaza del Campillo** (oder de María Auxiliadora); sie ist ein ruhevoller Garten, hoch am Rand des Felsens gelagert. Man übersieht von hier oben das Tal des Guadalevín; auf der anderen Seite erheben sich die kahlen Wände des Mercadillo. Auf einem Fußpfad kann man hinabsteigen; zwar sind das Tor, die Mühlen und das Kraftwerk, die in diesem üppigen Tal liegen, leichter von der Landstraße her zu erreichen, doch schon der Anblick des Tajo und der Brücke von unten machen den Weg der Mühe wert. Hinter der Plaza del Campillo liegt das **Kloster Santa Teresa**, wo sich 1812 die französische Garnison verschanzte, nachdem sich der damalige Generalstabschef der napoleonischen Armee in Spanien, Soult, aus Andalusien zurückziehen mußte. Niemand überlebte.

Ein paar Schritte in Südrichtung bringen uns zur **Casa de Mondragón**. Hier lebte noch der letzte islamische Herrscher Rondas, und hier residierten für kurze Zeit auch die Katholischen Könige. Einen schönen Hof hat die **Casa del Gigante**, wo Hufeisenbögen, Stuckarabesken und ein Artesonado erhalten sind. Einige Reste von Azulejomosaiken der ältesten Art wurden gerahmt an die Wände gehängt. Dies ist noch das einzige Haus in Ronda mit einem Rest maurischer Atmosphäre, nur leider ist es nicht zu besichtigen.

Entfernungen sind in Ronda unwesentlich, zur **Plaza de la Duquesa de Parcent** sind es nur ein paar Meter. Der Platz ist nach der Herzogin benannt, da sie sehr viel für die Restaurierung der Stadt getan hat. In der Mitte steht ein Denkmal für Vincente Espinel; an der Nordseite liegt die Kollegiatskirche **Santa María la Mayor**, die einzige Kathedrale (denn Ronda war einst Bischofssitz) in Spanien mit angebauten Wohnhäusern, einst die Freitagsmoschee. Der Glockenturm ist natürlich das alte Minarett, auf quadratischem Grundriß errichtet, mit dem oktogonalen, von Rundbogenfenstern durchbrochenen Turmaufsatz; die Spitze erinnert entfernt an die Giralda. Das Innere ist ein unentschiedenes Stilgemisch, halb Gotik, halb Renaissance, denn im Grunde handelt es sich um zwei »angekuppelte« Kirchen. Das vergoldete Retabel am Westende läßt den Unvorbereiteten unwillkürlich zusammenzucken, denn seine Säulen sind so überkrustet mit geschnitzten Pflanzenmotiven, als ob sie seit Jahren auf dem Grund des Meeres gelegen hätten. Am schönsten ist der Miḥrāb, der in den sechziger Jahren von einem Kirchendiener entdeckt wurde. Er hat natürlich einen Hufeisenbogen, und die Dekoration der Gewölbelaibung erinnert an die spiraligen Farnmuster der alten Synagoge, Santa María la Blanca, in Toledo. Delikate Stuckarabesken kann man finden, Naskhi-Inschriften und zwei wie Kapitelle geformte Konsolen, die an den Abbasidenstil gemahnen. Es ist interessant, die ionischen Voluten zu betrachten und sich wieder einmal klar zu machen, daß ihr Ursprung altorientalisch, das heißt vorgriechisch, ist. Ein Jammer, daß so viel von der Dekoration unter weißer Kalktünche halb verschwunden ist; aber man darf auch nicht vergessen, daß eine Kirche nun einmal in erster Linie ein Ort des Gebets und nicht eine archäologische Fundgrube ist.

Wenn wir uns nach Osten wenden, kommen wir zum **Alminar**, dem Minarett einer Moschee, die später in eine christliche Kirche umgewandelt wurde und heute Mietwohnungen beherbergt. Der untere Teil des Alminar wurde gut restauriert; er besteht aus Stein und zeigt eine »Schlüsselloch«-Tür, einen Alfiz und ein Fächergewölbe mit Resten von Azulejos zwischen den Rippen. Der obere Teil besteht aus verwitterten Backsteinen und hat nur noch einen Schmuckfries.

Geht man nördlich, so stößt man auf die **Casa del Marqués de Salvatierra**, 1798 renoviert, in einer späten Anwendung, um nicht zu sagen Wiederbelebung, des Platereskenstils. Die grotesken Figuren an der Fassade sollen aztekisch sein und wie der überladene Balkon aus Mexiko stammen. Der Palast hat einen hübschen Patio und eine Marmortreppe mit weißen, roten und schwarzen Stufen. Leider ist der Palast in Privatbesitz und nicht zugänglich.

14 *Die beeindruckende Landschaft bei Ronda.*

15 *Puente Nuevo von Ronda.*

16 *In Ronda entstand im 18. Jahrhundert der Stierkampf und ist heute in ganz Andalusien zu sehen; hier in der Arena von Córdoba.*

PICADORES

Gleich nebenan liegt die **Casa del Rey Moro**, das Haus des Maurenkönigs, Rondas Prunkstück, auf alten Fundamenten errichtet. Die Herzogin von Parcent, TRINIDAD SCHULTZE, deren Residenz sie war, ließ sie vorbildlich restaurieren. Das *Innere* der Casa del Rey Moro ist nicht besonders anziehend, aber man findet an Decken und auf den Böden noch einige gute Fliesen, und mehrere alte Rondateppiche verraten, daß ihre Muster ursprünglich von der anderen Seite des Kaspischen Meeres stammen. Der Garten liegt hoch oben am Rande des Tajo, fast zweihundert Meter über dem Fluß; am äußeren Ende der Schlucht steigt der nackte Fels auf, nur in seinem oberen Teil mit einer schwachen Vegetationsschicht von Gras, Mohn und Feigenkakteen bedeckt. Der Portikus zeigt, wie manche der Nachbarhäuser, die auf den Tajo hinausschauen, einen Hufeisenbogen. Im Garten findet man Lorbeerbäume, Palmen und Feigen, und zur Zeit ihrer Blüte schenken ihm Glyzinien einen zusätzlichen Zauber. Im Marmorbrunnen wächst Papyrus. Er hat eine achteckige Brunnenschale, sein Mittelteil wirkt wie eine durchbrochene Laterne, ganz und gar mit kufischer Schrift und an Córdoba erinnernde Muster geschmückt.

Hier findet man den Eingang zur **Mina de Ronda**, einer in den Felsen gehauenen Treppe, die zu einem Stauwasser des Flusses führt. Diese von christlichen Gefangenen gebaute Treppe hatte nur den Sinn, das Flußwasser in Krügen heraufzubringen.

Die Straße östlich der Casa del Rey Moro windet sich in steilen Schwüngen hügelabwärts und führt an einer rohbehauenen Steinbank vorbei, die »El Sillón del Moro«, Sitz des Mauren, genannt wird. Ihr zunächst ist ein Tor aus dem frühen 18. Jahrhundert und direkt dahinter die **Capilla de San Miguel**, von der man annimmt, daß sie einst die Synagoge beherbergte; sie ist heute eine Sammelstation für Museumsstücke. Von hier aus können wir zwei Brücken sehen, zur Linken den auf römischen Fundamenten errichteten **Puente San Miguel** und rechts die Araberbrücke mit einem Hufeisenbogen, **Puente Viejo**. Der obere Teil dieser Brücke wurde ebenfalls restauriert. Die tiefe Schlucht hat eine nicht zu leugnende Faszination, mit dem dunklen Fluß, der sich unten seinen Weg zwischen den Felsen sucht, den rauhen, ausbuchtenden Wänden mit braunen und purpurnen Schatten und den schwärzlichen Brücken.

Die nähergelegene kann auch von den arabischen **Bädern** am Flußufer aus gesehen werden. Sie liegen in einem wilden Garten, wo sich Zypressen zwischen Rosenbeeten emporrecken, Flieder und Iris und bis in den Mai hinein die Mandelbäume blühen. Wenn man zur Ciudad emporschaut, kann man jetzt ihre alten Mauern und einige der Türme erkennen, einer von ihnen unterscheidet sich von den anderen, obwohl er die gleiche Form und Farbe hat; er besteht nämlich aus rein römischem Mauerwerk mit viereckigen Hausteinen. Die Bäder bilden einen großen Raum mit drei Schiffen, geteilt durch oktogonale Backsteinsäulen, die sechzehn Hufeisenbögen tragen. Der Hohlraum unter dem Fußboden wurde teilweise freigelegt, um zu zeigen, wie die Heißluft von dem anstoßenden Ofen hierher geleitet wurde. Die Schiffe sind tonnengewölbt und haben sternförmige Öffnungen für den Dampf, wie sie für das orientalische Ḥammām traditionell sind; auch einige der ursprünglichen Schnitzereien mit dem rötlichen Schimmer des Pinsapoholzes haben überlebt. Der Garten hat eine rauhe, überwachsene Seitenmauer, die zu einem tiefen Brunnen am Ufer des Flusses führt. Der Brunnen hatte einen Schraubenantrieb, der durch Tiere oder Sklaven in Bewegung gesetzt wurde, um das Wasser aus zehn Meter Tiefe zu holen. Es wurde in die Rinne, die noch immer auf der Mauer entlang führt, geleitet und so zu den Bädern gebracht. Ein ähnliches Bad können wir noch in Jaén oder Granada besichtigen.

Um an den Ausgangspunkt zurückzukommen, überqueren wir den Puente Viejo, nehmen an der Gabelung die linke Straße und stoßen dort auf die **Posada de las Ánimas**, von der nur noch die Fassade steht. Es war das erste hier errichtete Gasthaus, etwa um 1500 erbaut, das unter anderen CERVANTES zu seinen Gästen zählte. Im Torweg steht noch der Stein, der nach einer reichlichen Mahlzeit oder einem feuchtfröhlichen Gelage zum Aufsitzen benötigt wurde.

Die Straße, die ich schon früher erwähnte, entlang der Ruine des **Arco Árabe**, dem einzigen Überrest einer Verteidigungsanlage, und dem zerbröckelnden Gemäuer der maurischen Mühlen, führt uns an einen ganz anders wirkenden Guadalevín, der zwischen grasbewachsenen Ufern, über kleine Wasserfälle und Steinstufen fließt. Wieder mit den Wassern vereinigt, die die

Turbinen getrieben haben, wird er ein ansehnlicher Fluß; bald nennt er sich Guadiaro, und bei Gibraltar fließt er ins Meer, die westlichste Spitze der Costa del Sol bezeichnend.

Ronda ist nicht nur eine der ältesten Städte Spaniens, sondern auch Mittelpunkt einer wilden und ursprünglichen Landschaft. Die Präkelten lebten hier in Arunda (= umrundet). In der Zwillingsstadt Acinipo hausten die Iberer, Phönizier und Römer. Griechen waren hier. Munda hieß die Stadt bei Sertorius. Die Karthager waren hier und die Byzantiner. Die Wandalen zerstörten Ronda. Es kamen die Omaijaden und Almoraviden.

Zahlreiche **Ausflüge** bieten sich von Ronda aus an. Ein erster Ausflug könnte uns nach **Ronda la Vieja**, dem antiken Ronda, führen, das die Überreste der einstigen Römerstadt Acinipo enthält. Es liegt zwölf Kilometer nordwestlich von Ronda in der Sierra. Die Reste des Theaters machen den Weg aber kaum der Mühe wert.

Ein guter Tagesausflug führt in das Gebiet östlich von Ronda. Nach zwei Kilometern entlang der C344 stößt man auf einen Aquädukt, der bis auf kurze Unterbrechungen noch unversehrt ist. Angeblich römisch, läßt die Hufeisenform der Bögen auf maurischen Ursprung schließen. Die Straße klettert nun in die Sierra zum **Puerto del Viento**, einem über tausend Meter hoch gelegenen, oft zu Recht »stürmisch« genannten Paß. Nach 25 Kilometern Fahrt erreichen wir **El Burgo**, wohl eine ehemalige maurische Festung, zwischen deren weißen Häusern wir noch den Umkreis der einstigen Mauer mit ihren Wehrtürmen entdecken können. Jetzt geht es über einen weiteren Paß, den »Las Abejas« (Bienen), und bald erreichen wir Yunquera. Der Atalaya zur Rechten bewachte die Stadt einst vor Überfällen von Räubern aus dem Gebirge. In **Alozaina** müssen wir uns entscheiden, welche Route wir nehmen wollen; wir haben die Wahl zwischen einer gemächlichen Fahrt über Coín, Alhaurín el Grande, Cártama mit seinem phönizischen Namen, nach Pizarra oder einer guten, kurvigen Straße (MA403), die uns direkt nach Pizarra bringt, von wo wir über die C 337 nach etwa sieben Kilometern Álora erreichen. Die längere Strecke führt durch eine abwechslungsreiche Landschaft und reizvolle Dörfer.

Wir empfehlen Ihnen, die MA403 einzuschlagen, nicht zuletzt, um in **Zalea** das Privatmuseum Hollander zu besuchen, das wenig bekannt ist. Der New Yorker Künstler GINO HOLLANDER errichtete hier 1968 einen wunderbaren 22räumigen andalusischen Cortijo mit Baumaterialien aus in Córdoba abgebrochenen Palästen aus dem 15. Jahrhundert und einer Holzdecke aus einer Kapelle aus dem 12. Jahrhundert. Hunderte prähistorische, antike, ethnologische und künstlerische Artefakten machen den Wert dieses Schmuckstückes aus. Prächtig sind auch die schönen Gartenanlagen in der Umgebung.

Álora war ursprünglich ein weiteres »Alhaurín«, seine herrliche Vegatation und sein frisches Sommerklima haben viel zu seiner schnellen Entwicklung als Ferienort beigetragen. Hat man die längere Route gewählt, wird es der Höhepunkt einer Fahrt sein, wo jeder Hügel einen Ölbaumhain trägt und jedes Tal ein Obstgarten ist, stets begleitet vom Hintergrund der hohen, grauen, zerklüfteten Felsen.

Álora liegt auf einem Bergsattel, der einen flachen Hügel mit dem Gebirgsplateau verbindet. Auf dem Hügel erhebt sich eine stattliche Burg, heute der städtische Friedhof; diese Lösung war uns bereits in Jimena aufgefallen. In der Amtsstube des Bürgermeisters findet sich ein Pergament von 1566, das »Privilegio«, das Álora die Freie Gerichtsbarkeit verlieh und so unabhängig von Málaga machte. Die Illuminationen sind wunderschön koloriert, ein Porträt Philipps II. zeigt ihn mit etwas verwundertem Ausdruck, anders, als man den ernsten, bigotten König sonst meist dargestellt sieht.

El Chorro ist eine zwölf Kilometer entfernte Bahnstation. Hinter dem Bahnhof erstreckt sich eine riesige Felsenmasse das Tal entlang. Durch den Fels hat sich eine Schlucht den Weg gebahnt, neben der der Tajo von Ronda ein Graben ist, aber trotzdem hat man den Fels für die Bahnlinie untertunnelt. Es gibt auch einen schmalen Wanderpfad für Fußgänger, vorausgesetzt, daß man keine Furcht vor Schwindel oder weiten Entfernungen hat. Durch die Schlucht fließt der junge Río Guadalhorce, entlassen durch die Schleusentore des Staubeckens, der noch Felder und Wiesen bewässern muß, ehe er das Mittelmeer bei Málaga erreicht.

Auf dem linken Berg liegt das fast unzugängliche **Bobastro**. Auf den Berghügeln linker Hand erheben sich die Ruinen der Stadt, die im 9. Jahrhundert von ʿUmar ben Ḥafṣūn, der gegen das Emirat von Córdoba rebellierte, gegründet wurde. Die wehrhafte Alcazaba wurde schließlich von den maurischen Kalifen geschleift. Die steilen, nackten Abgründe, die kaum eine versprengte Ziegenherde tragen könnten, haben ihre eigene Schönheit. Die Monotonie von Braun und Grau wird durch die hellgelben Blumen und das farnähnliche Laub des wilden Fenchels belebt, der hier, wo sonst nichts wachsen will, gedeiht.

Die Ruinen der Stadt und der Festung können wenig bieten, aber man kann hier eine der beiden einzigen noch in Spanien erhaltenen mozarabischen Kirchen sehen. (Die andere ist die Santa María in Niebla.) Ihre Reste haben nur Reiz für jemanden, der sich wirklich für frühchristliche Kirchenbaukunst interessiert. Die *Kirche* von Bobastro leidet unter zwei Mängeln: Sie ist nie vollendet worden und schon zu ihrer Zeit zum Teil eingefallen. Dennoch, die drei Schiffe aus Haustein mit Hufeisenbögen und die Apsis über hufeisenförmigem Grundriß sind ein gutes Beispiel für eine westgotische Basilika; die Mozaraber hielten zäh an dem Gesamtplan fest, den ihre Ahnen von den Römern abgesehen hatten, und am Hufeisenbogen, den dann die Moslems wahrscheinlich von ihnen übernahmen und ihrem eigenen Stil anverwandelten.

Die Kirche ist ein sichtbares Zeugnis einer Unabhängigkeit, die dem Emirat von Córdoba ein halbes Jahrhundert zu schaffen machte. Zu den größten Schwächen der Maurenherrschaft in Spanien gehörte es, daß die Führungsschicht nur aus Arabern, Syrern, Irakern und Yemeniten bestand, während Berber und »Muladíes« nicht anerkannt wurden, was zu weitverbreiteter Unzufriedenheit führte.

Nachdem wir die herrlichen Ausblicke in die Garganta del Chorro mit seinem Desfiladero de los Gaitanes einerseits und andererseits die über den gestauten Río Turón, der einer der drei Seitenäste des riesigen Stausees des Guadalteba-Guadalhorce bildet, genossen haben, fahren wir auf der MA 444 dem Stauarm entlang nach Ardales.

Der Name **Ardales** soll vom arabischen Erde Allahs stammen. Das Städtchen wurde rund hundert Jahre vor Ronda zurückerobert. Die arabische Alcazaba auf dem Hügel ist römischen Ursprungs. In der näheren Umgebung machte man auch zahlreiche Funde aus dem Paläolithikum.

Die Burgruine von **Teba** thront auf einem niedrigen Hügel, Ausläufer des anschließenden Gebirges, und sieht auf die fruchtbare, gewellte Ebene hinab. Man kann den Weg zur Burg nur zu Fuß zurücklegen. Diesem Dorf verdankt Kaiserin Eugénie von Frankreich einen ihrer Titel, Gräfin von Teba.

Ein anderer Ausflug von Ronda, kürzer und weniger ermüdend, beginnt auf der C 341, aber gleich darauf muß man links abbiegen, nach **Setenil**. Diese malerische Stadt ist entlang des gleichnamigen Flusses angelegt, und viele ihrer Häuser sind von einer überhängenden Felswand geschützt, so daß in einigen Fällen nicht einmal ein richtiges Dach gebaut zu werden brauchte. Wenn man den Fluß überquert hat, fährt man die steile, enge Hauptstraße zum Platz auf dem Hügel hinauf, wo man parken darf, wenn man die Burgruine ansehen will. An geschäftigen Tagen kann man noch Maultiere vor sich haben, die von ihren Führern mit dem arabischen »arré!« angetrieben werden. Man passiert den niedrigen Torbogen, wendet sich sofort nach links und gelangt auf einer schönen Straße zu einem Knotenpunkt, von wo man auf einer nördlichen Abzweigung in elf Kilometern nach Olvera gelangt. Eine Kuriosität, neun Kilometer von Setenil entfernt, ist das auf einem steilen Hügel gelegene Dorf **Torre Alháquime**; man hat das Gefühl, daß nur die Reste der Stadtmauer es davon abhalten, in den Guadalporcún abzugleiten.

Den besten Blick auf **Olvera** hat man von der Puerta Cabañas, bevor man in die Stadt selbst einfährt. Von hier aus kann man die Pfarrkirche und die Schloßruine auf ihrem Abhang sehen und ihnen gegenüber auf einem Doppelgipfel eine jüngere Wallfahrtsstätte. Selbst unter so vielen schneeweißen Städten verdient Olvera es, für ihren Zauber Lob einzuheimsen. Der Hügel mit der Ruine des Burgfrieds, der Mauer und dem Turm wacht über die Reihen niedriger Häuser, gedeckt mit einer unendlichen Vielzahl verschiedener arabischer Fliesen, hell und dunkel und schwarzbraun. Die Hausfronten sind ausnahmslos weiß, mit schwarzen Balkonen und Straßenlampen, die den Ernst des rechteckigen Musters von Türen und Fenstern brechen. Olveras Ruhm gründet sich jedoch auf seine eigene Einstellung zu Recht und Gesetz: Es war einst eine Station auf der Schmugglerstraße von Ronda; nächstes Glied in der Kette war Morón de la Frontera, ebenso übel beleumundet.

Olvera liegt an der N 342, der wir durch Kornfelder und Ölbaumhaine bis Algodonales folgen, wo in der Maurenzeit Baumwolle angebaut wurde. Eine scharfe Kurve zur C 339 bringt uns zum Ufer des gestauten Río Guadalete, der uns von dem Hügel trennt, auf dem **Zahara de la Sierra** liegt. Zahara ist sicher vom arabischen »ṣachra«, Felsen, abgeleitet. Aber eine schöne Stadt ist es schon, mit der Burg auf dem steilen Felsenhügel. Was an Mauern noch erhalten ist, zeigt abwechselnde Lagen von Haustein und Backstein, wie die Araber es von den Byzantinern übernommen und den Mudejaren hinterlassen hatten. Ein Turm ist noch da, teilweise restauriert; alt sind die sich überkreuzenden Spitzbögen. Der Blick über den rückgestauten Fluß, die grünen Wiesen, goldgelbe Kornfelder und schattige Ölbaumhaine im Vordergrund ist zauberhaft. Fern im Osten wirkt die Landschaft herber, der Horizont ist verstellt mit den steilen, gezackten Gipfeln der Sierra de Grazalema.

Der *Ayuntamiento* bewahrt die maurische Standarte aus roter Seide mit ornamentalen kufischen Schriftzeichen, die zur Zeit der Reconquista über der Burg geflattert haben soll. Die Pfarrkirche *Santa María de la Mesa*, ein Werk des Neffen von LEONARDO FIGUEROA, ANTONIO MATÍAS, enthält reiche und prunkvolle Schätze. Hier wird das Corpus-Christi-Fest besonders inbrünstig gefeiert; die ganze Stadt wird mit Bäumen und Zweigen aus der umliegenden Landschaft geschmückt. Es scheint, als ob es sich um ein Weiterleben uralter Fruchtbarkeitsriten handelt.

Ronda liegt nur 37 Kilometer entfernt auf der C 339, und zwei Abstecher nach Westen sind lohnend. Der erste führt nach **Grazalema** und **Ubrique**. Am Ausgang der Stadt Ronda befindet sich übrigens eine Kaserne der spanischen Fremdenlegionäre. Die C 344 und C 333 sind kleinere, gut befahrbare Straßen, die durch wunderschönes, gebirgiges Gelände führen. Hier in der Sierra del Pinar wächst auch der seltene Urweltbaum Pinsapo. Die erste Stadt ist wegen ihrer Webereien berühmt, die »Mantas« von Grazalema werden als Schals oder als zeremonieller Bettüberwurf benutzt; sie gehören bei einer örtlichen Hochzeit dazu; einige haben Muster, wie sie auch bei den Berbern in Marokko beliebt sind. Es ist ganz klar, daß diese Art Weberei, ebenso wie die Töpferei und die Herstellung von Kacheln und Lederwaren, von den Mauren übernommen wurden. Die Handweberei-Industrie am Eingang des Dorfes rechts müssen Sie unbedingt besuchen. Sie wird vom Staat subventioniert, damit dieses Handwerk nicht verloren geht. In Grazalema pflegten die Kalifen von Córdoba ihre Sommerresidenz zu haben.

In **Ubrique** blüht die Lederverarbeitung, dort kann man eine gute Abart marokkanischen Leders sehen und kaufen. Diese Industrie hat sich hier so ausgebreitet, daß Häute, einschließlich der von Krokodilen, importiert werden müssen. Interessanterweise ist die Sierra de Grazalema der Ort Spaniens mit den meisten Niederschlägen – und das in Andalusien!

Wenn man zur C 339 zurückkehrt, findet man ungefähr 25 Kilometer von Zahara entfernt eine Abzweigung nach rechts, die durch die alten Schmugglerschlupfwinkel Montejaque und Benaoján zur **Cueva de la Pileta** führt. Die Straße teilt sich nach vierzehn Kilometern; der rechte Arm führt zu einem toten Ende. Dort wendet man den Wagen und bedient die Hupe. Unten im Tal wird sich eine winzige Figur bemerkbar machen, und einer der Bewohner der Bauerngehöfte wird in seinem Fahrzeug zu uns herauffahren. Er geleitet uns einige Steinstufen hinauf zu einer weiten Höhle, in der im Paläolithikum, vor 25 000 Jahren, Menschen lebten. Die Höhlenmalereien sind außer denen von Altamira die eindrucksvollsten in ganz Spanien. Viele sind mit einer Mischung von Ocker und Tierfett gemalt. Da sind ein Hengstfüllen aus dem Mesolithikum, leicht an seinem Nacken erkennbar, eine trächtige Stute, ein Fisch und kämpfende Stiere zu sehen. Viel schwerer sind die jüngsten, neolithischen Serien aufrechter und waagrechter Linien zu deuten, Pfeile und andere primitive Muster. Daneben kann man sich auch an den Stalaktiten und Stalagmiten erfreuen und darüber nachsinnen, daß diese Naturgebilde schon alt waren, als die ersten Höhlenbewohner hier siedelten. Ihren Besuch können Sie auch schon in Ronda im Touristenamt anmelden.

Zwischen Écija, Ronda und Málaga.

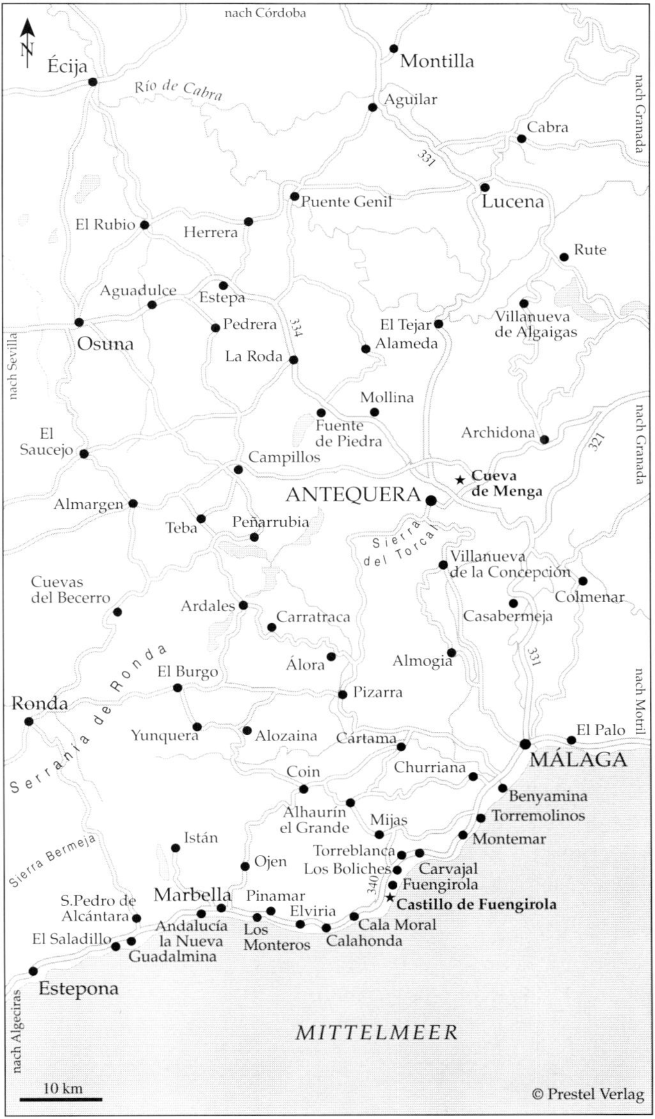
nach Córdoba
N
Écija
Montilla
Río de Cabra
Aguilar
nach Granada
Cabra
331
Lucena
Puente Genil
El Rubio
Herrera
Rute
Aguadulce
Estepa
Villanueva de Algaigas
Osuna
Pedrera
334
El Tejar
Alameda
nach Sevilla
La Roda
Mollina
Fuente de Piedra
Archidona
El Saucejo
321
nach Granada
Campillos
Cueva de Menga
ANTEQUERA
Almargen
Teba
Peñarrubia
Sierra del Torcal
Villanueva de la Concepción
Cuevas del Becerro
Colmenar
Ardales
Carratraca
Casabermeja
Serranía de Ronda
Álora
Almogía
331
El Burgo
nach Motril
Pizarra
Ronda
Yunquera
Alozaina
Cártama
El Palo
MÁLAGA
Coin
Churriana
Benyamina
Alhaurín el Grande
Mijas
Torremolinos
Montemar
Istán
Sierra Bermeja
Torreblanca
Ojen
Los Boliches
Carvajal
Fuengirola
340
Marbella
Pinamar
Castillo de Fuengirola
S.Pedro de Alcántara
Elviria
Andalucía la Nueva
Los Monteros
Cala Moral
Calahonda
El Saladillo
Guadalmina
Estepona
MITTELMEER
nach Algeciras
10 km
© Prestel Verlag

Von Ronda nach Málaga und Granada

Wir verlassen nun Ronda auf der C 339 und überqueren in einer endlosen Kletterei die Sierra Bermeja, die Roten Berge. Sie sind nicht rot, sondern grau und nackt, mit Ausnahme der steilen Abhänge, die wieder mit Pinien aufgeforstet wurden. Nach 28 Kilometern Fahrt erblicken wir weit unten das Meer und, kaum zu glauben, ein Stück afrikanischer Küste. Wir erreichen San Pedro de Alcántara nach 52 Kilometern und wenden uns rechts zur N 340, der Hauptverkehrsader der Costa del Sol.

Die **Costa del Sol** ist als Badeküste Mitte der fünfziger Jahre »entdeckt« worden. Einst eine Reihenfolge von Stränden, durch felsige Landspitzen voneinander getrennt, deren Wahrzeichen die alten Wachttürme, die Atalayas, waren, wurde sie durch eine nicht abreißende Kette neuangesiedelter Hotels, Appartementblocks, Motels, Restaurants und Souvenirläden zu einem Ferienalptraum für Ausländer und Spanier verschandelt. Andererseits, was hier geschieht, entspricht wahrscheinlich den Wünschen von Millionen Badegästen.

Die Güte der Strände wechselt von Ort zu Ort und auch von Zeit zu Zeit, wenn man bedenkt, daß zum Beispiel der goldene Sand für manche hergebracht wird, genau wie die Gambas (Makrelen) und die Blumen auf vielen Promenaden aus aller Welt eingeflogen werden. Es gibt zwar noch Strecken, die nicht überlaufen sind und doch nahe genug an den bekannten Vergnügungsorten liegen, aber auch sie werden nach und nach verschluckt.

Für den Fremden aber, der von seinem Urlaub etwas mehr haben möchte als nur Sonne und Strand, gibt es genug interessante Orte zu besichtigen. Wenn man in **San Pedro de Alcántara** ankommt und dann nach rechts auf der N 340 weiterfährt, gelangt man rasch zu zwei Urlaubsstädten, Linda Vista und, horribile dictu, Play Boy. Dort liegt in einem Eukalyptushain, direkt am Strand, die frühchristliche Basilika von **Vega del Mar**, deren Mauern noch ungefähr einen Meter hoch stehen. Sie entstand in der zweiten Hälfte des 4. Jahrhunderts, erlebte also noch die letzte Epoche der Römerherrschaft. Hauptsächlich interessiert ihr Grundriß mit je einer Apsis an beiden Enden; europäische Beispiele mit solchem Plan sind sonst nur die winzige Kapelle in Alcaracejos, nördlich der Sierra Morena, eine Kirche in Saloniki und eine in Grado. In Spanien finden wir nur sehr wenige frühchristliche Kirchen, da diese Gotteshäuser entweder überbaut oder von den Mauren zerstört wurden. Architektonisch sind diese frühchristlichen Zeugen höchst interessant, denn sie bilden den Übergang von der auf den Mittelpunkt zentrierten, sich an zwei Achsen spiegelnden römischen Basilika zu »unserer« Kirche mit dem Grundriß des Kreuzes, nur noch einer Apside, dem Eingangstor auf der Schmalseite und einem auf den betrachtenden Menschen zentrierten, dynamischen Längsweg zum Chor. Aber in Nordafrika ist dieser Plan häufig, was uns daran erinnert, welche Rolle er in der frühen Entwicklung des Christentums unter CLEMENS VON ALEXANDRIA (Titus Flavius), TERTULLIANUS, DONATUS, AUGUSTINUS und anderen Kirchenvätern spielte. Selbst unser Wort »Papst« kommt aus Karthago, dessen Priester »Papa« genannt wurden, und Tertullianus, der erste, der es auf die Nachfolger Petri anwendete, sprach von ihm als »haec Africana vox«.

Die Basilika wurde 365 n. Chr. durch eine Flutwelle zerstört, neuerrichtet und, wiederum durch eine Flut, 526 völlig eingerissen. Danach wurde sie von den Westgoten als Nekropolis benutzt; ihre flachen Gräber liegen regellos in und um die Basilika herum; die meisten natürlich am Altar. Am anderen Ende des Altars liegt das Baptisterium mit dem originalen kreuzförmigen Taufbecken, zu dem Stufen hinabführen, weil noch das völlige Untertauchen praktiziert wurde; daneben liegt ein kleiner, viereckiger Taufstein für Kinder.

Wenn man der Küstenlinie westlich für 200 Meter folgt, kommt man zu den Kasernen der Guardia Civil, mit einem Atalaya neben sich. Das nächste Gebäude, ein schönes Herrenhaus, enthält die Überreste eines römischen Bades, heute eine

Folgende Doppelseite: Das Südportal der Kathedrale von Málaga.

reizvolle Grotte. Obwohl auf Privatgrund gelegen, gilt es als nationales Baudenkmal. Ein paar hundert Meter weiter enthüllt uns eine sorgfältige Suche im hohen Gras einen viereckigen Brunnenkopf und einige Fundamente: die einzigen Überreste der Römerstadt **Silniana**. Mosaiken, eiserne Gefäße und römische Münzen sind hier gefunden worden; die spätesten Münzen stammen aus der Regierungszeit von Valens und Valentin I. (321-375), was die Theorie unterstützt, daß die Stadt durch die Flutwelle von 365 ausgelöscht wurde. Valens wurde nahe Konstantinopel von den Westgoten getötet, die später hier siedeln sollten.

Die Straße nach **Estepona** führt an zahlreichen Stränden vorbei; die von Estepona sind gut im Vergleich zu den meisten anderen steinigen Stränden in dieser Gegend. Estepona ist das eigentliche (wenn auch nicht geographische) westliche Ende der Costa del Sol.

Wenn wir jetzt unserem Weg nach Osten folgen, werden wir bald den Arroyo de Nagüeles kreuzen, der mit einer ursprünglich römischen Brücke überspannt ist, und nach fünf weiteren Kilometern erreichen wir unser Ziel, **Marbella**. Es ist mehr als ein Urlaubsort, erfüllt mit geschichtlichen Erinnerungen. Hier haben sich Stücke der alten Stadtmauer erhalten und ein großer Teil der Burg, die unter dem Kalifat 960 erbaut wurde. Das macht sie gleichaltrig mit der Burg von Tarifa; beide wurden errichtet, um die ägyptischen Fatimiden an einer Invasion zu hindern. Dem Besucher wird der Wechsel von Ziegel- und Sandsteinlagen auffallen, die schlechte Qualität des Mörtels, den die Jahrhunderte hinweggewaschen haben, und die Verwendung von römischen Hausteinen und ionischen Kapitellen. Man kann auch noch einiges vom Mauerwerk des ursprünglichen, römischen Baues ausmachen, mit den Krampenspuren in der oberen Hälfte der Steinblöcke, geradeso, wie man sie niedergestellt hat. Andere haben diese Spuren an der Seite oder unten, woran man erkennt, daß sie von den Mauren bewegt wurden. Das »Soga-y-tizón«-Mauerwerk mit abwechselnd einem Binder zu einem Läufer, unterstützt die Datierung, denn Ende des 10. Jahrhunderts kamen auf einem Läufer bereits zwei oder mehr Binder.

In der Altstadt werden viele Besucher schon genug Freude daran finden, durch die engen, typisch andalusischen Straßen zu wandern; andere werden den Brunnen vor dem *Ayuntamiento* bewundern, der 1504 gebaut wurde, und das Kreuz des Humilladero, beide im Zusammenhang mit der Reconquista entstanden. Das Kreuz bezeichnet den Akt der freiwilligen Demütigung, dem sich die Katholischen Könige häufig bei Eroberungen einer Stadt unterzogen, wie in Granada. Im Innern des Ayuntamiento finden wir im ersten Stockwerk interessante Fresken, die sich jahrhundertelang unter einer Schicht Kalktünche erhalten haben. Sie zeigen eine Kreuzigung mit den Katholischen Königen unter der Zuschauermenge, den königlichen Wappen sowie Santa Justina und Santa Rufina, die als Schutzheilige Sevillas das Rebus »NO 8 DO« als Attribut haben.

Nach Málaga weiterfahrend, kommen wir an vielen hübschen Stränden vorüber, zwar nicht mit dem feinsten Sand, aber die schattenspendenden Pinien steigen bis ans Wasser herab. Es gibt kurze Abzweigungen, die zu Parkplätzen führen; außer in der Hauptsaison ist es hier relativ ruhig. Nach dreißig Kilometern erreichen wir **Fuengirola**: Hier steht eine alte Burg an der Straßenseite, um die gewöhnlichen modernen Anbauten bereichert, und die Promenade sieht auf einen recht steinigen Strand hinunter, auf dem die Urlauber mit dem Stoizismus von Fakiren liegen. Von hier aus fahren wir etwa fünf Kilometer auf der MA 485 in die Berge nach **Mijas** hinauf. Die schneeweißen, mit Blumen geschmückten Häuser, die engen, sauberen Gassen und gepflasterten Plätze laden zum Verweilen ein. Von der Ermita (Einsiedelei) oder der Pfarrkirche aus genießt man einen herrlichen Blick über die Ebene des Río Fuengirola. Nicht vergessen sollte man die einmalige, kleine, viereckige Arena.

Wir sind jetzt in einer dicht besiedelten Gegend, in einer mehr als dreißig Kilometer langen Agglomeration, die bis Málaga anhält. Auf dem Weg kommen wir durch das Touristenzentrum **Torremolinos**, das auch durch die Werke »Die Kinder von Torremolinos« von James Michener oder »Sommer in Torremolinos« von Juan Goytisolo zu literarischen »Ehren« kam.

Málaga war lange ein populärer Ferienort und besonders beliebt bei britischen Rentnern. Das Klima ist relativ gleichmäßig, außer wenn der Terral weht, der durch einen Tunnel in den Bergen eindringt, die die Stadt vor dem schlimmsten Wetter schützen. Er weht heiß im Sommer und kalt im Winter; geschneit hat es hier jedoch während der letzten hundert Jahre vielleicht zweimal.

Der Name Málaga ist phönizischen Ursprungs. Am Ort einer iberischen Siedlung entstand die Handelsfaktorei Malach oder Malaka. Bei Bauarbeiten fand man Reste von Fabriken, um Fische einzupökeln, und andere, um Purpur herzustellen. Eventuell leitet sich der Name Malaka sogar von »salzen« ab. Gegen 700 v. Chr. setzten sich die Griechen im benachbarten Mainake fest, das später von den Karthagern zerstört wurde. Nach den Punischen Kriegen fiel Malaka 202 v. Chr. ans Römische Reich und hieß Malacitanum. Seit dem 4. Jahrhundert Bischofssitz, geriet die Stadt nach einer kurzen byzantinischen Phase (552-570) ans Reich der Westgoten. Mit der Einnahme durch die Mauren im Jahre 743 begann für die arabische Stadt Mālaqa die kulturelle und wirtschaftliche Blüte. Nach der Eroberung durch die Katholischen Könige 1487 kam eine Periode des Niedergangs, der erst im 18./19. Jahrhundert wieder ein Aufschwung folgte. Die zweitgrößte Stadt Andalusiens kann uns kulturhistorisch jedoch nie das bieten, was uns Córdoba, Granada oder Sevilla zeigen können. Wer in Málaga wohnen muß, weiß auch von den enormen urbanistischen Problemen zu erzählen: Die Stadt wächst überdurchschnittlich schnell an, die Immobilien- und Bodenspekulation lassen die Preise hochschnellen, die Umwelt leidet, Wasser, Grünflächen, Wohnraum, Schulzentren sind knapp, die Kriminalität steigt ...

Am Hafeneingang, wo die Schiffe fast in die Hauptstraße einzudringen scheinen, ist die **Plaza de la Marina**. An einer Seite erstreckt sich der Park, und an der anderen führt die verkehrsreiche Alameda Principal westlich zum Río Guadalmedina, der als ein Bächlein oder als reißender Strom, ganz nach Jahreszeit, durch die Stadt fließt. Kurz davor ist eine Abzweigung zum **Mercado**, zum Hauptmarkt, dessen Eingang, die *Puerta de las Atarazanas*, einst zu der maurischen Werft führte. Es ist ein großer, eckiger weißer Marmorbau mit eingebundenen Hufeisenbögen und kleinen Fenstern zu allen Seiten, ebenfalls hufeisenförmig, mit eingestellten Säulen. Die Werft war in der ersten Hälfte des 14. Jahrhunderts für JŪSUF I., König von Granada, errichtet worden; sein Wappen und das Motto seiner Dynastie schmücken die Enjutas des Alfiz.

Wenn man sich nach Osten wendet, an der Nordseite der Plaza de la Marina die Straßencafés umgeht und sich dann links hält, sieht man die **Kathedrale** vor sich. Bis dahin geht man fast die ganze Zeit auf Marmorpflaster, und sogar in den Nebenstraßen, wo das Geld nicht für Marmorplatten gereicht hat, prunken wenigstens die Kantsteine mit ihrem edlen Material. – Die Baugeschichte der Kathedrale ist von Streitigkeiten, Unschlüssigkeiten und Geldmangel bestimmt. Alles begann mit Entwürfen der größten Baumeister der Zeit: PEDRO LÓPEZ, ENRIQUE DE EGAS, DIEGO DE SILOÉ und DIEGO DE VERGARA folgten einander in rascher Reihenfolge. Aber es dauerte dann beinahe zweihundert Jahre, ehe das Westende und die Zwillingstürme begonnen wurden, und auch dann wurde nur der Nordturm vollendet, der andere blieb ein elender Stumpf, genannt »La Manquita«, der »Stummel«, die »Unvollständige«.

Beim Verlassen der Kathedrale sollte man sich das Nordportal im Isabelstil ansehen; es ist fast immer geschlossen, ein Überbleibsel der gotischen Kirche, die auf den Resten der Moschee errichtet wurde. Die Calle San Agustín führt zum *Palacio de Buenavista*, gewöhnlich beschrieben als Mudéjarbau, aber möglicherweise schon vor der Reconquista errichtet. Hier ist das **Museo Provincial de Bellas Artes** untergebracht; für den Besucher, der sich bei seinem Aufenthalt auf die Costa del Sol beschränkt, ist hier genug zu sehen, um ihm eine gute Einführung in die alte und moderne spanische Kunst zu gewähren.

Die Calle de la Victoria mit dem ärmlichen Zigeunerviertel zur Rechten führt zur Kirche **Santa María de la Victoria**, errichtet über dem Standort des Zeltes König Ferdinands des Katholischen während der Belagerung von Málaga 1487. Die Verteidigung der Mauren war so hartnäckig, daß die Belagerung fast aufgegeben wurde; daher waren die Bedingungen bei der Übergabe wohl so ungewöhnlich hart. So maßlos war die Summe, die als Lösegeld für die Einwohner verlangt wurde, daß die unglücklichen Mauren nur einen Bruchteil davon aufbringen konnten. Die Katholischen Könige steckten ein, was zusammengekommen war, und versklavten dann die Einwohner mit der Begründung, daß die Summe nicht vollzählig gewesen sei.

Der **Gibralfaro**, in dessen Parador man gut speist, ist unser Ausgangspunkt zu den übrigen Sehenswürdigkeiten von Málaga.

Der Name bedeutet »Hügel des Leuchtturms«. Ein guter Anfang ist es, mit dem Bus oder dem Taxi den Hügel hinaufzufahren; der Rest der Tour führt dann bergabwärts oder auf ebener Straße weiter. Hier standen nacheinander eine phönizische, griechische und römische Burg; ihre heutige Form erhielt sie unter JŪSUF I., dem Nasridenkönig, für den auch das Werfttor errichtet wurde. Die hohen Mauern stehen noch, teilweise gekrönt von pyramidenförmigen Zinnen, und von ihnen aus kann man das ganze Land ringsum in Vogelperspektive überblicken. Gen Norden erstreckt sich eine Ebene, über die sich die Stadt weiter und weiter ausbreitet, begrenzt durch die abrupt ansteigende Sierra im Hintergrund, die den Horizont verdeckt und so diesen Fleck Spaniens vor allen kalten nördlichen Winden schützt. Nach Südwesten liegt Torremolinos, heute durch ein Industriegebiet mit der Stadt verbunden, dann kommen die verzweigten inneren und äußeren Hafenanlagen und dem Park, der sich am Ufer ausbreitet. Näher liegen die hängenden Gärten und die Alcazaba; dahinter erhebt sich der einsame Turm der Kathedrale. Direkt im Süden sieht man die Stierkampfarena und von dort aus weiter nach Osten die ehemals eleganten Vororte El Palo und El Limonar, ihre Dächer unter Bäumen versteckt.

Früher führte zwischen einer Doppelmauer ein Pfad von hier zur **Alcazaba**, aber obwohl die Mauern noch stehen, darf er nicht mehr benutzt werden. Ein anderer Weg windet sich hinter der Südmauer der Burg herab durch Pinienwälder, die jetzt den ganzen Hügel bedecken, zwischen Akanthusdickichten hindurch. Man passiert die hängenden Gärten und biegt zum Eingang der Alcazaba ab, wo sich die Festung in einem Wirrwarr von kubisch übereinandergeschichteten Mauern und Türmen erhebt. Vor dem Eingang steht eine römische Säule, von ihrem Kapitell strecken vier Straßenlampen die Arme aus, und auf ihr steht ein Eisenkreuz. Gleich im Norden des Eingangs liegt ein kleiner Ziergarten entlang einer »Alcazabilla« genannten Straße, an deren Ende ein Teil eines römischen Theaters freigelegt wurde; der Rest liegt unter den Fundamenten eines Regierungsgebäudes begraben. Dieses Theater zeigt durch seine Lage an,

Westfassade der Kathedrale von Málaga.

wie stark der Stadtgrund sich in den letzten zweitausend Jahren gehoben hat.

Von der Alcazaba gehen wir an dem imponierenden Zollhaus und dem Postamt vorbei zum **Parque**, wo eine reiche Auswahl der zweitausend Pflanzenarten, die es in Málaga gibt, üppig gedeiht. Ein breiter Pflastersteig aus schwarzem, weißem und rotem Marmor wird rein und schimmernd gehalten; riesige Platanen erheben ihre Häupter über Palmen und Bambus, und Kioske mit Eisentischen und -stühlen stehen zwischen den Blumenbeeten. Der Park hat ein Vogelhaus und einen Schwanenteich, und am östlichen Ende findet man den Fuente Genovesa, den Brunnen, den KARL V. von Genua mitgebracht hat; er war für seinen Palast in Granada bestimmt.

Eine Rundreise von etwa 120 Kilometern über ausgezeichnete Straßen erlaubt uns, Antequera und Loja aufzusuchen und später eine weniger bekannte Route nach Granada einzuschlagen.

Wir verlassen Málaga auf der N 321 oder C 345 und erreichen bald hinter Villanueva de Cauche die Gabelung zur N 331 nach Antequera. Die ganze Strecke beträgt etwa 40 Kilometer. Kurz bevor wir in die Stadt einlenken, führt die Straße uns an zwei berühmten **Dolmen** vorüber, megalithischen Gräbern, in denen mehrere Personen bestattet wurden; ein dritter Dolmen, der Romeral, liegt weiter von der Straße entfernt und ist schwerer zu erreichen. Denen, die vielleicht kein besonderes Interesse an der Vorgeschichte haben, gibt die **Cueva de Viera** oder **Cueva de Menga** einen guten Eindruck von den erstaunlichen Leistungen der Baumeister vor 4000 Jahren. Dieses Kammergrab ist im Grunde genommen ein Gang, der an seinem inneren Ende weiter wird, einzig aus ineinandergreifenden Steinplatten errichtet, von denen die fünf, die teilweise von Steinsäulen gestützt, das Dach bilden, ein Durchschnittsgewicht von 180000 Kilogramm haben. Interessant ist es, daß man diese langgestreckten Kammergräber von Spanien vom östlichen Mittelmeer und bis nach der Bretagne und dem Westen der Britischen Inseln verfolgen kann. Es ist ziemlich sicher, daß die Baumeister der Bronzezeit ihre abenteuerlichen Reisen auf dem Meer zurücklegten, und zwar wahrscheinlich in lederüberzogenen kleinen Booten; ein Wagnis, neben dem die späteren Amerikareisen zu einem Picknickausflug zusammenschrumpften.

Antequera hat nur wenig Bauzeugnisse seiner Vergangenheit bewahrt, aber wohl seine Geschichte und seine Legenden. Es wurde den Mauren bereits 1410 entrissen nach einer Belagerung, bei der angeblich erstmals Schießpulver verwendet worden sein soll (doch das wird auch von anderen Orten berichtet).

Die untere Stadt ist nicht sehr interessant; die Kollegiatskirche *San Sebastián* hat einen der eleganteren Barocktürme mit einer Wetterfahne in Form eines Trompeters. Die *Burg* hat einen Turm, und auch Teile von zwei Mauern sind noch erhalten. Der Turm wird »Torre Mocha« genannt, »Stümpflein«, obwohl er heute durch einen Barockaufsatz gekrönt wird. Besser bekannt ist er unter dem Namen Papabellotas, weil angeblich der Kaufpreis eines ganzes Hains von Bergeichen (bellota – Eichel) für seinen Bau verwendet wurde. Andere sagen, er empfing diesen Namen wegen der dicken Bronzeglocke, die in ihm hängt. Von hier aus kann man die Umgebung der Burg überblicken, zur einen Seite bedeckt mit Weizenfeldern, in denen Mohn blüht, zur anderen leuchten die bräunlichen Dächer der unteren Stadt herauf, wo PEDRO ROLDÁN 1624 geboren wurde. Auch DR. SOLANO DE LOQUE lebte hier, der eine neue Epoche der Medizin einleitete, als es ihm gelang, die Krisis der Krankheiten aus dem Puls abzulesen, so daß der lebenerhaltende Aderlaß genau in der kritischen Minute durchgeführt werden konnte.

Wir verlassen die Burg durch den Arco de Gigantes, wo wir auch eintraten, und wenden uns nach Osten. Bald stehen wir vor der Kirche *El Carmen*. Ihr edler Artesonado ist vielleicht das Schönste in Antequera überhaupt.

Wenn man von der Burg aus nach Westen geht, kommt man an der Rückseite des Hügels heraus, wo die alte maurische *Puerta de Málaga* mit ihrem Hufeisenbogen steht, heute die Ermita de la Virgen de la Espera. Etwa 12 Kilometer südlich von Antequera ist die Region des »El Torcal«, eine riesige Anhäufung von roten Kalksteinblöcken von unheimlichster Gestalt. Wie Stalaktitenhöhlen, Wasserfälle und andere Naturphänomene zieht auch dieser phantastische Dschungel zauberischer Felsformen zum Glück nur wenige Bewunderer an. Wanderwege, die durch das Labyrinth führen, sind gut markiert.

Wenn man Antequera auf der N 342 verläßt, sieht man bald **Archidona** mit seinem mittelalterlichen Mauergürtel zur Linken, der die auf dem höchsten Gipfel stehende Burgruine umfängt. Nach 34 Kilometern erreichen wir **Loja**, dessen weiße Häuser sich auf einem sanften Anhang erheben, oberhalb des Río Genil, und sich plötzlich teilen, so daß man den burggekrönten Felsen auftauchen sieht. Hier lebte der von Ferdinand dem Katholischen betrogene und verstoßene GONZALO VON CÓRDOBA während der letzten Jahre seines Lebens als glanzvoller Edelmann. Unbekümmert um seines Herren Undankbarkeit hielt er hier Hof und trug Sorge für seine Anhänger, fast alles alte Soldaten, vom Krieg gebrochen; niemand, der unter ihm in den Tagen seines Ruhmes gedient hatte, wurde je davongejagt.

In Loja gibt es nur wenig zu sehen, aber auch hier nisten viele Erinnerungen. Es wurde 1486 erobert, sechs Jahre vor dem Fall von Granada. Die Kirchen *Santa María* (mit einer im Barock renovierten Fassade) und *San Gabriel* sind im 16. Jahrhundert errichtet worden; San Gabriel hat einen guten Artesonado. Unterhalb der Stadt liegt die Schlucht, durch die sich der Fluß seinen Weg erzwingt, sehr phantasievoll »Los Infiernos« genannt. In einem Hof nahe der Santa María steht ein Denkmal von General NARVÁEZ, der die eigenwillige, vielgeliebte Königin ISABEL II. durch die Karlistenkriege und manche häuslichen Krisen rettete. Man nannte ihn das »Große Schwert von Loja«; er mußte äußerst rücksichtsvoll vorgehen, um das Königreich zusammenzuhalten, und faßte einmal die Weisheit seiner Regierungskunst in dem lapidaren Satz zusammen: »Ich ließ einige erschießen und andere erhängen.« Er starb 1868, und ein paar Monate später dankte Isabel ab.

Der direkte Weg von Loja nach Granada führt durch die fruchtbare Ebene des Genil. Es gibt aber auch die Möglichkeit, Granada über die Küste zu erreichen. Wir fahren von Málaga aus entlang der Costa del Sol und erreichen Granada über die N 340. Jetzt kann man sich der Costa del Sol mit mehr Freude zuwenden, denn wir haben die überlaufenen Urlaubsorte hinter und gelassen, und vor uns liegt ein abwechslungsreicher Abschnitt von Landzungen und Buchten. Die Vorgebirge tragen im allgemeinen Atalayas, von denen es von Manilva bis Nerja noch etwas mehr als 50 gibt. Die ältesten, viereckigen, gehen bis ins 3. Jahrhundert v. Chr. zurück. In den Buchten gab es einst malerische Fischerdörfer.

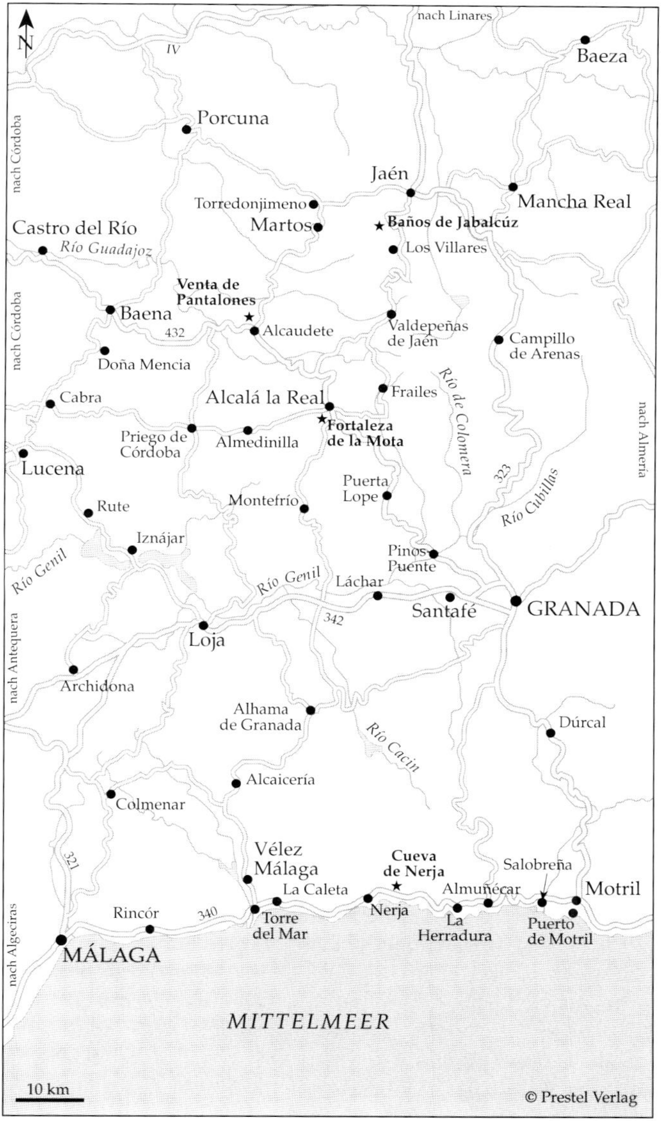

Zwischen Málaga und Granada.

Arabischer Einfluß läßt sich an den Namen der Dörfer entlang der Küstenstraße ablesen: Cala del Moral (Cala bedeutet soviel wie Ankerplatz), La Caleta, ein Diminutiv von Cala, gleich außerhalb Torre del Mar, und dann La Caletilla, bei Nerja, dem äußersten Punkt auf unserem Abstecher. Für die, die rasch nach Granada möchten, führt die C335 von Torre del Mar über Vélez Málaga. Aber der kleine Abstecher bis **Nerja**, eine Entfernung von 21 Kilometern auf der Küstenstraße, lohnt sich schon. Die Stadt liegt hoch oben auf der Klippe, und ein geschützter, arkadenumkränzter, weißgetünchter Aussichtsplatz unter Palmen erlaubt einen großartigen Blick auf die Küste.

Die Geschichte von Nerja ist nicht sehr ereignisreich, sie folgte dem üblichen Muster: östliche Zivilisation, mit Maulbeerkulturen für die Seidenraupenzucht, Weingärten, deren Produkt von einigen Mauren »Zabīb« (Rosinen) statt »Chamra« (Wein) genannt wurde, Feigen und Zuckerrohr. Eine friedliche Unterwerfung während der Reconquista wurde mit dem üblichen Vertragsbruch belohnt, und die gewaltsame Konversion oder Emigration der Moslems zog eine Wiederbevölkerung mit Siedlern aus dem nördlichen Spanien nach sich. Keines der Baudenkmäler der Stadt wurde vor dem 18. Jahrhundert errichtet, mit Ausnahme einer 1959 entdeckten Tropfsteinhöhle, die einige zehntausend Jahre früher mit Höhlenmalereien im Stil der La Pileta und Altamira bedeckt wurde. Zu ihr gehört auch ein kleines Museum, das für den Fachgelehrten interessant ist. Der Besucher wird unter dem Dröhnen von klassischer Musik und unter dem Gleißen von tausenden von Glühlampen durch die Höhlen geleitet.

Wir kehren jetzt nach Torre del Mar zurück und fahren auf der C335 landeinwärts. Nach vier Kilometern erreichen wir **Vélez Málaga**, Landwirtschaftszentrum und Insel der Stille. Die 1971 bis 1973 durchgeführten Ausgrabungen auf der Suche nach dem griechischen Mainake ergaben, daß Vélez schon in prähistorischer Zeit bewohnt war. Am rechten Ufer des Flusses Vélez wurden Grabstätten der Phönizier und Karthager gefunden. Am linken Ufer finden sich Reste der römischen Nekropole Noria Alta. Die Gründung der heutigen Stadt geht bis auf das 1. Jahrhundert zurück. Die Araber nannten sie Ballit̠ Malaka und machten sie zu einem wichtigen Zentrum.

Gegenüber dem Karmeliterkloster führt eine rechte Abzweigung entlang einem schmalen Hof hügelaufwärts zur Plaza de España, wo die Pfarrkirche *San Juan Bautista* steht. Es ist ein spätgotischer Bau mit einigen großartigen, farbig gefaßten Figuren von PEDRO DE MENA, der auch Teile des wunderschönen Chorgestühles in Málaga ausführte. Der berühmte Cáliz de las Esmeraldas, angeblich ein mit 365 Edelsteinen besetzter Abendmahlskelch, ist nur zum Fronleichnamsfest hier, für den Rest des Jahres wird er im Karmeliterkloster in der Klausur aufbewahrt, und man bekommt den Kelch nur mit Hilfe einiger Finessen zu Gesicht. Er ist aus Gold und ungefähr 15 Zentimeter hoch; die Juwelen sind Rubine und Smaragde, weniger als hundert; und ihr Schliff zeigt, daß es sich um eine Arbeit aus dem frühen 17. Jahrhundert handelt.

Sie sollten die Plaza de España durch einen Torbogen aus dem späten 16. Jahrhundert verlassen, über einige Steinstufen, zu deren Häupten sich der nach dem Bürgerkrieg errichtete Marienschrein befindet. Durch das Tor gelangt man in die obere Stadt und zu der zweiten Pfarrkirche. Im allgemeinen sind die Oberstädte arm, die Häuser einfache Hütten ohne Patios, aber hier sind die Straßen sauber, die weißgetünchten Wände blenden die Augen in der Sonne, und das alltägliche Leben spielt sich in geruhsamen Bahnen ab.

Am Ende des steilen Aufstieges liegt die Kirche *La Encarnación* oder einfach *Santa María*. Ihre Wände sind aus abwechselnden Ziegel- und Sandsteinlagen errichtet, mit einer Arkade aus achteckigen Backsteinpfeilern und Hufeisenbögen, von Mudejaren erbaut. Die Decken sollte man sorgfältig betrachten, es sind ausgezeichnete Mudéjararbeiten, besonders die Alfarje-Decke des oktogonalen Altarraumes mit ihrem hängenden Schlußstein mit Stalaktitendekoration. Der Rest des Interieurs ist schlicht und weißgetüncht, die silbernen Meßgeräte werden hingegen nicht so bereitwillig vorgeführt wie der Kommunionskelch. Sie sollen FERDINAND DEM KATHOLISCHEN gehört haben, dem sie nach der Eroberung der Stadt geschenkt worden waren.

Vélez Málagas Reichtum war einst die Zuckerherstellung, die nach der Vertreibung der Morisken auszusterben drohte, bis sich ein Franzose namens DE VALOIS ihrer annahm. Er war auch der erste, der hier die Rumdestillation einführte.

Von Vélez Málaga folgen wir dem Lauf des Río Vélez; unsere Straße führt leicht bergauf, bis wir die **Sierra de Tejeda** erreichen. An den Flußufern blüht rosa Oleander, und eine spanische Ginsterart zaubert goldene Kleckse auf die Hügel und verleiht an heißen Tagen der Luft ihr Aroma. – Die Sierra de Tejeda ist ein Naturschutz- und wunderbares Wandergebiet. Fahrten nach Sedella, Árchez, Canillas de Albaida oder Frigiliana lohnen sich.

Unser nächstes Ziel ist **Alhama de Granada**. Der Name leitet sich vom arabischen ḥammām, Heißluftbad, her; die Römer übernahmen diese Form der Erfrischung von den Griechen und gaben sie weiter an die Byzantiner, diese wiederum an die Araber. Für die Gläubigen des Islam wurde ein Besuch im Ḥammām zu einem Teil des Tagesablaufes, aber auch fester Bestand zeremonieller Gegebenheiten. Von den Arabern schauten es wiederum die Türken ab, nach denen wir es noch heute als Türkisches Bad bezeichnen.

Die Stadt liegt romantisch am Rand eines Tajo wie ein Ronda en miniature. Ein Mirador steht nicht fern der Pfarrkirche. Obwohl ENRIQUE DE EGAS und SILOÉ DER JÜNGERE an ihrer Errichtung beteiligt waren, ist das Ergebnis unharmonisch; der mißlichste Zug ist das Renaissanceportal an der Südseite, nur wenige Schritte von einem ausgezeichneten gotischen entfernt. Das Innere hat einen schlichten, aber gutgearbeiteten Artesonado mit vertieft gelegten Paneelen und achtgliedrigen Lazos. Eine Neuerung für die damalige Zeit ist der emporenartige Coro, der auf niedrigen Bögen über dem Westeingang ruht. In der Sakristei kann man wunderbar mit biblischen Szenen bestickte Gewänder sehen; sie werden der Katholischen Königin zugeschrieben, es ist nicht ausgeschlossen, daß es sich um Arbeiten von ihrer Hand handelt, denn man weiß, daß sie sich in ihrer Muße gerne solchen weiblichen Kunstfertigkeiten widmete.

Die Bäder, die der Stadt ihren Namen gaben, liegen an einer engen Straße in der Schlucht des Flusses; es wurden verschiedene Versuche unternommen, ein »Alhama« wieder instand zu setzen. Von der Brücke oder den Uferseiten aus hat man einen reizvollen Blick. An einer Stelle stürzt eine heiße Quelle in den eisigen, raschströmenden Fluß; sie brach 1884 nach einem Erdbeben auf, dem der alte Aquädukt und andere mittelalterliche Reste zum Opfer fielen. Die arabischen Bäder sind heute in ein modernes Hotel einbezogen; in ihren Kellern stehen zwei Hufeisenbögen mit den Basen im warmen Wasser. Ein älteres Bad, aus der Römerzeit noch, liegt ein wenig weiter und soll wohl ganz geschlossen bleiben – vielleicht, um Kunden in das neue Hotel zu ziehen.

Von Alhama führen mehrere Straßen nach Norden. Ich empfehle, die über Cacín (GR180) nach **Láchar** zu nehmen. In diesem kleinen Dorf steht ein Märchenpalast, dessen Entstehungszeit schwer zu datieren ist, weil der Bau von dem Konnetabel Álvaro de Luna vor der Schlacht von Higuerela 1430 erobert und niedergebrannt wurde. Das Schloß heißt Palacio del Duque de San Pedro de Galatino, ist in Privatbesitz und kann leider nicht besichtigt werden.

Wir fahren in östlicher Richtung weiter über die fruchtbare Ebene, die schneebedeckten Gipfel der Sierra Nevada vor uns. Nach zehn Kilometern lenkt die Straße nach **Santafé** ein. Es ist eine der wenigen Städte auf der Welt, die im Mittelalter genau nach dem Plan eines römischen Castrums angelegt wurden, und diesen Grundplan durch die Jahrhunderte unberührt hindurchgerettet haben. Es ist also eine viereckige Stadt mit einem Schachbrettmuster. Die Hauptstraßen (Decumanus und Cardo Maximus) schneiden sich in der Kirche; von ihrem Schnittpunkt aus kann man alle vier Tore sehen, drei davon sind noch immer mit einer Kapelle gekrönt. Die Stadt wurde während der Belagerung von Granada errichtet, nachdem das aus Zelten errichtete Hauptquartier der Katholischen Könige niedergebrannt war. Mit charakteristischer Energie wurde jetzt in achtzig Tagen ein festes Lager errichtet: Santafé, das mit seinen zwei Hauptstraßen von der Alhambra aus gesehen wie ein Kreuz vor den Augen der Nasriden lag.

Die Pfarrkirche *Santa María de la Encarnación* steht, wie gesagt, am Schnittpunkt der Achsenstraßen. Über dem Dach am Westeingang sehen wir eine schmiedeeiserne Lanze, geschmückt mit zwei Federn und einem Streifen Pergament, das Ganze erhebt sich über einem turbangeschmückten Haupt.

Dieses Emblem verweist auf eine Heldentat von HERNÁN PÉREZ DEL PULGAR, dem es gelang, ein Pergament mit dem christlichen Credo an die Moscheetüre im maurischen Granada zu heften, weil ein moslemischer Recke, ATARFE, FERDINAND DEM

KATHOLISCHEN seine Lanze als Herausforderung zum Zweikampf vor sein Zelt in Santafé schleuderte. GARCILASO DE LA VEGA, der Vater des berühmten Dichters, rächte dann König und Christentum und enthauptete Atarfe. Mit den Federn schließlich wurden diese Taten der Nachwelt aufgeschrieben.

In Santafé wurde auch die Kapitulation von Granada unterzeichnet, ein langes Dokument mit 47 Klauseln und einem Geheim-Codizill von sechzehn weiteren Punkten. Kaum eine der 63 Klauseln wurde jedoch erfüllt.

In der gleichen Stadt unterzeichneten die Katholischen Könige ihr Abkommen mit Kolumbus, die neue Welt zu entdecken, und auch dieser Kontrakt wurde schmählich gebrochen.

Im fünf Kilometer entfernten, unbedeutenden **Fuente Vaqueros** wurde 1899 FEDERICO GARCÍA LORCA geboren, einer der einflußreichsten und tragischsten Gestalten der modernen spanischen Lyrik. Als Vertreter der sogenannten 27er-Generation führte er die Lyrik zu einem letzten Höhepunkt, bevor er 1936 in Cenes de la Vega von Franco-Anhängern erschossen wurde.

Granada – Die südliche Stadt

Für die meisten Besucher ist Granada identisch mit der Alhambra, und natürlich gehört sie zu ihm wie die Akropolis zu Athen. Granada ist ein Höhepunkt auf jeder Reise in Spaniens Süden, obwohl die Hotelsuche immer ein wenig abenteuerlich ist. Wem es nicht möglich war, rechtzeitig ein Hotelzimmer zu reservieren, wohnt am gemütlichsten in einer Pension, die zu klein ist, um Reisegesellschaften aufzunehmen.

Von **Granadas Geschichte** gebe ich hier nur das Skelett – wenn wir durch die Stadt wandern, werden wir genug erleben, um die Knochen mit Fleisch zu umhüllen. Die Stadt war zuerst nur ein Zufluchtsort für Einwohner aus benachbarten Städten, so dem untergegangenen Elvira. Als FERDINAND DER HEILIGE 1227 Baeza eroberte, wurden die Flüchtlinge im maurischen Stadtviertel Garnāṭa (von lat. Granata, dt. Granatapfel) aufgenommen. 1410 fiel Antequera, und viele Einwohner zogen sich ebenfalls nach Granada zurück, das sprunghaft anwuchs, als letztes Bollwerk des Islam in Spanien. Die Bevölkerung bestand also ursprünglich aus dem hispano-römischen Grundstock von Al-Andalus mit einigen westgotischen, berberischen und arabischen Einwanderern.

Nach dem Sieg von LAS NAVAS DE TOLOSA (1212), der Südspanien von der marokkanischen Herrschaft befreite, drangen jetzt die Christen in maurisches Gebiet ein. Ferdinand der Heilige belagerte 1246 Jaén, als dessen undurchsichtiger arabischer Herrscher aus Arjona herbeieilte und sich selbst und seine Untertanen der Krone von Kastilien als Vasallen antrug. Ferdinand nahm an, weil er dem rebellischen Adel von Kastilien so einen Riegel vorschob, und errichtete den machtvollen Staat von Granada unter MOHAMMED I., dem Gründer der Nasriden-Dynastie, die bis 1492 bestand. Wir vergessen zu oft, daß das Königreich von Granada ein Vasall der Könige von Kastilien war; die erste Pflicht, die von Mohammed I. Ibn al-Aḥmar, »Sohn des Roten Mannes«, gefordert wurde, war es, die Christen bei der

Eroberung von Sevilla zu unterstützen. Nachdem er sich dieser Mission erfolgreich entledigt hatte, fand er bei seiner Rückkehr die Straßen von Granada geschmückt, und die begeisterte Bevölkerung begrüßte ihn mit dem Titel »gālib«, Sieger. Ohne Zweifel war es eine schmerzliche Stunde für ihn, in der er die Umstände verfluchen mußte, die ihn getrieben hatten, den Christen bei der Unterdrückung seiner Glaubensgefährten beizustehen. Er murmelte: »Wa lā gāliba īlla-llaḥ« (Es gibt keinen Sieger außer Allah); der Satz wurde zum Wahlspruch der Nasriden.

Die Stadt wird im Süden vom Río Genil begrenzt. Im Osten liegen drei Berge; die beiden höheren sind durch den Río Darro getrennt, der heute seinen Weg unter der Hauptstraße hindurch finden muß, ehe er sich mit dem Genil verbindet. Wo er die Stadt erreicht, fließt er von Ost nach West unter der Calle de los Reyes Católicos hindurch, und diese bildet eine gute Nordabgrenzung zu dem Teil der Stadt, den wir als erstes besichtigen wollen. Die Viertel, die in den beiden ersten Kapiteln behandelt werden sollen, sind ein wenig langweilig und vergleichsweise modern; aber sie enthalten doch noch mehr als eine Spur der Maurenzeit, denn vor der Reconquista zogen sich die Paläste der reichen Granadiner vom Fuß der Alhambra bis zu der fruchtbaren, künstlich bewässerten Vega hin, der Ebene, durch die der Genil seinen Lauf findet.

Die **Puerta Real** ist ein guter Ausgangspunkt für die erste Besichtigung der südlichen Stadt. Sie, der lebhafteste Fleck Granadas, markiert den Punkt, wo der Darro seinen unterirdischen Lauf ändert; bis hierhin floß er unter der Calle Reyes Católicos, jetzt wendet er sich scharf nach Süden und fließt weiter unter dem Embovedado und der Acera del Darro, bis er in den Genil mündet. Wie so viele andere Tore ist auch die Puerta Real nur noch dem Namen nach vorhanden; sie war erst nach der Eroberung durch die Christen errichtet worden. Im 16. Jahrhundert entstand hier eine neue Vorstadt, von einer eigenen Schutzmauer umschlossen.

Die Reyes Católicos ist heute nur noch eine vom Verkehr böse verstopfte Hauptstraße und ein Einkaufszentrum. Auf halber Höhe wird sie von der breiten Gran Vía de Colón gekreuzt. Dort, wo die beiden Hauptstraßen sich kreuzen, entstand ein offener Platz, der das Stadtzentrum bezeichnen soll. Die Bronzegruppe von 1892, die ISABEL und KOLUMBUS darstellt, wurde erst 1960 von ihrem alten Platz nahe am Fluß hierher gebracht. Sie und auch die Flachreliefs an ihrem Sockel sind das Werk von MARIANO BENLLIURE.

Die Calle de los Reyes Católicos mündet im Osten in die **Plaza Nueva**. Sie wurde vor Jahrhunderten für Stierrennen benutzt, für »Cañas« (eine typisch maurische Turnierform) und Hinrichtungen. Obwohl heute stark verändert, trägt die Plaza Nueva noch den Stempel der Vergangenheit, so in dem würdigen Bau der **Audiencia**, dem Appellationsgericht. Rechts ist der steile Weg zum Alhambra-Hügel, genannt Cuesta de Gomérez, ein unscheinbarer Aufstieg in eine Feenwelt. Die Plaza Nueva wurde im letzten Jahrhundert, als die Darro-Brücken überflüssig wurden, nach Osten bis zur Plaza de Santa Ana erweitert, an der die Kirche **Santa Ana** sich hinter einer Gruppe von Zypressen und Straßenlaternen erhebt. Ihre Fassade verkörpert für mich etwas vom Geist Granadas, die Überbrückung der Kluft zwischen maurischem Wesen und dem Geist der Renaissance. Ihr Westportal ist im Platereskenstil errichtet, überragt von Heiligen in Nischen, während die abwechselnden Hau- und Backsteinlagen, der Turm mit seinem Ajimez, den Alfices und vorkragenden Traufen unter einem flachen Dach orientalische Bauideen beschwören. Ihre schlichte Schönheit ist ohne alles Gepränge; die weißen und blauen Azulejos verstärken den Eindruck von Zurückhaltung, das Siegel großer Künstler. DIEGO DE SILOÉ und JOSÉ DE MORA, ein Schüler ALONSO CANOS, haben den Bau geprägt. De Mora schnitzte auch eine der Madonnen in den Kapellen und im Auftrag der Fakultät der Ärzte und Chirurgen einen heiligen Pantaleon.

Wenn wir zur Reyes Católicos zurückkehren, kommen wir an einem Brunnen vorbei, dem **Pilas del Toro**. Er soll die letzte Arbeit des Renaissancearchitekten DIEGO DEL SILOÉ sein, der Granada so viele schöne Bauten geschenkt hat. Wir gehen an der Cuesta de los Gomérez vorbei und sehen in der nächsten Seitenstraße rechts, der Calle de Cuchilleros (Messerschmiede), die Casa de los Pinedas; ihr Portal ist ebenfalls ein Werk Siloés.

In der Reyes Católicos führt eine Passage hundert Meter westlich der Kreuzung Gran Vía de Colón in wenigen Schritten nach Süden zur **Casa del Carbón**, schräg gegenüber in der kleinen Straße Mariana Pineda. – Und hier haben wir nun eine alte Karawanserei, einen persischen »Khân« oder arabischen »Funduq«, mitten in einer modernen Stadt. Diese »Alhóndiga djadīda« (Neues Warenhaus) der Araber wurde 1330 erbaut und ist das einzige vollständige Beispiel einer Karawanserei in Spanien. Sie war ursprünglich nur ein primitiver Stapelplatz, wo Kaufleute ihre Waren lagern konnten und zugleich Unterkunft für sich selbst und ihre Tiere fanden. Im 16. Jahrhundert machte man aus der Karawanserei ein Theater, wozu sie gut geeignet war, und einige der Dramen LOPE DE RUEDAS wurden hier erstaufgeführt. Noch später sank sie zu einer Mietskaserne ab, wurde dann 1933 vom Staat erworben und von TORRES BALBÁS, einem Architekten, der sehr viele Erneuerungen glänzend durchgeführt hat, renoviert.

Nur ein paar Meter weiter östlich der Casa del Carbón steht die **Casa de los Duques de Abrantes** aus dem frühen 16. Jahrhundert. Sie wurde in der Gotik umgebaut, hat jedoch Spuren arabischer Kunst bewahrt, so die Türen mit hölzernem Spitzenwerk und die Alfarje-Decke über dem Treppenhaus.

Kehrt man zu der Plaza mit dem Isabel-Denkmal zurück, findet man die Calle San Matías. Sie verläuft in südwestlicher Richtung zwischen der Capitanía General und dem Kloster der **Carmelitas Descalzas**. Das Kloster ist das Heim der Karmeliterinnen, deren Orden die heilige Theresa reformiert hat. Früher stand hier das Haus des Gonzalo von Córdoba, wo er am 2. Dezember 1515 starb.

Zur anderen Seite der Capitanía ist die **Casa de los Tiros**, so genannt nach den Musketenmündungen, die durch die Mauerzacken blitzen. Ursprünglich war sie ein Fort, Teil der Befestigungsmauer, die das Viertel der Töpfer, den »Barrio de los Alfareros«, umgab. Sie wurde sehr verändert, wie man feststellen kann, wenn man sie von dem kleinen, ihr gegenüberliegenden Hof aus betrachtet. Man kann die Anbauten aus dem 19. Jahrhundert über den Zinnen sehen und die fünf Figuren an der Mauer, die wie Augen auf einer Spielkarte angeordnet sind; sie stellen Herkules, Theseus, Jason, Hektor und Merkur dar; der letzte als Herold gekleidet mit dem Wappen der Familie Venegas auf seinem Mantel.

Das Haus beherbergt heute das staatliche Touristenamt und ein Heimatmuseum. In dem für die Proportionen des Hauses zu kleinen Patio sind Reste arabischer Säulen und Kapitelle auf der Treppe aufgestellt, die im vorigen Jahrhundert vor Verfall und Vernachlässigung gerettet wurden. Der einzige originale Saal ist im zweiten Stockwerk; seine Decke ist in einzelne Felder unterteilt; einige davon sind mit grobgeschnitzten und bemalten Porträts spanischer Helden geschmückt, die anderen mit Berichten über ihre Taten. Die Decke ist wohl vor 1539 entstanden, da einer der Texte die Kaiserin ISABEL, Gemahlins KARLS V., als lebend erwähnt, die in diesem Jahr starb.

Wenn man die Plaza del Padre Suárez überquert, kann man leicht den Weg zur Kirche **San Matías** finden. Ihr Retabel ist ein gewaltiges Beispiel granadinischen Barocks. Unter seinen Skulpturen befindet sich ein großartiger »San Juan de Dios« von JOSÉ RISUEÑO, der in seiner Kunst die Stilmittel ALONSO CANOS mit flämischen Zügen vereinigte, obwohl in seiner Lebenszeit (1665-1732) der Realismus im allgemeinen barocker Übersteigerung geopfert wurde.

Da es am Wege liegt, können Sie kurz in die Ancha de Santo Domingo hineinschauen, wo die **Casa de los Girones** steht; sie gehörte der Familie TÉLLEZ GIRÓN; Zweige dieses Hauses sind die Herzöge von Villena und Osuna. Das heutige Gebäude ist alles, was von einem maurischen Palast übrigblieb; er gehörte einer Schwester König BOABDILS. Ein einziger Saal enthält noch Stuck mit kufischen Inschriften und Nischen in den Türlaibungen, eine davon noch mit originalen Boden-Azulejos. Ungewöhnlich sind die Reste von blauer und roter Farbe auf einigen der Arabesken, eine große Seltenheit.

Die Straße mündet in die Plaza de Santo Domingo, auf der ein Bronzestandbild des Dominikaners FRAY LUIS DE GRANADA steht. Die Kirche **Santo Domingo** ist von den Katholischen Königen errichtet worden. Kloster und Kirche hatten eine wechselvolle Geschichte; sie stehen auf einem Grundstück, das früher der Mutter König BOABDILS gehörte. Diese Gegend war Teil des alten Viertels der Töpfer, das sich ungefähr von der Casa de los Tiros bis zum Bab Aláchar der Maurenzeit hinzog. Die Kirche hat ein anziehendes Portal mit drei Bögen auf einfachen, schlanken Säulen; in den Bogenzwickeln zeigt es die Sinnbilder

der Katholischen Könige: Joch und Pfeile nebst den Initialen. Im Narthex finden wir einige verblaßte Fresken, und das Interieur überwältigt als eine Apotheose granadinischen Barocks.

Wir sind jetzt im Herzen der **Antequeruela**, dem Stadtteil, der von den maurischen Flüchtlingen aus Antequera bevölkert wurde, als diese Stadt 1410 in die Hände des Infanten FERDINAND fiel. Bis jetzt sind wir nur durch Straßen gegangen, viele ärmlich, keine besonders großzügig, aber hier im Osten und Süden findet man an den Hügelabhängen stille, ummauerte Gärten, die in Granada »Cármenes« genannt werden, ein Name, der vom Arabischen abgeleitet ist. Einer von ihnen gehörte dem Komponisten MANUEL DE FALLA, dessen Grab wir in der Kathedrale von Cádiz gesehen haben; es ist nicht schwierig zu erraten, wo er die Inspiration zu seinen »Nächten in spanischen Gärten« fand. Sein kleines, gepflegtes Haus sah die größten Denker und Künstler des Jahrhunderts. ZULOAGA, dessen berühmtes Porträt von Falla den seelischen Konflikt des Musikers zum Ausdruck bringt, GALLEGO BURÍN, GARCÍA GÓMEZ und BERMÚDEZ PAREJA (Historiker und Orientalisten) trafen sich dort ebenso wie in der Casa de los Tiros.

Es ist nicht schwer, sich in die Antequeruela zu verlieben, denn sie versteckt ihre Schätze eifersüchtig, und nie wird man hier einer Reisegesellschaft begegnen. Baron DAVILLIER schrieb ein Buch über Spanien, das genauso wie sein Autor längst vergessen wäre, hätte nicht GUSTAVE DORÉ es mit dreihundert Stichen illustriert, darunter einem mit dem Titel »Une soirée près de l'Antequeruela«; er zeigt eine Gruppe von Frauen in Mantillas, die einem Gitarrenspieler lauschen. Der Hintergrund hat keine Ähnlichkeit mit Antequeruela, aber Doré ist es gelungen, den Geist dieses Winkels in Granada darzustellen.

In der Antequeruela liegt der **Cuarto Real de Santo Domingo**, ein Palast, in den sich die Maurenkönige angeblich während des Ramadan, des Fastenmonats, zurückzogen. Die Katholischen Könige kauften ihn von den NASRIDEN, um ihn in ein Kloster zu verwandeln, und im 19. Jahrhundert ging er in den Besitz der Familie PONCE DE LEÓN über. Von dem alten Palast ist nur noch ein einziger Turm übrig, der Rest des Bauwerkes ist modern; das Ganze steht in einem weiten, zauberhaften Garten. Den Eingang zum großen Saal im Erdgeschoß des Turmes bildet ein herrlicher Bogen mit Arabesken und originalen, sehr alten Fliesenverkleidungen an den Gewölbelaibungen mit kufischen und Naskhi-Texten. Der Saal, der über sechzig Quadratmeter mißt, zeigt schimmernde Fliesen mit Blattmustern in Weiß, Blau und Gold, denn die Araber entdeckten, daß sich für die Technik dieser Lüsterkeramik ihre Lieblingsfarben, schwarz, grün und gelb, wenig eigneten. Wir finden alkovenartige Nischen mit Bögen, Felder mit Mosaikfliesen und darüber kunstvollen Stuck. Oben verläuft eine Reihe von zwanzig kleinen Hufeisenfenstern mit Mushrabijas. Am anderen Ende des Saales werden drei Balkone mit Türen aus verschlungenem hölzernem Spitzenwerk verschlossen; ihr Muster wiederholt sich in der wundervollen Alfarjedecke.

Von hier bis zum **Paseo del Salón** ist es nur ein kleiner Weg. Der Paseo ist ein Teil der Alameda am Nordufer des Genil; wir folgen ihm in Westrichtung bis zum Puente Genil. Vor der Brücke ist die **Plaza del Humilladero**, dort sanken die Katholischen Könige und ihr Gefolge am 2. Januar 1492 in die Knie, als sich über der Torre de la Vela auf der Alhambra das Kreuz und die christlichen Standarten erhoben. Wir überqueren die Brücke und wenden uns nach rechts. Etwa für einen halben Kilometer folgen wir der Straße nach Armilla; sie biegt dann nach links ab, und wir kommen zur winzigen Eremitage **San Sebastián**, wo König BOABDIL die Schlüssel der Stadt an König FERDINAND übergab. Es ist ein quadratischer Bau mit einem Hufeisenbogen; früher war es ein »Murabit«, eine islamische Kapelle. Das Wort, das oft auch »Marabut« geschrieben wird, bezieht sich auf einen moslemischen Heiligen oder sein Grab; er rief den Kult jener fanatischen Kriegersekte Marabut hervor, die zur Dynastie der Almoraviden führte. – Das Innere ist weißgetüncht, die Rippenkuppel ruht auf Trompen.

Hundert Meter weiter liegt rechts ein Landhaus, einst der verschwenderische **Alcázar Genil** der Mutter BOABDILS; sie verkaufte auch diesen Besitz den Katholischen Königen. Ein Saal stammt noch aus dem 14. Jahrhundert, mit Zwillingsbögen und der üblichen Ataurique-Dekoration im Alfiz. Der Artesonado wird von einem Stalaktitengesims getragen. Das Portal ist jüngeren Datums. Das andere Ende der 125 Meter langen Alberca (Wasserbassin), die in der großzügigen Gartenanlage liegt, wur-

GRANADA
N
Calle de San Jerónimo
Gran Vía de Colón
Calle de Elvira
Plaza de la Trinidad
Audiencia
Santa Ana
Calle de la Alhóndiga
Kathedrale
Plaza Nueva
Cuesta de Gomére
Casa de los Duques de Abrantes
Calle de Puentezuelas
Calle de los Reyes Catolicos
Casa del Carbón
Capitanía General
La Magdalena
Convento de las Carmelitas Descalzas
Casa de los Tiros
Puerta Real
San Matías
Calle San Matías
Calle de Recogidas
Casa de los Girones
Avenida José Antonio
Santo Domingo
Cuesta
Calle de San Isidro
Acera del Darro
Carrera del Genil
Cuarto Real de Santo Domingo
Nuestra Señora de las Angustias
Calle de San Antón
Paseo del Salón
Plazuela del Humilladero
Río Genil
100 m

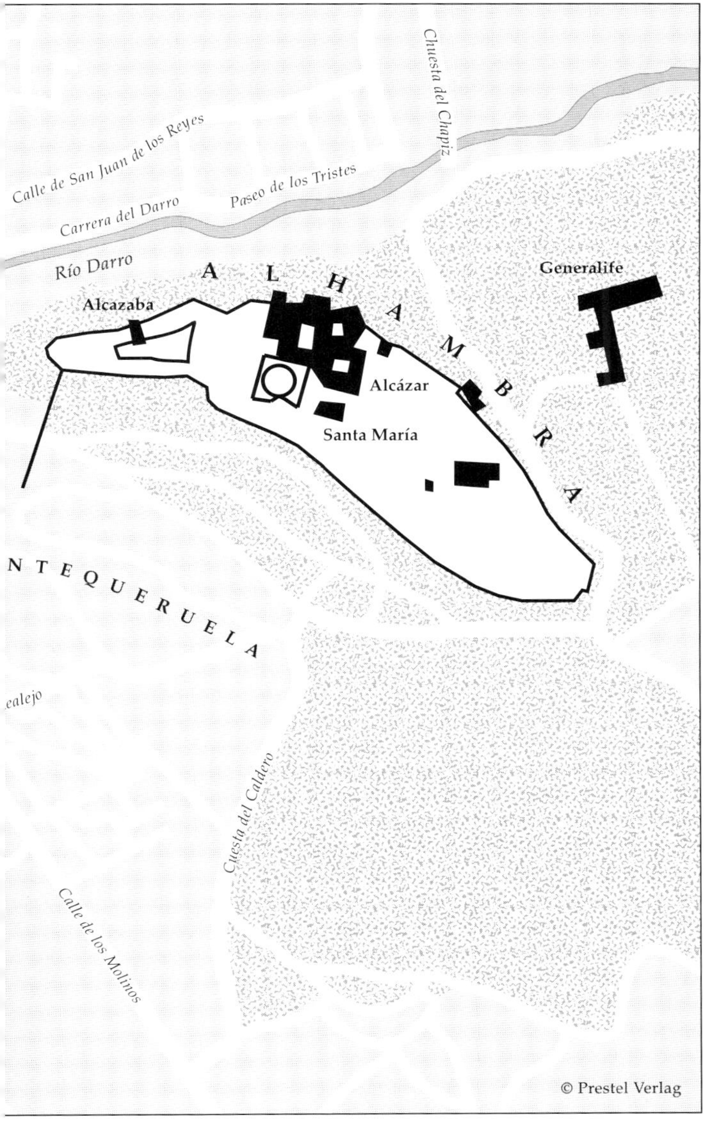
Calle de San Juan de los Reyes
Chuesta del Chapiz
Paseo de los Tristes
Carrera del Darro
Río Darro
A L H A M B R A
Generalife
Alcazaba
Alcázar
Santa María
N T E Q U E R U E L A
ealejo
Cuesta del Caldero
Calle de los Molinos
© Prestel Verlag

de leider zerstört, als man die neue Straße nach Ronda baute. Der Palast war einst Gästehaus und Prinzenresidenz.

Wir gehen jetzt zurück, überqueren wieder den Puente Genil und gehen die breite Acera del Darro entlang, die auf die Calle de los Reyes Católicos stößt und ebenfalls zu den Straßen gehört, die den Darro überdachen. Zur anderen Seite der Acera ist die Kirche **Nuestra Señora de las Angustias**. In dieser Kirche im Stil des granadinischen Barock befindet sich vor dem Retabel eine Marienskulptur von DUQUE CORNEJO.

Gehen Sie weiter die Calle de San Antón entlang, und Sie kommen zum Kloster **San Antonio Abad**. In ihm finden Sie Werke von PEDRO DE MENA und JOSÉ DE MORA. Um die Ecke lag ein Haus für gefallene Frauen und weibliche Verbrecher; dort litt auch die unglückliche MARIANA PINEDA, die hingerichtet wurde, weil sich in ihrem Besitz eine gestickte Fahne der Liberalen fand – ein Beispiel bourbonischer Gerechtigkeit.

Ein kleiner Abstecher in die Calle de Recogidas und eine Wendung nach rechts in die Magdalena bringt Sie zur gleichnamigen Kirche, **La Magdalena**, an der Ecke der Calle de Gracia. Die eckigen Fenster der Kirche wirken wie die eines Profanbaus. Im Innern findet man, wie bei vielen granadinischen Gotteshäusern, eine prunkvolle Ausstattung, über deren Geschmack man verschiedener Meinung sein kann. Hier finden sich jedoch einige Werke PEDRO DE MENAS, darunter ein »Johannes Evangelist« und ein »San Antón«. La Magdalena erhielt erst im vorigen Jahrhundert den Status einer Pfarrkirche; in ihrer Vorgängerin wurden 1643 Juan de Sevilla getauft und 1826 Kaiserin EUGÉNIE; ihr Geburtshaus liegt gegenüber, Nummer 12 in der Calle de Gracia. Es hat die üblichen flachen Erkerfenster und schlichten Gitter eines Wohnhauses des Mittelstandes. Die Fassade ist mit Medaillons und stark verblaßten Fresken geschmückt, denn noch im vorigen Jahrhundert war die Quadraturmalerei mit ihren Trompe-l'œil-Effekten in Granada weit verbreitet, wie wir aus einer Beschreibung VICTOR HUGOS wissen. Er verbrachte seine frühesten Jahre in Spanien, da sein Vater Offizier der napoleonischen Besatzungstruppe war.

Von der Calle de Gracia biegen wir in die Calle Párraga ein, wo in Nummer 3 der französische Romancier THÉOPHILE GAUTIER, der dreimal in Spanien war, logierte.

Granada – Die nördliche Stadt

Im westlichen Winkel zwischen der Gran Vía de Colón und der Reyes Católicos finden wir in einem Dschungel enger Gassen die Kathedrale. Dies ist einer der ältesten Teile der Stadt; einst standen hier die Basare, um die Freitagsmoschee gedrängt, und die Straßennamen bewahren noch eine leise Erinnerung an die damals hier ausgeübten Gewerbe. Westlich der Gran Vía de Colón führt uns die zweite Abzweigung links zur oktogonalen Apsis der Kathedrale. Das ehemalige Kapitelhaus zur Linken wurde später Rathaus und beherbergt jetzt Geschichtsstudenten; damit ist es seiner ursprünglichen Bestimmung wieder sehr nahe gekommen, denn es war in maurischer Zeit die Medrese, die der Moschee angeschlossene Theologieschule.

Wenn man der Calle de los Oficios folgt, erhebt sich zur Rechten die schwere Masse der Kathedrale, und ein Platz gibt uns den Blick auf die gotische Fassade der Capilla Real frei. Im Westen wird diese kleine Plaza von der **Lonja**, der einstigen Börse, begrenzt, gegründet von einem Genueser Bankhaus und entworfen von ENRIQUE DE EGAS. Jedes der beiden Geschosse zeigt vier von Säulen getragene Bogen mit einem Spiralmuster; ihre Harmonie wird durch eine Balustrade im unteren Geschoß leider gestört. Das Gebäude war für seinen Zweck bald zu klein; heute werden im Erdgeschoß Eintrittskarten für die Capilla Real verkauft, im Obergeschoß befindet sich der Kapitelsaal der Kathedrale. Hier spürt man den nordischen Einfluß sehr stark. Um die Mitte des 15. Jahrhunderts kam JAN VAN DER EYCKEN als einer der vielen fremden Künstler aus Brüssel, um als Architekt in Spanien zu Ansehen zu gelangen. Hier nannte man ihn ANEQUÍN DE EGAS. Sein Sohn, ENRIQUE DE EGAS, wie er hier hieß, trat als Baumeister in die Fußstapfen des Vaters und sollte ihn schon bald an Ruhm übertreffen. Er entwarf nicht nur die Capilla Real und die Lonja, sondern wahrscheinlich auch den gotischen Baukörper der Kathedrale. Nach und nach ging die Verantwortung für den Kathedralbau dann an DIEGO DE SILOE über, der ebenfalls der Sohn eines Einwanderers war.

Die **Capilla Real**, wie wir von der Plazuela de la Lonja aus sehen, hat ein plattereskes Portal, das erst einige Jahre nach Vollendung der Kapelle eingefügt wurde, da der eigentliche Eingang, von der Kathedrale aus, sich als unzweckmäßig erwiesen hatte. Der obere Teil entspricht noch dem Entwurf von García de Pradas, der untere ist eine schlechte Restaurierung von 1733. Das Portal und die benachbarte Lonja kontrastieren mit dem Flamboyant des übrigen Entwurfs; die königlichen Initialien F und Y (für FERDINAND und ISABEL) erscheinen wieder und wieder im Steinfiligran der Balustraden, der Wasserspeier und den mit Krabben besetzten Miniaturfinialen. Die Katholischen Könige befahlen die Errichtung der Kapelle zwölf Jahre nach der Eroberung Granadas als Mausoleum für sich und ihre Familie.

Der ursprüngliche Eingang zur Kapelle liegt in der Kathedrale, dort, wo man eigentlich ein Querschiff erwarten würde. Dieses Innenportal ist ein schönes Beispiel isabellinischer Gotik. Zu beiden Seiten stehen Statuen der Schutzheiligen der Kapelle, Johannes der Täufer und Johannes Evangelist, denn sowohl der Vater FERDINANDS wie auch der ISABELS hießen JUAN; die Ornamentik, eine Fülle königlicher Wappen und Initialen mit den gekrönten Emblemen Pfeile und Joch, wird im Innern der Kapelle wiederholt. Die vier Seitenkapellen enthalten Gemälde und Skulpturen; zwei von ihnen sind mit Rejas aus dem 16. Jahrhundert verschlossen, sehr schön in ihrer Art, aber durch die schönste aller spanischen Rejas in ihrer Wirkung beeinträchtigt: Sie teilt die Kapelle in zwei Teile, und man kann wohl behaupten, daß sie die köstlichste Arbeit dieser Art auf der Welt überhaupt darstellt. Das goldene Netz ist vor der Vierung durch das Gebäude gespannt, also mehr zur Mitte verschoben, als es sonst bei Chorschranken der Fall ist, um die königlichen Grabdenkmäler gegen das Schiff hin abzuschirmen; die schlichten Särge selbst befinden sich in der Krypta, in der übrigens auch MARIANA PINEDA, als einzige Frau unter Männern, liegt. Aus Schmiedeeisen geformt, reich vergoldet und kunstvoll bemalt ist das Gitter in drei übereinanderliegende Abschnitte eingeteilt. Der unterste, dessen Stäbe durch ein ornamentales Spitzenwerk verbunden sind, hat korinthische Säulen, die einen Schmuckfries tragen; in der Mitte des zweiten Teiles sieht man das königliche Wappen, von Löwen gestützt; Engel und Laubwerk umgeben es in reizvoller Anordnung. Oberhalb des dritten Teiles erhebt sich das Meisterwerk der Eisenskulptur: zehn Episoden aus dem Leben Jesu, das Martyrium der beiden Johannes und in der Mitte, alles überragend, die Kreuzigung. Die Harmonie dieser Reja beruht wohl auf dem Nebeneinander von horizontalen und vertikalen Linien sowie komplizierten Mustern, die an Atauriques und Sebka gemahnen. Das Meisterwerk ist an der linken Seite des Frieses, unter der Figur Sankt Peters signiert: »Maestro Bartolome me fecit«. Es ist schmerzlich zu denken, daß dieser Künstler, dessen Werke wir schon in Andújar und in der Kathedrale von Sevilla sahen, bei KARL V. eine Bittschrift um 1600 Dukaten einreichen mußte, da das Domkapitel nicht bereit war, den abgemachten Preis zu bezahlen, und er und seine Familie in tiefe Not geraten waren. Rund um die prächtige Kapelle läuft ein Band mit goldenen gotischen Lettern, das vom Sieg der Katholischen Könige über die Mauren und deren Vertreibung berichtet.

Das *Grabmal der Katholischen Könige* wurde von dem Genueser DOMENICO FANCELLI geschaffen. Die Gesichter der liegend dargestellten Figuren sind einander leicht abgewandt; ISABEL trägt das Santiago-Kreuz, und Ferdinand die Halskette mit dem Heiligen Georg des Hosenbandordens; das Grabmal wurde fertiggestellt, ehe der englische König HEINRICH VIII. seine Gemahlin, KATHARINA VON ARAGÓN, die Tochter FERDINANDS, verstoßen und sich mit ihrem Neffen, KARL V., überworfen hatte.

Das andere, im gleichen Stil gearbeitete Grabdenkmal gilt JOHANNA DER WAHNSINNIGEN und PHILIPP DEM SCHÖNEN von Burgund, den Nachfolgern der Katholischen Könige. Der Bildhauer, BARTOLOMÉ ORDÓÑEZ, war Spanier; er starb kurz vor Vollendung des Werkes in Carrara. KARL V., zu Lebzeiten seiner geistesgestörten Mutter Regent von Spanien, gab das Denkmal 1519 in Auftrag; Johanna sollte aber noch 36 Jahre weiterleben.

Der *Hochaltar* ist eine Arbeit von FELIPE DE VIGARNY, wie sein spanischer Name lautet, ursprünglich kam er aus Langres in Burgund. Man rechnet das Retabel zwar noch zum Übergangsstil, doch ist es ein nahezu reines Renaissancekunstwerk. Alle Teile sind meisterhaft geschnitzt, aber drei Szenen sind historisch von besonderem Interesse. Ungefähr in Bankhöhe ist eine »Anbetung der Könige« in der Mitte zu sehen, deren jüngster

Kaiser KARL V. erstaunlich ähnlich sieht. Noch aufregender ist das Flachrelief rechts unten, das die gewaltsame Bekehrung der Mauren darstellt, die begann, als beide Unterzeichner des Vertrages noch lebten. Beachten Sie, daß die Frauen ihre langen Gewänder mit dem schönen Faltenwurf gewöhnlich an einer Ecke anheben, um ihr Gesicht und ein Auge zu verschleiern. Beachten Sie vielleicht auch das Orgelwerk. In Spanien werden die Pfeifen oft waagrecht angeordnet.

Zur Seite des Retabels sieht man die Katholischen Könige in betender Haltung, ein idealisierendes, aber technisch hervorragendes Werk von DIEGO DE SILOÉ. Die Wichtigkeit der Figuren wird durch ihre Reichsschutzheiligen Georg und Jakob betont, deren Ordensabzeichen sie auch auf den Grabmälern tragen, und dadurch, daß FERDINAND bei der Darstellung der Eroberung von Granada und ISABEL bei der Szene mit der Maurentaufe stehen. Die Capilla Real und die Sakristei enthalten eine kleine »Gemäldegalerie«; aber ehe wir uns den Bildern widmen, wollen wir das isabellinische Portal betrachten, das die beiden Bauten verbindet. JACOBO FLORENTINO EL INDACO soll es geschaffen haben, angeblich ein Schüler MICHELANGELOS. Das zarte Rippenmuster seines Gewölbes ist bewunderungswürdig, besonders neben den vielen recht durchschnittlichen, die wir gesehen haben. – Die Königin hatte eine Vorliebe für die flämische Schule, die im 15. Jahrhundert eine Blüte erlebte; ROGIER VAN DER WEYDEN repräsentiert die erste Hälfte des Jahrhunderts, und unter dem Einfluß der VAN EYCKS (die nicht mit der EGAS-Familie verwechselt werden dürfen) entstanden viele der Werke, die wir hier sehen, unter anderem von DIERIC BOUTS und HANS MEMLING.

Direkt gegenüber der Capilla Real führen zwei kleine Passagen zur Reyes Católicos. In der einen ist das Restaurant Sevilla, wo man ausgezeichnete granadinische Spezialitäten bekommen kann. In der nahegelegenen Placeta de Sillería wohnt ein Gitarrenmacher. Die Herstellung dieses Instruments ist oft komplizierter als der Geigenbau.

Die **Alcaicería** steht noch am Ort des alten Seidenbazars; sie gleicht einer engen orientalischen Straße; Marmorsäulen trennen in kurzen Abständen einen Laden vom anderen. Die Eingänge zu den Läden bilden Hufeisenbögen, jeder von einem

Ajimez gekrönt. Stuckarabesken, Mushrabijefenster und Fensterläden mit Alfarjearbeit lösen einander ab; und in der Mitte der Straße stehen alle paar Schritte Blumenschalen oder Laternen. Es ist alles ein bißchen zu schön, um ganz echt zu sein; man darf nicht vergessen, daß dieses ordentliche kleine Viertel nach 1843 wieder aufgebaut wurde, als der alte Seidenbazar durch ein in einer Streichholzfabrik ausgebrochenes Feuer völlig zerstört wurde. Der Name »Alcaicería« wird in der ganzen islamischen Welt für Seidenbazar verwendet; er soll von dem Wort »Caesar« abgeleitet sein. Man nimmt an, daß das mit dem Caesar JUSTINIAN I., einem der byzantinischen Kaiser, zusammenhängt, der den Seidenmarkt unter seine Kontrolle bringen wollte und einigen Arabern die Herstellung von Seidenstoffen übertrug.

Wir kommen nun zur **Kathedrale**; ein Beispiel dafür, wie aus einem einstigen gotischen Plan ein Bau der Renaissance wurde. An der Nordseite ist ein Platereskenportal VON SILOE, mit seinen Initialen am Fuß einer der Nischen; die zweifellos edlen Proportionen dieser Puerta del Perdón werden durch die Figuren von Glaube und Justitia über dem Bogen verdorben. Das Haupt- oder Westportal von ALONSO CANO zeigt große Originalität; in seiner Form gemahnt es an einen römischen Triumphbogen mit dem hohen Mittelteil und den niedrigen flankierenden Nebeneingängen. Für die Barockarchitektur ist es ungewöhnlich frei von unnötiger Ornamentik, und die kühn vortretende Masse erzielt den gleichen Chiaroscuro-Effekt, den Cano auch mit dem Pinsel so gerne hervorrief. Ein Detail ist so gut wie eine Signatur des Künstlers: die Kapitelle der Pilaster sind durch Reliefmedaillons ersetzt; seine Schüler übernahmen dieses Stilelement. Der Skulpturenschmuck wurde weitgehend von VERDIGUIER und seinem Sohn geschaffen.

Im Innern wird unser Blick zuerst zum Hochaltar im Rundbau der *Capilla Mayor* gezogen; die Capilla ist durch sieben Öffnungen zwischen den Pfeilern mit dem Chorumgang verbunden. Über den Lesepulten zu beiden Seiten sieht man die knienden Figuren der Katholischen Könige, ein Werk PEDRO DE MENAS. Darüber stehen in Nischen ALONSO CANOS berühmte Büsten von »Adam und Eva«, die er nicht mehr selber gefaßt hat, worauf er sonst so großen Wert legte; JUAN VÉLEZ DE ULLOA hat sie nach dem Tode des Meisters bemalt. Die Gesichtszüge verraten den Einfluß des italienischen Cinquecento; man hat die Büsten oft mit MICHELANGELOS Gestaltung des jugendlichen Renaissancetypus verglichen. – Die Capilla Mayor steigt geschoßartig auf; der zweite Abschnitt zeigt einen Gemäldezyklus von Alonso Cano, »Die sieben Freuden Mariae«. Die prachtvollen Glasmalereien von vierzehn der darüberliegenden Fenster wurden in Flandern von THEODOR VON HOLLAND ausgeführt, für einige der anderen hat DIEGO DE SILOÉ die Entwürfe gemacht. Der Hochaltar, der früher im Mittelschiff stand, ist seit 1926 hier untergebracht.

Bei unserem Rundgang durch die *Seitenkapellen* muß ich mich auf die wesentlichsten Kunstwerke beschränken. Beginnen wir rechts vom Eingang mit dem kleinen Kathedralen-Museum; es enthielt viele, auch sehr gute Werke, aber kaum etwas von überragender Bedeutung. Die dritte Öffnung zur Rechten ist der Eingang zum *Sagrario*, der Kirche, in der die Sakramente ausgeteilt werden. Sie dient als Pfarrkirche dieser Gegend und steht genau an der Stelle der alten Moschee, an deren Tür HERNÁN PÉREZ DE PULGAR sein Ave Maria heftete; aus diesem Grund gestattete KARL V. dem Helden dieses Abenteuers eine eigene Grabkapelle; sie liegt in einer Passage zur Linken, die als Durchgang zur Capilla Real errichtet wurde. Es ist nur eine der Ehren, mit denen die Nacht des 18. Dezembers 1490 belohnt wurde; zu den anderen Privilegien der Familie des Pérez de Pulgar gehörten ein Sitz im Chor und die Erlaubnis, in der Kathedrale den Hut aufzubehalten. Im Sagrario findet sich außerdem ein schöner marmorner Taufstein von 1522 aus Italien. Da der 18. Dezember das Fest der Santa María de la O ist, wurde ihr der Sagrario geweiht.

Als nächstes kommt die *Capilla de la Trinidad*, deren Retabel, ein Dreifaltigkeitstriptychon, von ALONSO CANO stammt. Es war der Entwurf für ein viel größeres Werk, das vom Kloster Sankt Anton erworben, 1836 vom Provinz-Museum übernommen und

Die Orgel von Santa María de la Encarnación, der Kathedrale von Granada.

prompt gestohlen wurde. Es folgt das Barockretabel des *Altars des Jesús Nazareno* mit vier Gemälden von CANO, einem EL GRECO zugeschriebenen und vier weiteren von RIBERA.

Die verschlossene Tür, die zur Capilla Real führt, haben wir schon betrachtet; danach kommt der *Altar des Santiago.* Hauptstück ist eine Reiterstatue des heiligen Jakob, ALONSO DE MENA zugeschrieben, dem Vater des großen PEDRO; das Pferd ist gut. Ein zierliches Madonnenbild wurde ISABEL DER KATHOLISCHEN 1491 von Papst INNOZENZ VIII. zugleich mit dem Gnadengeschenk der Goldenen Rose gegeben; es diente als Altaraufsatz während der ersten Messe, die in der neueroberten Alhambra gelesen wurde.

Wir kommen jetzt zur *Sakristei,* die wir von rechts betreten. Hier befindet sich eine schöne »Kreuzigung« von MARTÍNEZ MONTAÑÉS, ein Gemälde von ALONSO CANO, »Mariae Himmelfahrt«, und das vielleicht subtilste Werk in der ganzen Kathedrale, eine kleine geschnitzte Inmaculada des gleichen Meisters. Sie sollte ursprünglich auf dem Lesepult im Chor stehen, wurde dann aber als zu kostbar für diesen Zweck erachtet. Selbst wenn man gefaßte Holzskulptur nicht liebt – in diesen Breiten das Übliche – wird man von der Zartheit dieses Werkes entzückt sein; sie erregt dieselben Emotionen wie die »Cieguecita« des MARTÍNEZ MONTAÑÉS in der Kathedrale von Sevilla.

Wenn wir im Chorumgang weiter gehen, kommen wir zur *Capilla de Santa Ana,* in der wir eine Variante des bekannten Motivs finden: eine heilige Anna mit ihrer Tochter Maria auf dem einen und dem Jesusknaben auf dem anderen Knie. Die *Kapelle der Santa Lucía* zeigt die Heilige in der bekannten Weise. In der *Capilla de la Antigua* ist eine restaurierte gotische Madonna mit Kind; sie soll aus Deutschland stammen und von Söldnern, die bei der Befreiung Granadas kämpften, mitgebracht worden sein. Sie wurde der Kathedrale von den Katholischen Königen geschenkt und ist heute das Mittelstück eines großen, bewegten Retabels in blühendem Barock. Wenn wir jetzt durch das linke Seitenschiff zurückgekehrt sind, kommen wir zum Schluß an den einzigen *Turm.* Neben der Treppe zum Turm liegt der Eingang zur *Schatzkammer,* dem ehemaligen Kapitelhaus, wo wir die beiden letzten Statuen ALONSO CANOS bewundern können, die »Virgen de Belén« und eine überlebensgroße

Paulus-Büste, der hier einmal nicht völlig kahl ist, wie gewöhnlich in der mittelalterlichen Kunst.

Gegenüber dem Haupteingang der Kathedrale liegt der Palast des Erzbischofs und dahinter die **Plaza Bib-Rambla**. Der Name, »Bāb ar-raml«, bedeutet Sandtor; die Plaza liegt nämlich über dem einstigen Uferstreifen des Darro. Solche Flußufer oder auch die sandigen Sohlen von Trockentälern wurden einst als Promenaden benutzt. Die bekanntesten Ramblas sind ja die von Barcelona. Das Tor lag ein paar Meter weiter westlich und war Teil der Stadtmauer; es wurde im vorigen Jahrhundert niedergerissen. In einem ungewöhnlichen Bergungsunternehmen wurden die abgetragenen Teile ins Archäologische Museum überführt und dann 1935 von TORRES BALBÁS nahe der Alhambra wiedererrichtet.

Der längliche Platz ist mit Bäumen und einer grotesken Neptun-Fontäne geschmückt. Er wurde zu manchen Zeiten als Stierkampfarena und für Fiestas benutzt, aber auch für die Verbrennung der unschätzbaren arabischen Manuskripte durch Kardinal CISNEROS, Beichtvater ISABELS DER KATHOLISCHEN und Regent, Gründer der Universität von Alcalá de Henares. Obwohl ein bißchen heruntergekommen, ist der Platz noch immer anziehend, auch durch die Blumenstände an der einen Seite, die ihm Farbe verleihen. Anfang Mai feiert ganz Granada ein Fest, die »Fiesta de la Cruz«, wo an vielen Ecken der Stadt Blumenkreuze errichtet und am Abend darum herum Sevillanas getanzt werden; zur gleichen Zeit werden die Hausfassaden mit den schönsten Teppichen, Kissen, Schals und Blumenarrangements geschmückt, und die Einwohner putzen sich ebenfalls heraus. Dieses Viertel und der Albaicín sind dann besonders reizvoll für den Besucher.

Wenn wir zur Kathedrale zurückkehren, finden wir in einigen Metern Entfernung die Calle de la Cárcel und, an der Seite dem Turm gegenüber, das ehemalige **Colegio de Niñas Nobles**. Das platereske Portal und ein Fenster sind ein eingehendes Studium wert. Wenn man dann in nördlicher Richtung weitergeht, kommt man zur Calle de Santa Paula; eine Tafel erinnert daran, daß ALONSO CANO im Haus Nummer 10 gestorben ist.

Die meisten der alten, nicht mehr dem Unterricht dienenden **Universitätsgebäude** liegen etwa hundert Meter weiter westlich;

es ist am besten, an der Plaza de la Universidad zu beginnen, wo eine Statue KARLS V. auf einem schwerfälligen Sockel steht. Dieses Viertel und einige seiner Bauten haben viel erlebt, seit Karl V. das »Colegio Imperial« gründete; es sollte eigentlich nur der Ausbildung von Lehrern dienen, die sich der Bekehrung der Andersgläubigen widmen wollten. Diese Aufgabe wurde später von den Jesuiten weitergeführt, die an einer Seite der Plaza ihre eigene Kirche errichteten. Als der Orden 1767 ausgewiesen wurde, zerstörte man einen Teil der Gebäude, um Raum für einen kleinen botanischen Garten zu schaffen, der Rest wurde der heutigen Universität zugewiesen. Die heutige Universität befindet sich im Norden, in Richtung der Cartuja.

Die **Iglesia de los Santos Justo y Pastor** zeigt die typischen Züge einer spanischen Jesuitenkirche mit den übertriebenen, schweren Voluten und kreuzblumenartigem Zierat. Das Haupt- und das Ostportal wirken wie Altäre, die der glatten Fassade vorgeblendet wurden, was an den Sevillaner Barock der Figueroa denken läßt. Im Inneren finden wir gegliederte oder stukkierte Tonnengewölbe und kannelierte Säulen, eine weite Kuppel, durch deren Tambour das Licht einfallen kann, Statuen und Gemälde.

Wenn wir der Calle de San Jerónimo folgen, kommen wir an der typisch granadinischen Fassade des Colegio Mayor de San Bartolomé y Santiago mit ihrem herrlichen Portal vorbei und finden uns dem **Hospital de San Juan de Dios** gegenüber. Es war das erste Krankenhaus der Hospitaliter, nachdem sich SAN JUANS in Privathäusern untergebrachte Pflegestätten als ungeeignet für die Behandlung der Kranken erwiesen hatten.

Das Hospital hat einen wunderschönen Renaissancehof, der untere Teil ist mit Valencianer Kacheln verkleidet; eine kleine Kapelle im Eingang beherbergt die Christusfigur von der Puerta Real, und das Treppenhaus prunkt mit einer originalen Alfarje-Decke. Es war zu Beginn des 16. Jahrhunderts für die Hieronymiter erbaut worden, und die Katholischen Könige hatten verfügt, daß die Steine des maurischen Elvira-Tores dazu verwendet werden sollten; aber schon bald siedelten die Mönche in ein anderes, heute noch von ihnen bewohntes Kloster über.

Es gibt noch viele Renaissance- und Barockbauten, aber wir wollen uns nur noch auf zwei beschränken. Folgt man der Calle del Gran Capitán bis zur nächsten Ecke und biegt dann rechts in die Calle Rector López Argüeta ein, sieht man sich dem Eingang zum ehemaligen **Kloster San Jerónimo** gegenüber. Es wurde von den Franzosen geplündert und nach der Auflösung 1836 vernachlässigt und als Kavalleriekaserne und Reitschule benutzt.

Der kleine Patio der Abtei besitzt ein in den siebziger Jahren renoviertes oberes Stockwerk. Hier lebte einige Zeit Kaiserin ISABEL, die Gemahlin KARLS V., da ihr diese Lage mehr zusagte als die der Gemächer des Kaisers in der Alhambra.

Der Hauptpatio mit seinem Orangenhain ist ein superber Bau. Die untere Arkadenstellung hat sechsunddreißig Bögen und sieben großartige skulptierte Torwege, das Werk DIEGO DE SILOÉS. Die obere Galerie zeigt eine gotische Steinbalustrade und überall die Initialen der Katholischen Könige und Wappen, darunter die des gütigen HERNANDO DE TALAVERA, des ersten Erzbischofs von Granada. Seine sanften Versuche, die Mauren zu bekehren, hatten nur mäßigen Erfolg, und so wurde die Aufgabe dem gewalttätigen Kardinal CISNEROS übertragen, der die arabischen Handschriften in der Bib-Rambla verbrannte. Talavera hatte gewünscht, die Bibel ins Arabische zu übertragen, wurde aber von Cisneros überstimmt.

Die **Kirche San Jerónimo** wurde nicht mehr benutzt und ist nicht eigentlich eine Schönheit, obwohl sie manchen ansprechen wird. Ihre besten Züge, die Bogenarkaden zu den Kapellen und die flache Bogenwölbung, auf der der Coro en alto ruht, werden übertönt von dem üblichen Kassettengewölbe und den ziemlich schwachen Fresken, die jedes erreichbare Fleckchen Wand bedecken. Die Steinmetzarbeiten und die meisten Figuren sind von JACOBO FLORENTINO EL INDACO und DIEGO DE SILOÉ; Arbeiten Indacos sind auch in der Kathedrale von Murcia zu sehen. Das große Retabel ist ein imponierender Anblick; es entstand im Übergangsstil von der Renaissance zum Barock unter ständigen finanziellen Streitigkeiten, daß man nicht mehr bestimmen kann, welcher Künstler für welches Detail zuständig ist. Jedenfalls stellt es eine Art Zusammenfassung der christlichen Religion dar: verschiedene Tugenden und Heilige, Bildnisse und Episoden.

Die Calle de San Juan de Dios führt uns nun in nordöstlicher Richtung zu einem kleinen Park, zwischen dessen Rosen sich die

Virgen del Triunfo erhebt. Der Kampf um das Dogma von der Unbefleckten Empfängnis erreichte einen Höhepunkt, als der Papst, der die Kirche nicht zwingen konnte, es zu akzeptieren, wenigstens alle Publikationen entgegengesetzter Meinung auf den Index setzen ließ. Dieses Monument wurde ein Jahr später errichtet, und zugleich wurden Medaillen geschlagen, die an den Beschluß des Papstes erinnerten. Ein weniger bekanntes Denkmal in Form einer Säule mit einem Kreuz erinnert an die unglückliche MARIANA PINEDA, die als Verräterin hingerichtet wurde: Sie wurde erschossen.

Hier liegt auch das **Hospital Real**, ein schöner Bau, von ENRIQUE DE EGAS begonnen und den gleichzeitigen Hospitälern in Toledo und Santiago de Compostela sehr ähnlich. Im 16. Jahrhundert entstanden, vereinigen sie die besten Elemente des plateresken Stils: den klassischen Ernst der Renaissance, gemildert durch die reizvolle Dekoration von Türen und Fenstern. Bei diesem Hospiz ist allerdings das Hauptportal sehr viel später im Barockstil errichtet worden. Der Grundriß der drei Hospitäler ist identisch, sie zeigen alle ein eingeschriebenes griechisches Kreuz; die Quadrate zwischen den Kreuzarmen werden jeweils von einem Patio eingenommen (hier wurde allerdings nur einer der Patios vollendet). Das obere Geschoß hat besonders schöne Mudéjardecken in jedem der Flügel. Heute befindet sich hier die Universitätsverwaltung.

Die im neuen Universitätscampus, ziemlich außerhalb der Stadt liegende Kartause **La Cartuja** geht auf eine Stiftung des Gran Capitán GONZALO DE CÓRDOBA zurück, wurde aber erst im 18. Jahrhundert fertiggestellt. Vom alten Kloster sind noch die Kirche mit der Sakristei, der Kreuzgang und das Refektorium vorhanden. Ein schönes, platereskes Portal aus dem frühen 16. Jahrhundert führt durch eine Vorhalle in den zentralen Kreuzgang mit Orangenbäumen. Die einschiffige Kirche verfügt über zwei Mittelchöre, der eine für die Mönche, der andere für die Laienbrüder, abgetrennt durch ein kunstvolles Gitterwerk mit einer reichverzierten Tür. Der Stuckdekor an den Wänden wird noch weit übertroffen von der exorbitanten, phan-

Stuckdekor in der Sakristei des Kartäuserklosters La Cartuja.

tasiereichen Ornamentik der Sakristei aus dem 18. Jahrhundert. Diese übersteigerte, überladene Weiterführung des Churriguerismus, Folge des Horror vacui des spanischen Barock, ist das Werk von LUIS DE ARÉVALO. Besonders beachtenswert sind auch die phantastisch, mit Ebenholz-, Schildpatt- und Elfenbeinintarsien eingelegten Schränke sowie die Wandverkleidung aus braunem, geädertem Marmor aus Laujarón. Ein Besuch der Cartuja lohnt sich.

Wir gehen die Calle Real de Cartuja zurück und gelangen an die **Punta de Elvira**, ursprünglich das bedeutendste Tor der Maurenstadt. Der Name wurde von Medina Elvira abgeleitet, der Stadt, die die arabischen Invasoren über den Ruinen des römischen Iliberis und iberischen Elibyrge errichteten, aus dem mühelos »Elvira« wurde. Von dem massigen Bau mit seinen Türmen und einer Barbakane ist heute nur ein riesiger, zinnengekrönter Hufeisenbogen übriggeblieben. Alles andere wurde abgetragen. Wenn man auf das ragende Fragment schaut, braucht man nicht viel Phantasie, um sich den Rest vorzustellen; das Tor war eine Festung in sich selbst.

In der Calle de Elvira war auch der berühmte »Pozo Airón«, ein Schacht, den die Araber gebaut hatten, um der Luft zu erlauben, aus dem Innern der Erde zu entweichen, um dadurch die Erdbebengefahr herabzusetzen. Granada liegt in einem Bebengürtel; das soll einer der Gründe sein, warum die Gemahlin KARLS V. die Alhambra mit festem Grund zu vertauschen strebte. Auf halbem Weg stoßen wir auf die Kirche **Santiago**, wo PEDRO DE MENA getauft und DIEGO DE SILOÉ begraben wurde.

Granada – Die Alhambra

Der Berg, der sich keilförmig am südlichen Ufer des Darro im Osten der Stadt erhebt, wurde nach dem Festungspalast, der ihn krönt, Alhambra genannt. Er trennt das Darrotal vom as-Sabīkatal, südlich dessen der Monte Mauror aufragt, auf dem die Torres Bermejas stehen. Auf dem sanft ansteigenden Hang des Alhambrahügels liegt dann der Generalife, ein märchenhafter Park, dahinter finden wir die Cuesta del Rey Chico, den Hügel des kleinen Königs, wie man den letzten Nasridenkönig, BOABDIL, nannte. Auf ihm breitet sich die Silla del Moro aus, das Fort, in dem El Rey Chico über seine rebellische Stadt brütete.

Alhambra oder al-ḥamra bedeutet einfach »die oder das Rote«. Man ist versucht, den Namen mit den Nasriden in Verbindung zu bringen, die den Palast bauten, wie der Gründer der Dynastie, IBN AL-AḤMAR, »Sohn des roten Mannes« genannt wurde; vielleicht ist aber *rot* tatsächlich nur ein gewöhnliches Farbattribut für die Gesteine der Burganlage.

Am einfachsten findet man sich zurecht, wenn man sich daran erinnert, daß die Alhambra aus *drei Teilen* besteht; der älteste ist die *Alcazaba* auf der Spitze des Keils; dann folgt der *königliche Palast* und schließlich die *Población*, eine Art Palast-Vorstadt, am Fuß des Keils. Wenn wir diesen Komplex architektonischen Wachstums und Verfalls besichtigen, dürfen wir nie vergessen, daß Restaurierung und Zerstörung sich seit Jahrhunderten abgelöst haben. Die ständigen Bürgerkriege der Maurenzeit hatten dem Fort bereits das Zeichen der Vernachlässigung aufgeprägt, als die Katholischen Könige Granada eroberten. Sie und ihr Enkel, KARL V., taten ihr Bestes, das großartige Baudenkmal zu erhalten und auszubauen; für zwei Jahrhunderte bleibt es der Stolz der spanischen Könige. Die zweite Periode des Verfalls begann unter den Bourbonen. Zur Vernachlässigung gesellte sich Zerstörung, als die Franzosen einen Teil der Befestigungen in die Luft jagten, weil Wellingtons Sieg bei Salamanca sie zum Verlassen Granadas zwang.

Um 1820 herum begann man mit Restaurierungsversuchen, die häufig unsachgemäß waren; der plötzliche Eifer wurde genährt von dem Interesse, das die Öffentlichkeit nach Erscheinen von WASHINGTON IRVINGS »Tales of the Alhambra« (1832) wieder an dem Palast nahm. Man hatte jedoch bereits ein Jahr vor Irvings Ankunft mit den Arbeiten begonnen. Die Bemühungen dauern heute noch an, und jedes Jahr wird – seit langem unter der fachgerechten Leitung von Archäologen, Künstlern und Architekten – mehr von der Schönheit des alten Bauwerks freigelegt. Die Alhambra hat nichts Statisches, sie blüht und verwittert abwechselnd; aber noch nie wurde ihr solche Aufmerksamkeit gewidmet wie von unserer Generation. Sechs Millionen Besucher pro Jahr bezeugen es. Es ist das einzige Monument Spaniens, das für den Staat Gewinn abwirft.

Die Eintrittskarte ist eine Sammelkarte mit verschiedenen Abschnitten für die betreffenden Komplexe. Die einzelnen Abschnitte sind individuell verwendbar; man ist also nicht gezwungen, die ganze Anlage an einem Tag zu besuchen. Die Alhambra ist von 9.30 Uhr bis 20.30 Uhr geöffnet, an gewissen Tagen bis Mitternacht, im Scheinwerferlicht.

Man beginnt an der **Plaza Nueva**, die man an der Ostseite über die Cuesta de Gomérez verläßt. Man spart Zeit, wenn man mit dem Wagen fährt. Nach einer Steigung von etwa zweihundert Metern führt die Straße durch einen Torbogen, die **Puerta de las Granadas**. Sie hat den Platz eines älteren Tores in der Mauer eingenommen, das die Torres Bermejas zur Rechten mit der Alcazaba der Alhambra zur Linken verband. Die Puerta ist ein Renaissancebau mit schwerer Rustika, von drei aufgesprungenen Granatäpfeln, die ihre Samen zeigen, gekrönt; PEDRO MACHUCA, dessen Namen wir hier noch oft begegnen werden, hat sie 1536 errichtet. Wie seine meisten Arbeiten harmonisiert auch dieses Tor nicht mit den maurischen Bauten.

Hinter dem Tor gabelt sich die Straße in drei Stränge; den rechten Zweig sollte man nehmen, wenn man mit dem Auto hinauffährt oder wenn man die **Torres Bermejas** sehen möchte, die man über die erste Abzweigung rechts erreicht. Die Türme sind wiederaufgebaut und nicht besonders interessant, aber die Fundamente enthalten eine römische Abflußleitung und römische Bögen. Die erhaltenen arabischen Tapia-Mauern sind rot,

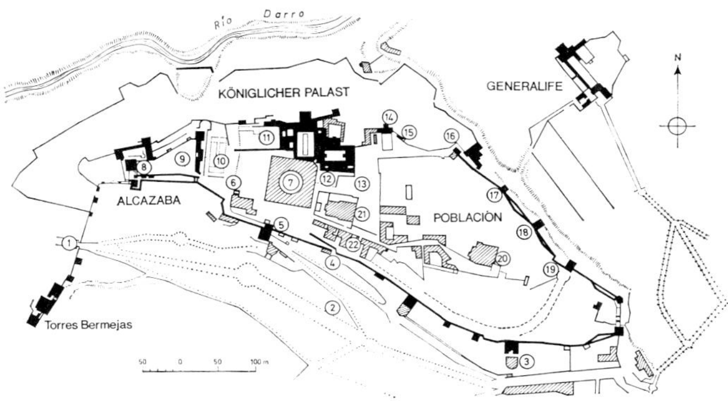

DIE ALHAMBRA
Plan der Gesamtanlage

1 *Puerta de las Granadas*
2 *Puerta de la Bib-Rambla*
3 *Torre de los Siete Suelos*
4 *Puerta de los Carros*
5 *Puerta de la Justicia*
6 *Puerta del Vino*
7 *Palast Karls v.*
8 *Torre de la Vela*
9 *Plaza de Armas*
10 *Plaza (Patio) de los Aljibes*
11 *Patio de Machuca*
12 *Torre de la Rauda*
13 *Jardines del Partal*
14 *Torre de las Damas*
15 *Torre del Miḥrāb*
16 *Torre de los Picos*
17 *Torre del Candil (Torre del Cadí)*
18 *Torre de la Cautiva*
19 *Torre de las Infantas*
20 *Parador (ehem. Kloster San Francisco)*
21 *Santa María la Real (oder de la Alhambra)*
22 *Ladenstraße und Restaurant*

daher also der Name »Bermeja«, »Zinnober«; die Backsteine, die für die Restaurierung verwendet wurden, sind aus dem gleichen Lehm gebrannt und fast noch röter.

Der mittlere Weg führt durch die Ulmenpflanzung, die die südlichen Abhänge bedeckt; ein reizender Spaziergang für einen heißen Tag. Wenn man auf diesem Weg bleibt, stößt man links auf die wiedererrichtete **Puerta de la Bib-Rambla**; sie wird von den meisten Besuchern übersehen, da sie von Bäumen verdeckt wird. Sie ist ein schönes Beispiel für ein Stadttor und brauchte nur wenig Restaurierung; die Muscheln über dem inneren Bogen sind das Abzeichen von Spaniens Schutzheiligem Santiago, waren aber schon bei den Mauren, Römern und Griechen als Fruchtbarkeitssymbol verbreitet.

Wo sich die drei Pfade wieder vereinigen, ist die Haltestelle für die halbstündig verkehrenden Stadtbusse (es ist manchmal gut, das zu wissen) und das Hotel »Washington Irving«. Gegenüber liegt die Torre de los Siete Suelos. Hier beginnt der Mauermantel in all seiner Grandiosität aufzuwachsen. Wenn man sich jetzt nach Westen wendet, hat man die Burgmauern zur Rechten. Bald gabelt sich der Weg wiederum, der rechte Arm führt zu der verhältnismäßig späten Puerta de los Carros. Die etwas längere linke Abzweigung endet an der **Puerta de la Justicia**, dem einzigen öffentlichen Eingang. Direkt unterhalb des Tores steht links der *Pilar de Carlos v.*, ein von MACHUCA entworfener, prunkvoller Brunnen mit klassischen Allegorien.

Der Brunnen links auf der Lichtung ist der *Washington-Irving-Brunnen*. Er wurde erst 1959 errichtet, um an den hundertsten Todestag des Dichters zu erinnern. IRVING, in dem sich Romantik und Zartheit des Gefühls in seltener Weise verbanden, hat uns in seinen Alhambra-Geschichten ein magisches Gewebe aus Historie und Phantasie hinterlassen; sie haben viel dazu beigetragen, das Bauwerk vor dem Ruin zu sichern. Darin unterscheidet er sich wohltätig von anderen Romantikern seiner Zeit, die sich damit begnügten, ihre Namen auf die Fresken aus dem 16. Jahrhundert zu kritzeln.

Auf dem Platz vor dem Tor wurden früher gelegentlich Hinrichtungen durchgeführt, und der Kadi, der maurische Richter, empfing hier an Freitagen die Bittsteller, wenn der König nicht selber dieses Amtes im Mexuar (Mašwar) waltete.

Das Portal mit seinem Hufeisenbogen in einem schlichten Alfiz und einem kleinen Schlüssellochfenster oben in jeder Ecke ist sinntragend. Der Schlußstein zeigt eine geöffnete Hand, Symbol für Gruß und Frieden, für die fünf koranischen Gebote oder auch gegen den Bösen Blick. Durch den Bogen gelangen wir in einen rechteckigen Raum, an dessen Ende ein zweiter Hufeisenbogen mit zahlreichen arabischen Inschriften steht. Eine der Inschriften datiert das Bāb Aš-Šarī'a, das Tor der Gerechtigkeit, auf das islamische Jahr 749, d.h. 1348. Über diesem Bogen ist ein skulptierter Schlüssel mit einem hängenden Band;

man kennt die Bedeutung nicht genau, aber anscheinend bezieht sich dies Sinnbild auf die persönlichen Wappen der nasridischen Könige. Vielleicht repräsentiert es auch den Schlüssel zum Paradies. Über dem inneren Torbogen ist eine Nische mit einer Maria und Jesuskind, darunter verläuft ein Band ausgezeichneter Azulejos in Blau und Grün in jenem Stil, der uns in Persien so häufig begegnet. Dann folgt ein Gang mit vier Wendungen im rechten Winkel, ehe sich das Tor zu den Gärten der Alhambra öffnet. Die äußeren Türen sind unter dem zweiten Bogen und haben noch ihre originalen Zapfen, Riegel, Eisenbeschläge und Knäufe. In der letzten der Gangkammern ist eine gotische Inschrift, die von einem anderen Ort hierhergebracht sein muß.

Wenn man die Puerta de la Justicia verläßt, folgt man einem Pfad an der Innenseite des Mauermantels; die Mauer zur Linken ist eine Rekonstruktion, in die maurische Grabsteine verbaut wurden. Bald wendet man sich nach rechts und kommt bei der **Puerta del Vino** heraus. Wenn Sie die Pforte hinter sich haben, schauen Sie nach den machtvollen Türmen der Alcazaba aus und gehen an der Puerta vorüber auf sie zu.

Die Puerta del Vino ist im Grunde eines der ältesten Gebäude der Alhambra; nur ihre Fassaden sind spätere Zufügungen. Das Tor, heute nicht mehr mit den Mauern verbunden, die diesen Bereich abtrennen, hat nahezu alles, was wir mit nasridischer Baukunst verbinden: Hufeisenbogen, den skulptierten Schlüssel, den Alfiz, die arabischen Inschriften und unter dem flachgeschwungenen, geziegelten Dach ein Ajimez-Fenster. Innen findet man einen zweiten Bogen, an dem die Torflügel hängen, dann folgt eine rechteckige Wachtstube mit seitlichen Nischen und schließlich der östliche Bogen. Er ist ungefähr in der gleichen Weise errichtet, aber besonderer Beachtung wert wegen der Cuerda-seca-Fliesen in den Enjutas mit Rosetten und anderen ungeometrischen Mustern. Mit ihren blumenähnlichen Arabesken und den sanften Grün-, Blau- und Gelbtönen könnte man sie mit Isnik-Keramiken aus Kleinasien vergleichen.

Wenn man sich jetzt nach Westen wendet, ist der offene Platz rechts die **Plaza de los Aljibes**, benannt nach den Zisternen, die hier nach der Reconquista gebaut wurden. Die drei östlichen Türme der Alcazaba sind durch eine Mauer verbunden; der rechte ist der Bergfried; näher liegt uns der »Antemuro«, eine

Einrichtung, die wir bereits von den Almohaden-Befestigungen in Sevilla kennen; sie bezeugt, daß die Alcazaba älter ist als die Nasridendynastie. Der Eingang links führt zum **Jardín de los Adarves**, einem Terrassengarten. Er ist ein langer, enger Vorsprung, geschmückt mit Buchs- und Myrtenhecken, Blumenbeeten und einem Brunnen mit einem seltsamen Relief, das an die Kapitelle des Palastes erinnert und an viel frühere aus der Abbasidenzeit im Irak. Zur Linken sieht man den Abgrund, zur Rechten erheben sich die nackten Festungsmauern, jetzt angenehm hinter Jasmin und Geißblatt verborgen. Der Blick ist großartig; von hier aus kann man die Torres Bermejas auf dem Mauror sehen und die Bögen auf dem östlich verlaufenden Kamm, wahrscheinlich der Bering der ehemaligen unterirdischen Magazine der Maurenzeit. Man kann auch den Verlauf der einstigen Mauer, die sich in das as-Sabīkatal niederschwang, um die Torres Bermejas mit der Alcazaba zu verbinden, gut erkennen; an ihrem niedrigsten Punkt ist die Puerta de las Granadas, durch die wir eintraten.

Von den Türmen der Alcazaba besichtigen die meisten Besucher nur den nächstgelegenen, der zugleich der höchste ist, die **Torre de la Vela**, Wachtturm. Er wird von der später aufgesetzten Glockenstube für die große Glocke gekrönt, die in der Nacht die Öffnungen der Schleusen zur Bewässerung der Vega regulierte. Auch am 7. Oktober wird die Glocke geläutet, um an die Schlacht von Lepanto (1571) zu erinnern, und den ganzen Tag lang am 2. Januar, dem Jahrestag der Eroberung Granadas.

Schon früher mußte der Turm eine Explosion eines Pulvermagazins im Darrotal (1590) und ein Erdbeben (1522) über sich ergehen lassen. Von seiner obersten Plattform aus genießt man das schönste Panorama über die Stadt und ihre Umgebung. Im Norden liegt der Albaicín vor uns, gegen Osten, am Fuße der Alcazaba, die Zigeunerhöhlen, dahinter der Sacromonte, rechts die Sierra Nevada, im Süden die Torres Bermejas und im Westen die Stadt.

Nach dieser Übersicht wenden wir uns der **Plaza de las Armas** zu, dem ehemaligen christlichen Paradeplatz, der über den jetzt freigelegten Fundamenten von Bädern maurischer Häuser für Pferde- und Waffenschmiede, Offiziere und Soldaten angelegt wurde. Gleich zur Rechten sieht man die flaschenhalsartigen

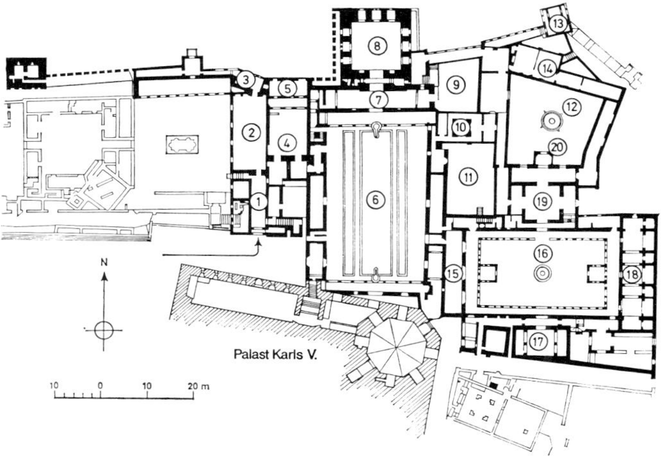

DIE ALHAMBRA
Königlicher Palast

1 *Eingang*
2 *Mexuar*
3 *Oratorium*
4 *Patio del Mexuar*
5 *Cuarto Dorado*
6 *Patio de los Arrayanes (oder Patio de la Alberca)*
7 *Sala de la Barca*
8 *Sala de los Embajadores*
9 *Patio de los Cipreses (oder Patio de la Reja)*
10 *Sala de Camas*
11 *Baños (Bäder)*
12 *Patio de Daraxa (Patio de Lindaraja)*
13 *Tocador (Peinador) de la Reina*
14 *Departamentos de Carlos v.*
15 *Sala de los Mozárabes*
16 *Patio de los Leones (Löwenhof)*
17 *Sala de los Abencerrajes*
18 *Sala de los Reyes (Sala de la Justicia, Sala del Tribunal)*
19 *Sala de las dos Hermanas*
20 *Mirador de Lindaraja*

Öffnungen der Mazmorras, der Verliese, in die Christensklaven nachts an Stricken hinabgelassen und am Morgen wieder heraufgezogen wurden.

In der äußeren rechten Ecke führt ein Hufeisenbogen zu einem Gang durch die Torre de las Armas und hinaus zu dem steilen Berghang durch die **Puerta de las Armas**, einem der ältesten und einst geschäftigsten Eingänge in die Alhambra. Wenn man entlang der Nordmauer zurückschaut, kann man den »Cubo« erkennen, eine weitere, halbmondförmige Geschützstellung, die um einen der originalen quadratischen Türme angelegt wurde.

Wenn wir die **Plaza de los Aljibes** von Süd nach Nord überqueren, folgen wir, ohne es zu gewahren, dem versunkenen Weg, der den Eingang von der Puerta de la Justicia mit dem königlichen Palast verband. Zwei Türme sieht man vor sich: die **Torre de Mohamed** oder **de las Gallinas** zur Linken steht dem originalen Eingang zum Alhambrapalast gegenüber; hier vereinigte sich unser Weg früher mit dem von der Puerta de las Armas. Der andere, die **Torre de Machuca**, ist nach PEDRO und LUIS MACHUCA genannt; die beiden, Vater und Sohn, waren die Architekten des Palastes KARLS V. Der **Patio de Machuca** ist selten geöffnet und gehört nicht zum Programm der Führungen.

Heute ist der Eingang zum Alhambrapalast weiter nach rechts verlegt, ein Gang führt direkt in den **Mexuar** (x ist als sch auszusprechen). Das ist die alte Audienzhalle, die durch den Einbau eines zweiten Stockwerks 1840 radikal verändert wurde. Viele der Stukkaturen entstanden nach der Reconquista, ebenso die Wandfliesen, die trotzdem hübsch und interessant sind. Hier findet man die Wappen der Nasriden und ihr Motto »Es gibt keinen Sieger außer Allah« und KARLS V. Säulen des Herkules in friedlichem Nebeneinander; dazu die Wappen der LÓPEZ DE MENDOZA, Grafen von Tendilla und Erbgouverneure der Alhambra. Der Rest der unteren Wandverkleidung besteht aus geometrischen Mudéjarazulejos.

Am anderen Ende des Mexuar gelangt man in das maurische **Oratorium**, einen kleinen, engen Raum, dessen Außenwand eigentlich aus einem langgezogenen Balkon besteht, in drei Zwillingsfenster gegliedert. Der Miḥrāb steht in Gebetsrichtung; er ist als Hufeisenbogen angelegt, reich ornamentiert. Auch von diesem Raum aus hat man einen großartigen Blick auf den Albaicín und die Berge.

Vom Mexuar aus gelangt man in den kleinen, schlichten **Patio del Mexuar**. Gemusterte Fliesen fassen die Türen ein, deren eine in den Cuarto Dorado führt; sie hat einen ausgezackten Hufeisenbogen, der auf schlanken Säulen mit Stalaktitenkämpfern ruht. Die oberen Fenster sind zum Teil vom Ajimez-Typ, mit hölzernen Sonnenblenden. Der Boden ist mit weißen Marmorplatten belegt, und in der Mitte spielt eine Fontäne über einer flachen, muschelförmigen Schale aus dunklerem Marmor. Sie ist die genaue Kopie der ursprünglichen, die jetzt dem größeren Brunnen im Patio de Lindaraja einverleibt wurde. Im Norden liegt der **Cuarto Dorado** (goldener Raum), den man durch eine Reihe von drei Bögen betritt; er liegt auf gleicher Höhe wie das Oratorium, praktisch hinter dem Miḥrāb, und mit dem gleichen schönen Ausblick.

Wir nehmen die linke der beiden rechteckigen Türen im Patio del Mexuar und gelangen nach zwei Wendungen in den **Patio de los Arrayanes**, den Myrtenhof. In der engen Passage, durch die wir ihn erreichen, wurde eine Decke im arabischen Stil eingezogen; Hölzer, Schreinerarbeit und Farben sind absolut korrekt und fordern unsere Bewunderung. Im Patio mit seinem Marmorboden, den niedrigen Myrtenhecken, den Orangenbäumen und dem flachen Goldfischteich spürt man erstmals wirklich etwas vom Geist der Alhambra; man hat zwar die gleichen Dinge auch schon in anderen Räumen gesehen, aber hier sind sie zu einer Komposition von harmonischer Eleganz verschmolzen. Die Luft wird durch die beiden Fontänen ausgekühlt. Türen und Fenster der lichtbraunen Seitenwände mit ihren Alfices kontrastieren mit den Arkaden, deren weiße Marmorsäulen von Kapitellen mit Flachrelief, Stalaktiten und ornamentalen arabischen Schriftzeichen gekrönt werden. Die Wände sind unten mit Kacheln verkleidet, ein Fries mit arabischen Inschriften ist in Stuck gearbeitet; Atauriques und Sebkadekoration bedecken die Fassaden und das Innere der Arkadengänge, und über allem spannt sich der sanfte, blaue Himmel aus. Das Wasser war hier das bestimmende Element, sowohl im optischen, akustischen als auch philosophisch-mystischen Sinn.

Der hervorragende Dichter IBN ZAMRAK, der Wesir MOHAMMEDS V., war der Vollender einer großen Tradition. Keines anderen Lyrikers Werk hat je eine verschwenderischere »Ausgabe« erhalten: seine Gedichte schmücken Mauern, Decken und Brunnen des Alhambrapalastes! Schon im Patio de los Arrayanes bilden die dekorativen arabischen Schriftzeichen, die uns auffielen, eines der Gedichte des Ibn Zamrak, häufig unterbrochen von Lobpreisungen Allahs, Koranzitaten, dem Nasridenmotto und frommen Wünschen auf die Gesundheit verschiedener Nasridenherrscher, die zum Teil von unachtsamen Restauratoren eingefügt wurden. Von der Südwestecke des Patios gelangte man zu einem Teil des Palastes, der abgerissen wurde, als KARL V. den seinen errichtete. Heute kann man durch den gleichen Eingang in das Untergeschoß, die Krypta, des Renaissancepalastes gelangen. Das einzig Interessante darin ist die Deckenkonstruktion, die es zwei in der Diagonalen mit dem Mund zur Wand aufgestellten Personen erlaubt, sich leise, von andern ungehört, zu unterhalten.

Eine Galerie über der Südarkade erlaubt uns einen großartigen Blick auf den Patio und den Turm an seinem Nordende, die **Torre de Comares**. Der Bogen in der Mitte der Nordwand führt in die **Sala de la Barca**, angeblich so genannt, weil ihr Artesonado einem Boot gleicht; wahrscheinlicher ist es jedoch, daß es sich um die Verfälschung des arabischen Wortes »Baraka« (Segen) handelt, das mehrere Male an den Wänden erscheint, zusammen mit dem Nasridenmotto und den königlichen Wappen. Die Nischen in den Türlaibungen am Eingang sind mit Fliesen ausgekleidet, dort standen Blumenvasen und Weihrauchgefäße. Es scheint, daß dieser Raum der Winterthronsaal war. Am schönsten ist der Artesonado; seine gerundeten Ecken ruhen auf Stalaktitenzwickeln. Die Sala de la Barca war 1890 ausgebrannt und konnte erst 1965 wieder völlig hergestellt werden.

Die **Sala de los Embajadores** nimmt das ganze Erdgeschoß der Torre de Comares ein; sein Eingang bildet einen Doppelbogen. Es ist der machtvollste der Palasttürme; seinen Namen erhielt er nach den Kristallfarbfenstern, die noch heute im Orient »Qamarija« heißen. Zwischen den beiden linken Bögen liegt der Eingang zu den oberen Räumen, die nichts von Interesse enthalten; rechts lag früher das private Oratorium der Maurenkönige. Die Laibungen des zweiten Bogens werden von den üblichen Nischen eingenommen. Die Sala de los Embajadores, der Saal der Gesandten, gleicht nun wirklich einem irdischen Paradies; er ist der kostbarste im ganzen Palast, wie ja auch im Alcázar von Sevilla. Ungefähr zwölf Meter im Quadrat und über zwanzig Meter hoch, nimmt er etwa die Hälfte des Turmes ein.

In der Alhambra – die Sala de los Embajadores.

Der Estrich des Saales, einst mit Marmorplatten belegt, ist heute mit Ziegeln gepflastert. Die Wandgestaltung, mit verschlungenen Arabesken, Atauriques, Inschriften in Naskhi und kufischer Schrift, mit Sebka und geometrischem Spitzenwerk über einem Fliesenmosaik, entzieht sich detaillierter Beschreibung. Hoch oben verläuft zwischen zwei Reihen mit Inschriften ein Band mit unendlichen Linien, das sogenannte »Sonnendurchbruchsmuster«, ursprünglich aus dem »Lazo de doce«, einer zwölfzackigen Sternfigur, entwickelt. Dieses orientalische Labyrinth wird als Sinnbild für das morgenländische Denken angesehen: statt von der festumrissenen Polis des klassischen Griechenland ist es bestimmt von der Grenzenlosigkeit der Wüste; statt der geschlossenen Figuren der griechischen Geometrie das Konzept der Infinitesimalrechnung in der arabischen Algebra.

Der ganze Raum ist architektonisch ausgeformte astronomische, religiöse, mathematische Symbolästhetik, ein Mikrokosmos der Schöpfung Allahs, repräsentiert im Thronsaal des weltlichen Sultans. Aristoteles', Platos und Averroës' Gedanken der Quadratur des Kreises lesen wir aus dem Quadratgrundriß mit der aufgesetzten Halbkugelkuppel. Die Zahl sieben (7 Himmel, Welt in 7 Tagen erschaffen usw.), die Fünf (5 Gebote, 5 Augen bewachen den Sultan, wenn er, mit der Sonne – Allah – im Rücken, um Mittag Recht spricht) lesen wir überall ab. Mekka oder die Einheit in Gott. Die vier Elemente Luft, Wasser, Feuer, Erde sind wesentliche Konstituenten dieser Architektur.

Schön sind die durchbrochenen Stuckfenster und ungewöhnlich die rotblauen Mozárabes-Friese, die die Decke stützen. Stalaktiten werden wir im Palast in jeder Ecke finden, sie sind charakteristisch für die Nasridenkunst in Spanien und in den früheren Bauten der Omaijaden und Almohaden nicht zu finden. Sie stammen wahrscheinlich aus Kleinasien, waren bei den seldschukischen Türken im Westen sehr beliebt und besonders im 13. Jahrhundert stark verbreitet, noch ehe sie in den Moscheen von Kairo (Sultan ḤASAN und KAIT-BAY) auftauchten. Die Dekke selbst ist eines der köstlichsten Beispiele orientalischer Kunst mit ihren zierlich durchbrochenen Zypressenpaneelen, die mit Perlmutt in sternenförmigen Mustern ausgelegt sind. Man fand heraus, daß sämtliche 8017 Einzelteile hinten numeriert sind, also genau nach Plan angefertigt und montiert wurden.

In den Tagen, als der Saal der Gesandten noch wirklich, wie es an den Wänden heißt, das »Herz des Palastes« war, stand man praktisch in einem Würfel, dessen sechs Seiten gleichermaßen entzückten. Der Boden bestand aus weißem Marmor, mit kostbaren Teppichen bedeckt, die Decke mit ihrem glitzernden Sternenmuster rivalisierte mit dem Nachthimmel. Drei reich ornamentierte Bögen rahmten den Ausblick in den Myrtenpatio, dessen äußere Arkadenstellung von dem stillen Teich in völliger Schwerelosigkeit reflektiert wurde. Da der Turm eine Bastion ist, haben auch die drei anderen Seiten alle einen besonderen Ausblick. Von den Westfenstern, heute mit Glasflügeln verschlossen, sieht man die nackte Nordmauer mit der Torre de Machuca und Las Gallinas, dann die Alcazaba und dahinter die ferne Stadt bis zum Hospital Real; die Kathedrale kann man nicht erkennen. In der anderen Richtung erhebt sich der Turm des Abū l-Hadjdjādj mit den zarten Säulen des Balkons vor dem Ankleidezimmer der Kaiserin, und dahinter sieht man die bewaldeten Hänge, die zum Generalife führen. Vom Thronerker aus sieht man den ganzen Hügel des Albaicín vor sich, seine Glockentürme und Zypressen, die die horizontalen Linien der Dächer unterbrechen, während weiter nach rechts die arabischen Außenmauern von der Kapelle San Miguel aus hinunterführen. Selbst aus dieser Entfernung kann man die Straße nach Sacromonte mit den geweißelten Türen und Fenstern der Zigeunerhöhlen zwischen dem Dickicht von Aloe und Feigenkakteen erkennen.

In der Südostecke der Sala de los Embajadores ist eine Öffnung, hinter der man durch einen kurzen Gang, dessen Marmorsäulen frühe Nasridenkapitelle zeigen, in den **Patio de los Cipreses** oder **Patio de la Reja** gelangt. Von hier aus führen verschiedene Flure zu den Kellern der umliegenden Gebäude und zum Gang in der Umfassungsmauer, von dem wir bereits ein Stück bei der Alcazaba gesehen haben. Die Bäder liegen nach Süden, ihre Anordnung entspricht der bei den klassischen römischen Anlagen. Zuerst gelangen wir in die farbenprächtige **Sala de Camas**, die auch die dominierende Idee der Gemächer spiegelt: leichte, zerbrechlich wirkende Bauten, die auf schlanken Säulen ruhen. Ihre Schlußsteine sind vergoldet oder bemalt; in der Mitte des Bodens ist ein aus ornamentalen Mosaikfliesen eingelassenes flaches Becken; die Galerie, die um den Raum herumläuft, wird von vier Säulen getragen, und alles wird gerahmt von einem Überfluß goldenen und weißen Stucks, der unermüdlich das Nasridenmotto wiederholt. Zu allen Seiten finden sich tiefe, geflieste Nischen, in die man sich nach den Anstrengungen des Bades zurückziehen konnte; sie und der Estrich zeigen die ältesten Azulejos, die anderen sind erst nach der Reconquista entstanden.

Die Galerie war früher mit Holzgittern verschlossen, an der einen Seite saßen die Musiker, und von einer anderen aus konnte der Sultan auf die Badenden hinabsehen: Wir sind hier im Harem, im privaten Teil des Palastes. Die **Baños** selbst betritt man durch einen Torweg; sie sind einfach bezaubernd. Die Kacheln stammen vorwiegend aus dem 18. Jahrhundert, wie wir aus dem oberen Fries erkennen können; das »PV« steht für die Regierungszeit PHILIPPS V. Sein Besuch, bei dem er von einer schönen Frau, ELISABETH VON PARMA, begleitet wurde, war anscheinend die letzte Gelegenheit, bei der die Alhambra noch einmal für königliche Ansprüche hergerichtet worden ist. Im anschließenden Raum sind die beiden großen Zisternen für das Tauchbad, und durch ein Loch in der Wand kann man die ganze Heizanlage sehen. – Zurückgekehrt in die Sala de Camas, sehen wir, daß sich in jeder Ecke eine kleine Tür befindet: durch die eine sind wir eingetreten, eine andere öffnet sich zum Myrtenpatio, eine dritte, heute verschlossene, führte zu einer Latrine, und wir gehen jetzt durch die vierte, um den **Patio de Daraxa** oder **Lindaraja** zu erreichen. Er wird im Süden von der Halle der beiden Schwestern begrenzt, darüber ist der Mirador de Daraxa. An der Nordseite stehen die Bauten KARLS V., sie schirmen jetzt den Mirador gegen die bergige Landschaft ab.

Sicher möchten Sie die Geschichte der anmutigen Lindaraja hören! Die südlichen Gemächer waren die Residenz der »Sultana dār Aischa« (die Favoritin im Rang der Sultana wurde immer Aischa genannt, nach der Frau des Propheten), und aus »dār 'Aiša« wurde Daraxa oder Daraja. Der Mirador war »Al 'ain dār 'Aiša«, »Das Auge des Hauses der Aischa«; und die arme Lin-

In der Alhambra – Löwenbrunnen des Nasridenpalastes.

daraja ist nichts als ein Phantom, um den verballhornten Namen zu erklären.

Es ist ein wunderbar stiller Garten mit Buchsbaumhecken und Zitronenbäumen, Zypressen und Akazien, die den Brunnen aus dem 17. Jahrhundert umstehen. Seine Schale ist die originale aus dem Patio del Mexuar, deren Kopie wir dort sahen. Aber hier ist ihr Rand mit einem Gedicht Ibn Zamraks geschmückt. Unter dem Mirador ist einer der Keller der Sala de las dos Hermanas; er wird **Sala de los Secretos** genannt und nur wegen seines Flüsterechos gezeigt. Der Flüstereffekt ist jedoch rein zufällig; hier wurden einst nur die Kleider der Badenden aufbewahrt.

Man kehrt jetzt über den Patio der Zypressen zurück, geht die Treppen hinauf und entlang der Galerie, die unter KARL V. gebaut wurde, verziert mit Säulen und maurischen Kapitellen; sie führt zum **Peinador** (Mirador oder Tocador) **de la Reina**. Der Ankleideraum, der für Kaiserin ISABEL, die Gemahlin Karls V., hergerichtet wurde, ist einfach in die Spitze der bereits bestehenden **Torre de Abul Hachach** eingebaut worden, bemerkenswert wegen der edlen Kolonnade der umführenden Galerie mit ihrem großartigen Ausblick. Rechts vom Eingang sieht man im Fußboden eine sechzehnfach durchlöcherte Marmorplatte, durch die Parfümgeruch von unten in den Raum einströmen konnte: ein arabischer Luxus. Die Wände sind mit Fresken aus dem 16. Jahrhundert bedeckt; am besten ist ein Zyklus, in dem der erfolgreiche Feldzug Karls V. nach Tunis dargestellt wird. Unglücklicherweise wurden sie jahrhundertelang »mit den unwichtigen Namen überheblicher Reisender vollgekritzelt«, wie WASHINGTON IRVING schrieb. Von allen Romantikern, die die Alhambra aufsuchten, blieb er am längsten und verdarb am wenigsten. Aber hier konnte man die Namen von CHATEAUBRIAND, BYRON und VICTOR HUGO finden, die so viel Schönes schufen und doch, besessen von ihrem eigenen Wert, nicht davon absehen konnten, das Schöne, das sie sahen, zu beschäftigen. Die unschätzbaren Fresken sind jetzt von einem ganzen Künstlerteam und unter Zuhilfenahme aller modernen Errungenschaften, wie infrarotes Licht, restauriert worden. Man kann nun die Gemächer KARLS V. ansehen, die der Kaiser nie bewohnte, wohl aber WASHINGTON IRVING, und dann zum Myrtenpatio zurückkehren.

Der Rest des Alhambrapalastes gehört zu einem anderen Komplex. Es ist nicht ganz einfach, wenn man hier herumwandert, jeden Sinn für Ort und Zeit verlierend, sich daran zu erinnern, daß eigentlich drei verschiedene Paläste aus drei verschiedenen Epochen da sind. Der Mexuar war das administrative Gebäude, und der **Cuarto de Comares** der unter JUSUF I. erbaute Teil. Zu ihm gehörte alles, was wir nach dem Mexuar gesehen haben, mit Ausnahme der Gemächer Karls V. Als MOHAMMED V. 1354 auf den Thron gelangte, beendete er nicht nur den Bau seines Vaters, also den Comares-Komplex, sondern errichtete auch einen völlig neuen Palast, den **Cuarto de los Leones**, dessen Hauptachse, der Patio, im rechten Winkel zum Myrtenhof liegt. Dort wollen wir wiederum beginnen, denn nahe seiner Südostecke ist die moderne Passage, die die beiden Komplexe verbindet. Wir treten ein durch die enge **Sala de los Mozárabes**, den einfachsten aller Räume in diesem feenhaften Palast, denn er wurde 1590 teilweise zerstört. Die Hälfte der Decke ist original, und drei Stalaktitenbögen mit hängenden »Racimos« ruhen auf Halbsäulen mit Inschriftenkapitellen. Er ist ein wenig versprechender Beginn des Rundgangs durch den Cuarto de los Leones, der den Höhepunkt der nasridischen Kunst darstellt und an Schönheit alles übertrifft, was wir bisher gesehen haben. Im Kontrast zu dem abstrakten und fast mathematischen Geist des Cuarto de Comares hat der Löwenhof alle Beschränkungen beiseite geschoben und bezieht die Natur und ihre Formen in die Architektur mit ein. Die uns so vertraut gewordenen schlanken Säulen nehmen die Gestalt eines Säulenwaldes an, der Stuck wird durchsichtig, jeder Effekt ist gegen den Hinterhof von Himmel, Landschaft oder wenigstens Fassade abgesetzt.

Mittelpunkt dieses Märchentraums ist der **Patio de los Leones**, ein Arkadenhof, der jeden Besucher zu Superlativen verführt. Der moderne Reisende ist natürlich durch Filme und Publikationen aller Art darauf vorbereitet, dennoch ist die Wirklichkeit überwältigend. Zu oft haben wir die Worte großartig, hinreißend, phantastisch, märchenhaft mißbraucht: jetzt fehlen uns die beschreibenden Adjektive. Wie soll man die Vielfalt der hundertzwanzig schlanken Säulen schildern, die einzeln oder doppelt, in Gruppen zu dritt oder viert die Arkaden bilden und die Pavillons zu beiden Seiten tragen? Wie die Kühnheit, mit der das Bassin der Mittelfontäne den Rücken von zwölf stilisierten Löwen aufgebürdet wurde? Um seinen Rand läuft ein Gedicht IBN ZAMRAKS, das ausdrückt, dieser Garten sei ein Werk, dessen Schönheit selbst Allah nichts gleichzusetzen wünsche. DUMAS schrieb entzückt: »Ein Traum, zu Stein geworden durch den Stab eines Zauberers.«

Man sollte den Patio in Gegenuhrzeigerrichtung umrunden. Unser Bewegen bringt nun eine bezaubernde, alle Symmetrie brechende Dynamik in den eigentlich statischen Säulenhain, was auch von den maurischen Baumeistern beabsichtigt war. Die tragende Funktion der Säulen wird aufgelöst, Gegensätze werden spielerisch verzaubert. In der Mitte der rechten Seite sind schöne Doppeltüren, man betritt den Raum dahinter, die **Sala de los Abencerrajes**, durch zwei hintereinanderliegende Bögen; schön sind die Azulejonischen in den Laibungen des ersten. Die Banū Sarrādj sind uns aus Andújar vertraut; wir hörten, daß der einst mächtige Stamm sich zum Christentum bekehrt und mit den Katholischen Königen verbündet hatte, weil seine Edlen in Granada enthauptet wurden. Ort des grausigen Geschehens war dieser Raum; auf Befehl des Sultans sind sie einer nach dem anderen hineingerufen und geköpft worden. Wir wissen jedoch nicht genau, von wem, wann und warum diese Hinrichtung stattfand.

Obwohl die Azulejos und der Stuck aus dem 16. Jahrhundert stammen, basieren sie doch auf älteren Vorbildern; ein Teil kopiert sogar ein Gedicht Ibn Zamraks aus einem der anderen Räume. Die Kapitelle gehören zu den besten in der Alhambra. Die Kuppel ist das Glanzstück des Raumes; Stalaktiten bilden ihre sternartig ausstrahlenden Pendentife. An jeder der acht Seiten des Tambours sind zwei durchbrochene Stuckfenster, die ein diffuses Licht in den Saal werfen. Auch das Innere der Kuppel bildet ein Gewebe von Stalaktiten, einer riesigen Honigwabe vergleichbar, durch die Beleuchtung in ihrem Relief betont. Über der Sala de los Abencerrajes finden wir die wenigen Reste der Haremswohnräume; ihr Merkmal sind die schwarzen Marmorkapitelle im Stil des Almansorbaus der Moschee in Córdoba,

Der Arkadenhof des Patio de los Leones im Nasridenpalast.

möglicherweise also aus dem 11. Jahrhundert. Sie wurden offensichtlich von einem anderen Ort hierhergebracht.

Wer nun wieder etwas von der genialen islamischen Architekturphilosophie erahnen möchte, stelle sich um das Wasserbekken auf und betrachte die sich darin spiegelnde Decke. Die Dekke wird nun zur abgrundtiefen Grube. Wenn wir schon beim Hinaufsehen überhaupt nicht merken können, was zu uns steht oder von uns weg flieht, verschwimmen nun oben und unten gänzlich. Das Wasser, lebensspendend, von oben kommend, nach unten fließend, der Mensch in der Mitte, Allah überall.

Wenn man den Rundgang fortsetzt, findet man, daß die ganze Ostseite des Löwenhofes von der langen schmalen **Sala de los Reyes**, auch **de la Justicia** genannt, eingenommen wird. Da sie innerhalb der Privatgemächer des Königs liegt, sind die Namen Erfindungen, die sich auf irgendwelche Geschichten oder auf eines der Gemälde beziehen. Der Saal ist unterteilt; die Eingänge, einer an jedem Abschnitt, und die verbindenden Passagen findet man in Stalaktitenbögen verborgen. Ich wiederhole nicht mehr die immer wiederkehrenden Details, die Fliesenverkleidung, die Sebkadekoration, die Inschriften, die Bögen und die Kapitelle mit ihren eigenartigen Kämpfern, die endlosen Waben- und Filigranverzierungen. Alle diese Wunder waren für das Auge eines einzigen Mannes geschaffen, denn eine Einladung in den Harem wäre als der Gipfel des Unziemlichen empfunden worden, selbst wenn die Frauen sich verschleiert hätten.

Die Sala de los Reyes hat eine Eigenart, die uns im maurischen Spanien nur ein einziges Mal begegnet: in drei Alkoven an der Rückwand sind auf Leder gemalte Bilder in die mit einem Entlüftungssystem versehene Decke mit Bambusrohrnägeln eingelassen. Sie wirken fremdartig, und man hat ihr Geheimnis noch nicht entschlüsselt; es ist aber ziemlich sicher, daß sie von einem Christen, und nach ihrer Ähnlichkeit mit Gemälden in einem Palast in Florenz wohl von einem Toskaner, gemalt wurden. Manche zeigen Jagdszenen mit eindeutig westlichem Hintergrund und westeuropäischer Szenerie, und auf einem ist ein Reiter dargestellt, der einen Waldunhold mit dem Speer durchbohrt. Der wilde Mann trägt eine Dame, die wiederum einen schlafenden Löwen an der Kette führt. Das Mittelbild zeigt zehn Mauren, die man für die zehn Nasridenkönige (zwei Usurpatoren ausgenommen) hält, die bis etwa 1400 regiert hatten. Einige haben rote Bärte, die anderen schwarze, aber das besagt nichts, da man Bärte entweder mit Henna rot oder aber schwarz färbte, damit sie eindrucksvoller wirkten. Man sieht zum Beispiel BOABDIL manchmal mit schwarzem, dann wieder mit blondem Bart abgebildet. Die Kapitelle in diesem Saal sind interessant, da sie noch Spuren blauer Farbe zeigen, mit der sie einst kunstvoll verziert waren. Das Blei, mit dem Säulen und Kapitelle verbunden wurden, um gegen Erdbeben bestehen zu können, ist an den Nahtstellen herausgepreßt: So schwerelos die Oberbauten auch wirken mögen, haben sie doch einiges Gewicht. Einer der marmornen Türpfosten hat sich im Laufe der Jahrhunderte merkbar geneigt.

An der Nordseite ist die **Sala de las dos Hermanas**; die »beiden Schwestern« sind riesige Platten aus weißem Marmor, die einen Teil des Bodenbelages bilden. Wie in der gegenüberliegenden Sala de los Abencerrajes fließt von der Mittelfontäne ein Rinnsal in den Hof, und die Wabenkuppel ist noch vollkomme-

Arabische Schriftzeichen an der Wand der Sala de las dos Hermanas.

ner. Auch ein originaler holzgeschnitzter Sonnenschutz ist erhalten, und ein ganzes Gedicht Ibn Zamraks formt einen Fries oberhalb der Azulejoverkleidung. Für allen Lobpreis, den der Dichter seinem Herrn und Sultan widmete, wurde ihm als Dank auf Befehl eines Nachfolgers seiner ruhmreichen Herren ein Messer zwischen die Rippen gestoßen. Der Eingang zum Saal hat die üblichen, hintereinanderliegenden Bögen, durch einen Gang verbunden; die Pforte zur Linken führt zu einer Latrine, die sehenswert ist, da sie zeigt, wie geschickt fließendes Wasser angewendet wurde, um den religiösen Vorschriften Genüge zu leisten. Die Passage zur Rechten führt zu einer Treppe und den oberen Räumen. Da die Sala de las dos Hermanas wohl die Residenz der Sultanin Aischa war – und dafür sprechen gute Gründe –, dürfte sie mit ihren Damen und Dienerinnen in diesen Räumen gewohnt haben.

Gegenüber dem Eingang ist der Torbogen, der zur **Sala de los Ajimeces** führt, so genannt nach den Zwillingsfenstern, die nach Norden blicken. Zwischen ihnen ist der Eingang zum **Mirador de Lindaraja**, ein würdiger Abschluß unseres Rundgangs. Es ist nicht verwunderlich, daß romantische Erzählungen um diesen so poetisch klingenden Namen gesponnen wurden! Alles, was wir vorher beschrieben haben, ist hier in Miniatur wiederholt; die Fließenverkleidung der unteren Wände in Schwarz, Weiß und Gelb übertrifft alles an Schönheit, was wir bisher gesehen haben. Der Blick aus den Fenstern wird gefesselt von der anmutigen Bewegung der Baumwipfel im Patio de Daraxa; die Bauten KARLS V. an der anderen Seite rauben uns leider die Aussicht auf die Hügel und Berge, die einst den dramatisch gesteigerten Hintergrund bildeten. In der Maurenzeit, als der Blick noch unverstellt war, mochte der jähzornige Sultan wohl angesichts der Großartigkeit der Landschaft hier seine Ruhe wiedergefunden, oder, wenn selbst das nicht verfing, Heiterkeit und Trost in den Versen gesucht haben, die die Wände bedecken.

Die Umgebung der Alhambra – Der Generalife
Die Alcazaba – Der Albaicín

Eine Tür in der Südostecke des Löwenhofes führt zu einem Backsteinturm, gewöhnlich **Torre de la Rauda** genannt. Möglicherweise beschützte es den Eingang zum königlichen Friedhof, der hinter der Sala de los Abencerrajes lag. Seine Fundamente können besichtigt werden; man kann noch die länglichen Gräber erkennen, die so angelegt waren, daß ein Leichnam, auf der rechten Seite liegend bestattet, sein Gesicht Mekka zuwandte. Den Namen Rauda, den die Torre seit dem 16. Jahrhundert trägt, verdankt sie dem Garten (arab. Rauḍa, Rijād), der sie einst umgab.

Von hier aus oder von einem Durchgang zum Patio de Daraxa kann man in die **Jardines del Partal** gelangen. Myrten, Zypressen und Lorbeerbäume, Rosen, Nelken und Veilchen wachsen in wechselnden Reihen, gesäumt von moosigen oder efeuüberwucherten Mauern und überall von Wasser umspielt. Die heutigen Gärten sind Reste eines ausgedehnten Parks, der die königlichen Paläste umgab und sich im Patio de Daraxa fortsetzte.

Es ist nicht schwierig, sich diese Gärten in ihrer Glanzzeit vorzustellen, als noch die Landhäuser der reichen Hofbeamten die Hänge zierten. Eines hat sich erhalten, die **Torre de las Damas**, die sich an die Festungsmauern anlehnte. Ein großer, rechteckiger Teich spiegelt die imposante Fassade mit dem fünfbogigen Portal. Dieses Detail gab auch dem Garten den Namen, denn »Partal« ist die arabische Adaption unseres Wortes »Portal«. In den äußeren Ecken bewachen ihn steinerne Löwenpaare, die ursprünglich für den Māristān, das maurische Asyl für Geisteskranke, bestimmt waren.

Die Azulejos des wunderschönen Saales weisen ein ungewöhnliches Muster auf: Während die Kachelmosaiken des Rautentypus üblicherweise aus weißen, sich kreuzenden und so das Grundmuster bestimmenden Streifen bestehen, zwischen denen die farbigen Rhomben, hier in Grün und Blau, eingesetzt sind, ist unmittelbar die Farbgebung bei einem der Felder an der Tür gerade umgekehrt: die Rhomben sind weiß, und das unterlegte Gittermuster bunt.

Die an das Landhaus angegliederten kleinen Araberhäuser mit ihren Schlüssellochfenstern sind die Reste von wenigstens einem Dutzend ähnlicher; in ihnen wohnte hauptsächlich die Dienerschaft. In den oberen Räumen des nächstgelegenen sieht man Reste eines »Freskos«, eines der wenigen Zeugnisse der bildenden Kunst der spanischen Mauren. Für die Umrisse wurden Schablonen benutzt, um einen Wiederholungseffekt zu erzielen; dann erfolgte, mit Hilfe von Eigelb als Bindemittel, die Ausmalung. Die drei Streifen zeigen Jagdszenen, Musizierende, Sänger und eine kriegerische Expedition mit Kamelen und Pferden. Die Entdeckung eines Merinidenbanners legt die Vermutung nahe, daß es sich um einen Haushalt oder um eine Unterkunft merinidischer Soldaten handelt. Wichtig ist, daß wir hier ein islamisches Gemälde aus dem 14. Jahrhundert vor uns haben, was wiederum darauf hinweist, daß das Verbot, Menschen darzustellen, nicht Teil der islamischen Religion war, jedenfalls keine Koranvorschrift; und die Ḥadīṯ, die Korankommentare, haben weniger Autorität. Wenn man die kämpfenden Reiter dieses Bildes betrachtet, wird man an persische Miniaturen des 13. Jahrhunderts erinnert und fragt sich, ob sie nicht vielleicht von Wanderkünstlern ausgeführt wurden.

Wenn Sie nun innerhalb der Mauern in Uhrzeigerrichtung weitergehen, finden Sie ein paar Meter weiter die **Torre del Miḥrāb**, eine Privatkapelle der Eigentümer der Torre de las Damas. Die Dekoration ist im Stil der übrigen Bauten gehalten; der Miḥrāb gleicht zeitgenössischen in Nordafrika. Der nächste Turm ist die **Torre de los Picos**, nach ihren pyramidenförmigen Mauerzacken benannt; zahlreiche Details ihrer inneren Struktur weisen auf gotische Einflüsse hin; man hat angenommen, daß es sich um das Werk eines christlichen Architekten, möglicherweise eines Gefangenen, handelt. Es war der Zweck des Turmes, den Eingang zum Generalife, die **Puerta del Arrabal**, zu bewachen. Der nächste Turm wird meist **Torre del Candil** genannt (aber sein korrekter Name lautet Torre del Cadí); es ist der einzige, durch den der Laufgang hinter den Zinnen hindurchführt, und nicht, wie bei den anderen Türmen, draußen herum.

Im Innern der Mauer ist der versenkte Gang, auf dem sogar Reitertrupps rasch zu einer gefährdeten Stelle vordringen konnten; in Friedenszeiten wurde er von Beamten und Besuchern auf ihrem Weg vom und zum Palast benutzt.

Dann kommen wir an die **Torre de la Cautiva**. Ihr Name, »Turm der Gefangenen«, wird von der unbestätigten Annahme abgeleitet, daß die schöne, als Kind von den Mauren entführte ISABEL DE SOLÍS, die Favoritin ABŪ L-ḤASANS (auch Muley Hacén gelesen, der Vater BOABDILS, von dem der höchste Berg der Iberischen Halbinsel, der Mulhacén, 3478 Meter, seinen Namen ableitet) und Feindin der Sultanin Aischa, dort gelebt habe. Der winzige Patio enthält reizvollen Stuck und Stalaktitendekoration. Es ist der einzige der Türme, der ein original maurisches Bauwerk ist, abgesehen von den Decken und Bodenbelägen; und daß diese fehlen, geht zu Lasten der Armee NAPOLEONS. Der Mosaikfries überrascht doppelt, denn nicht nur zeigt jedes Fliesenfeld eine in sich abgeschlossene Komposition, wie die Muster mancher orientalischer Stoffe um ein Mittelstück gruppiert, sondern es wurde auch eine sonst nicht verwendete Farbe zwischen Rosa und Fliederblau eingeführt.

An der Ostspitze des Berings steht die **Torre de las Infantas**, oft beschrieben als das vollkommene Modell eines vornehmen arabischen Hauses. Eine alte Legende ist mit ihm verknüpft, die WASHINGTON IRVING unter dem Titel »Die drei schönen Prinzessinen« erzählt hat.

Sie kommen jetzt zum höchsten Punkt des Alhambrahügels, wo der Fluß mit Hilfe einer Brücke vom Generalife über die Schlucht geleitet wird; wenn man auf der Brücke steht, kann man fühlen, wie das Wasser unter den Füßen dahindonnert. Am anderen Ende ist eine der gewölbten »Aljibes« oder Zisternen, in denen verschiedene Zuflüsse zusammengefaßt werden, ehe sie zur Alhambra weiterströmen. Wenn man zurückschaut auf das einst **Población** genannte Gebiet, den letzten der drei Abschnitte, in die wir die Alhambra eingeteilt haben, kann man sehen, wieviel hier zerstört wurde; Ruinen oder nackte Fundamente, für den Laien so rätselhaft wie die Überbleibsel einer neolithischen Siedlung, sind häufig alles, was noch da ist.

Der Rest der Umfassungsmauer ist langweilig; es ist überflüssig, die Ruinen, die die napoleonischen Truppen hinterließen, aufzusuchen; die **Torre de los Siete Suelos**, der »Turm der Sieben Stockwerke« (die angeblich unterirdisch angelegt waren) nicht ausgenommen. In der Maurenzeit lag hier ein Haupteingang zur Alhambra, noch wichtiger als die Puerta de la Justicia; er wurde von den Franzosen zerstört und in den sechziger Jahren restauriert.

Wir wenden uns jetzt von den Mauern ab und gehen stracks nach Westen, zu der Ruine der Población. Das erste größere Gebäude ist das ehemalige **Kloster San Francisco**, heute **Parador** und eines der besten Hotels Granadas. Es war ursprünglich ein maurischer Palast, von dem nur wenig übrig ist, und das meiste davon jüngeren Datums und diverse Male umgebaut. Im Nordwestteil hat sich der kleine Mirador erhalten, in dem die sterblichen Überreste der Katholischen Könige ruhten – dem Wunsch der Königin getreu – bis die Capilla Real vollendet war.

Geht man weiter nach Westen, so kommt man in die einzige Straße auf der Alhambra, mit Souvenirgeschäften und einer bescheidenen Gaststätte zur Linken. Die Läden sind recht gut, die Eigentümer nicht gierig, und das Restaurant hat einen hübschen Patio. Ihm gegenüber liegt die Kirche **Santa María de la Alhambra**, die den Platz der einstigen Moschee einnimmt. Zu den Schätzen der Kirche gehört ein marmorner Taufstein, der ganz offensichtlich die Schale eines maurischen Brunnens gewesen ist, und drei Figuren von ALONSO DE MENA.

Der **Palast Karls V.** ist einer der edelsten Profanbauten der Renaissance auf der ganzen Welt und in Spanien einzigartig. Der Palast hätte in Madrid oder selbst in der Stadt Granada alle Augen auf sich gezogen, aber in dieser Nachbarschaft fordert er natürlich den Vergleich mit den maurischen Palästen der Alhambra heraus. Aber für einen Architekten der Hochrenaissance war es wohl undenkbar, daß orientalische Baukunst jemals mit der seinen verglichen werden, ja sie ausstechen könnte.

Der Bau wurde 1526 in Angriff genommen, als der Gouverneur der Alhambra, GRAF TENDILLA, einen Mann aus seinem Gefolge, PEDRO MACHUCA, als Architekten vorschlug. Machuca war in Italien unter MICHELANGELO ausgebildet worden, und er arbeitete damals als Maler und Retabelschnitzer. Es ist möglich, daß die starke Betonung mythologischer Themen in der Dekoration des Palastes nicht so sehr auf den Einfluß der italienischen

Renaissance, sondern auf Tendillas Bruder, DIEGO HURTADO DE MENDOZA, einen der großen Humanisten seiner Zeit, zurückgeht. Er war in den Klassikern wohlbelesen, hatte ARISTOTELES übertragen und kommentiert und schrieb eine gute Geschichte der Eroberung Granadas. Machuca, ein Edelmann aus Toledo, war ein vielseitig begabter Renaissancekünstler. Außer diesem Palast entwarf er die Puerta de la Granada und den Pilar Karls V., die wir beide schon gesehen haben. Er bewies auch als Maler Talent; eines seiner Gemälde hängt in der Capilla Real, wo es von besseren Arbeiten in den Schatten gestellt wird, aber seine »Kreuzabnahme« im Prado kann jeden Vergleich aushalten.

Die Kosten des Palastes sollten zum Teil durch Steuererhöhungen für die Mauren aufgebracht werden, eine erpreßte Abgabe, die der in Santafé unterzeichnete Übergabevertrag eigentlich verbot. An Geld mangelte es aber die ganze Zeit (KARL V. und sein Sohn PHILIPP II. zeichnen für einige der berüchtigsten Bankrotte der Weltgeschichte verantwortlich) und die Bauarbeiten schritten nur im Schneckentempo durch die Jahrhunderte. Auch heute noch wird daran gewerkelt.

Die Fassade zeigt auf den Säulenplinthen Flachreliefe von JUAN DE OREA mit Kampfszenen aus der Schlacht von Padua von 1525. Das Erdgeschoß des Palastes zeigt Rustikalgliederung und Pilaster mit Löwen- und Adlerköpfen im florentinischen Stil, die schwere Bronzeringe tragen. Die Fenster sind streng klassisch, über jedem befindet sich ein kleines Rundfenster. Die Mittelrisalite sind reicher gestaltet und zeigen Halbsäulen: im Erdgeschoß dorisierenden (mit Basen!), im Obergeschoß dagegen ionischen Stils. Der kreisförmige Innenhof, eine Überraschung nach dem rechteckigen Außenbau, wird von einer zweigeschossigen Kolonnadenstellung umfangen. Die Säulen sollten ursprünglich aus Marmor sein, aber die finanziellen Lasten des Kaisertums zwangen den Bauherrn, sich mit einem marmorartigen Stein zu begnügen. Obwohl hochpoliert, wirkt dieses Material unangemessen; es trägt den spanischen Namen »piedra pudinga«.

Der Palast beherbergt zwei Museen überdurchschnittlichen Ranges. Im Erdgeschoß finden wir neben dem Patio das **Museo Nacional de Arte Hispano-Musulmán**. Obwohl das Museum nur klein ist, findet man hier eine erstaunliche Menge guter

Ausstellungsstücke, aber man sollte möglichst vorher wissen, was man sehen möchte. Gleich am Eingang sieht man zwei Inschriftentafeln; die kleinere ist westgotisch und stammt von der Sakristeitür in Santa María de la Alhambra. Sie wurde in den Fundamenten der Moschee gefunden, als die heutige Kirche errichtet wurde; daraus schließt man, daß die Mauren, wie üblich, ihre Moschee über einer westgotischen Kirche errichtet haben. Die andere Tafel ist aus Marmor und war 1367 über der Tür des Māristān angebracht.

Im oberen Geschoß liegt das **Museo Provincial de Bellas Artes**, hauptsächlich für Werke heimischer Künstler gedacht, einschließlich solcher, die hier arbeiteten, obwohl sie in anderen Städten geboren waren, wie PEDRO MACHUCA und SÁNCHEZ COTÁN. Cotáns »Anbetung der Hirten«, die man gleich beim Eintritt sieht, ist berühmt wegen der meisterhaften Darstellung des Lammes im Vordergrund. Im Saal I hängt das großartige »Triptychon des Gran Capitán«, eine superbe Emailarbeit von NARDON PÉNICAUD aus Limoges. Es ist in sechs Felder untergliedert; das Mittelstück zeigt eine »Kreuzigung« und die beiden größeren Seitenflügel »Kreuzweg« und »Pietà«. In dem kleinen »Jüngsten Gericht« haben alle Figuren mit Ausnahme von Petrus (oben links) goldenes Haar. Ein humorvoller Zug wird durch zwei Priester mit Tonsur erreicht, von denen sich der eine bei den Seligen, der andere bei den Verdammten findet.

Das 19. Jahrhundert und die Modernen sind gut vertreten und lohnen ein eingehendes Studium. Impressionisten der spanischen Schule, Romantiker und Art-Nouveau-Künstler hängen durcheinander, man sieht viele großartige Werke.

Der **Generalife** erstreckt sich entlang der Straße, die zum Hotel »Washington Irving« führt. Es war der Sommergarten der Könige von Granada, und zwar ihr Privatgarten, also völlig verschieden vom Typ der repräsentativen Hofgärten, wie ihn beispielsweise Versailles verkörpert. Was verlangten die Könige von Granada, wenn sie sich in ihre Gärten zurückzogen? Einsamkeit, Blumen, Düfte und den Klang des Wassers.

Der Generalife (»Djanat al -'Arīf«, »Garten des Architekten«, wobei man unter Architekt natürlich den Weltenschöpfer verstehen muß) liegt im Nordosten, an den Hängen des Cerro del Sol, oberhalb der Alhambra, auf die er uns einen herrlichen Blick erlaubt, ebenso wie auf das Darrotal und den Albaicín. Man erreicht ihn über eine Zypressenallee oder, wenn man den rechten, oberen Weg nimmt, unter zurechtgestutzten Oleanderbögen. Unser erster Blick fällt auf das **Teatro de Verano**, das Freilichttheater. In jedem Juni werden hier ausgewählte Musik- und Ballettaufführungen gegeben. Der Zuschauerraum wird von niedrigen Hecken in Ränge unterteilt und ist klein genug, um die Intimität zu wahren, die ein Kammermusikabend verlangt.

Der Kanal in der Mitte wird von allen Seiten aus zahllosen Fontänen gespeist; die Zypressenhecken formen Bögen, und die Pfade verlaufen zwischen Rosenbeeten; am äußeren Weg laden Bänke und die Aussicht zur Rast, und überall hüllt uns Schatten ein und der Singsang der Fontänen.

Die **Carmen de los Mártires** bezeichnet den Platz, wo in der Maurenzeit die Vorratsräume und Verliese lagen, wie auch das Feld, auf dem Turniere und Paraden abgehalten wurden. Dieser Park ist ein Ort für jene, die sich in all dem Überfluß nach mehr Einsamkeit, nach weniger vorgezeichneter Schönheit sehnen. Es ist während der gleichen Stunden für Besucher geöffnet wie die Alhambra. Hinter dem Haus dehnt sich ein Landschaftspark mit einer großen Vielfalt von Baumarten aus: Kastanien, Magnolien, Platanen, Pappeln, Zypressen, Eichen, Ulmen, Linden, Lorbeerbäumen, Palmen und Pinien, viele von Efeu völlig umrankt. Wasser, über einen alten maurischen Aquädukt hergeführt, sprüht in Kaskaden über moosige Felsen und rinnt zwischen Buchs- und Myrtenhecken dahin.

Weiter hügelaufwärts finden wir die **Silla del Moro**; die Ruinen eines maurischen Wehrturms. Nach dem Menschengedränge in der Alhambra finden wir hier oben eindrückliche Stille und Einsamkeit. Von dem Weg vor ihrer Front hat man einen Blick auf jeden Teil Granadas, mit Ausnahme des Generalife, der von Bäumen versteckt wird. Man kann sogar die verschiedenen Kirchen auf dem Albaicín erkennen und ganz rechts die Kollegiatskirche **San Cecilio** auf dem Sacromonte.

Man kann die alte **Alcazaba** und den **Albaicín** nördlich des Darrotals als eine Einheit behandeln; es ist ein Viertel mit engen, stillen, kopfsteingepflasterten Gassen und geweißelten Häusern, mit hohen Mauern, die weite Gärten umfangen. Córdoba gab uns eine Idee islamischer Frömmigkeit; die Alhambra einen Einblick in die hohe Kultur eines arabischen Hofes, hier nun können wir eine gute Vorstellung maurischen Stadtlebens gewinnen.

Zuerst möchte ich wiederum ein weitverbreitetes Fehlurteil über den Albaicín zurechtrücken; diese Vorstadt ist nicht das Zigeunerviertel. Zwar gibt es einige hauptsächlich von Zigeunern bewohnte Straßen, aber sie liegen außer Sicht, an der Nordseite des Hügels, die Zigeunerhöhlen nun gar erst an der Straße zum Sacromonte im Osten, hinter den Grenzen des Albaicín, dessen Mauern man am besten von den Alhambra aus überblicken kann: sie verlaufen in einer kontinuierlichen Linie von der Eremitage San Miguel, einem einstigen Verteidigungsturm, bis ins Darrotal. Weiter nach Osten, auf dem **Sacromonte**, sieht man die weißgetünchten Eingänge zu den Wohnhöhlen, kühl im Sommer, mollig im Winter, und oft mit überraschendem Luxus ausgestattet.

Den Namen »Albaicín« erhielt der Stadtteil nach seinen Bewohnern, die, aus Baena vertrieben, sich 1227 hier niederließen. Das dichtbesiedelte islamische Viertel mit etwa 300 Moscheen war von Mauern umgeben und eine Stadt für sich. Nach der Reconquista war es Zentrum des Widerstandes gegen die drükkenden Auflagen der Eroberer, und nach dem niedergeschlagenen Aufstand von 1568 wanderten viele Bewohner nach Afrika aus oder wurden nach Kastilien umgesiedelt. Seinen maurischen

Charakter hat sich das Viertel bis heute ungebrochen bewahrt; enge, winklige Gassen, die auf holprigem Kopfsteinpflaster ständig bergauf und bergab führen und oft in Treppenfluchten enden. Weiter oben sind gut zwei Drittel der Wohnbauten *Cármenes* (arab. karm, Weinberg). Wer nach Granada zuzieht und über das nötige Geld verfügt, nistet sich gerne hier ein. Vom Bäcker-, Keramikbrenner- und Holzeinlegerquartier wandelt sich der Albaicín langsam zum Wohnviertel der oberen Kreise.

Unseren Besuch beginnen wir an der Plaza de Santa Ana, wo wir zur Linken das Haus sehen, in dem San Juan de Dios seine Unglücklichen betreute und wo er 1550 starb. Die **Casa de los Pisas** ist heute ein Schule und war früher ein Hauptsitz des von ihm gegründeten Hospitaliter-Ordens der Barmherzigen Brüder des Johann von Gott; der Raum, in dem der Heilige starb, ist in ein Oratorium umgewandelt worden, das man von der Calle del Aire aus betreten kann, zunächst der Audiencia. Die Fortsetzung des Plaza ist die **Carrera del Darro**, eine der ältesten und malerischsten Straßen Granadas mit bunten Häusern zur Linken und dem schmalen Flußlauf mit seinen vielen Fußbrücken zur Rechten und dahinter die ragende Klippe, auf der die Alcazaba der Alhambra horstet. Von der Puerta de las Armas führte früher ein Pfad herab. Er kreuzte den Darro ein paar Meter weiter straßauf, und zur anderen Seite des Flusses können Sie noch heute den Ansatz eines Hufeisenbogens sehen, die ursprüngliche »Puente del Cadí« des 11. Jahrhunderts.

Gegenüber dem zerbrochenen Bogen finden Sie in Nr. 37 in der Carrera del Darro den **Bañuelo**, eines der besterhaltenen Araberbäder in Spanien. Die verschiedenen Räume wurden nur leicht restauriert, denn sie lagen Jahrhunderte gut geschützt unter Erde und Trümmern, da über ihnen ein Haus errichtet worden war. Am wichtigsten sind die Backsteinhufeisenbogen, getragen von Marmorsäulen mit einer großen Vielfalt von Kapitellformen, unter denen man zwei römische, ein westgotisches und einige wenige aus der Kalifenzeit entdecken kann. In den Tonnengewölben der Decke findet man die üblichen sternförmigen Abzugslöcher, und an der einen Seite sieht man den Raum für die Heizungsvorrichtungen. Hinter den Bädern liegt der **Convento de la Concepción**. Auf der Plaza davor stand einst der Māristān, das maurische Irrenhaus; seine Gründungstafel haben wir im Alhambramuseum gesehen. Später war hier die Münzpräge der Katholischen Könige.

An der nächsten Ecke der Carrera del Darro ist die **Casa de Castril**. Es ist ein Eckhaus mit einer schönen plateresken Fassade. Dieses Adelshaus beherbergt das **Archäologische Museum**. Die Ausstellungsgegenstände gehen bis in die Megalithkultur zurück. Phönizische Keramik, iberische Bronzeidole, römische Fragmente, westgotische Grabbeilagen und vor allem zahlreiche arabische Relikte führen uns einmal mehr die jahrtausendalte Geschichte dieser Region vor Augen.

Eine Erinnerung an alte Zeiten hängt auch an dem Namen der Kirche **San Juan de los Reyes**; man erreicht sie über die Calle de Zafra zur Linken. Diese erste Kirche, die in Granada auf Befehl Isabels und Ferdinands am 5. Januar 1492 geweiht wurde, war ursprünglich eine Moschee aus dem 13. Jahrhundert und diente den christlichen Renegaten. Der Glockenturm besteht zum größten Teil noch aus den Mauern des alten Minaretts; mit seinen Blendarkaden, der Sebkadekoration und der gewendelten Rampe erinnert er stark an die Giralda. Unter dem Kloster hinter der Kirche hat man Reste einer Römerstraße und auch römische Gräber sowie Teile der Befestigungen der Alcazaba entdeckt.

Ein bißchen weiter hügelaufwärts liegt die **Aljibe del Trillo** (Dreschplatz), eine Zisterne, die selbst hier, wo es so viele arabische Aljibes gibt, Berühmtheit erlangt hat. Die Fassade ist aus Backstein erbaut, und die Enjutas des Hufeisenbogens sind mit neueren Azulejos geschmückt. Diese alten Zisternen sind nicht nur von archäologischem Interesse; viele von ihnen dienen noch immer der regulären Wasserversorgung und wurden zu diesem Zweck mit völlig unpassenden Messinghähnen versehen.

Wenn Sie zum Darro zurückkehren und sich ostwärts halten, werden ihnen Straßennamen wie »Calle del Horno de Vidrio« oder »Horno de Oro« auffallen; dort standen einst die Glashütten und die Werkstätten, in denen das Gold geschieden wurde. An der letzten Brücke, von wo aus eine Straße durch den Wald zum Generalife führt, biegen Sie links ab zur Cuesta del Chapiz, die ungefähr die Grenze des Albaicín bezeichnet. Der »Peso de la Harina« zeigt den Platz an, auf dem im 17. Jahrhundert das Mehl öffentlich ausgewogen wurde, und zur Rechten liegen in einem reizvollen Garten die **Casas del Chapiz**. Diese arabischen Landhäuser wurden nach einem ihrer Besitzer, dem Morisken Lorenzo el Chapiz, genannt; ursprünglich hießen sie »Dār albajḍa«, »Weißes Haus«, sie waren wohl das größte Bauwerk in diesem Viertel, dem **Rabad Albaida**. Man hat sie sorgfältig restauriert; heute sind sie bewunderungswürdig ihrem neuen Zweck angepaßt, denn in ihnen ist das Seminar für Arabische Studien untergebracht, ein Zweig der Universität von Granada. Das Institut ist ein international bekanntes Zentrum hispanoarabischer Forschungen. Das Verdienst gebührt dem Arabiten EMILIO GARCÍA GÓMEZ.

Die Straße führt zur Placeta Albaida, wo eine Abzweigung rechter Hand sich ihren Weg zwischen den Höhlen hindurch zum Camino del Sacromonte windet, der bei der Casa del Chapiz in unser Blickfeld kam. In Reichweite der Plaza Albaida sind verschiedene **Casas Moriscas**, womit man die ursprünglich maurischen Häuser meint, und nicht, wie der Name besagt, nur die Häuser von Morisken, also zwangsbekehrten Mauren. Die Straße setzt sich unter dem Namen Calle de San Luis fort; in Nr. 27 haben sich Spuren des alten Gebäudes erhalten; die Galerien werden von hölzernen Konsolen getragen, in den Fluren und einem Raum findet man schöne Alfarjes, und Wandgemälde mit Vögeln und Tieren wechseln mit den üblichen Dekorationen ab. Ein anderes sehenswertes Haus ist Nr. 2 in der Calle de Yanguas, die von der Calle San Martín abbiegt, mit einem kleinen Brunnen inmitten des Patios, geometrischen Fliesen und ebenerdigen Galerien, sogenannten »Cenadores« an zwei Seiten des Hofes sowie einer eigenen Aljibe mit einem Hufeisenbogen.

Der Unternehmungslustige kann nun die Straße zur **Puerta de Fajalauza** einschlagen, etwa einen halben Kilometer entfernt, wo ein tunnelartiges, zinnengekröntes Tor mit einem gotischen Rippengewölbe durch die äußere Stadtmauer in das Viertel der Töpfer führt. Hier wird noch heute die blau-weiße Fajalauza-Töpferware hergestellt; es scheint, daß man seit der Reconquista ohne Unterbrechung in diesem Stil gearbeitet hat. Die äußeren Befestigungen machen hier einen großen Bogen gen Süden, den man von der Alhambra aus erkennen kann.

Wenn man von der Puerta de Fajalauza zur Calle de San Luis zurückkehrt, erreicht man die **Casa de los Mascarones**, so genannt nach zwei grotesken Steingesichtern, die die Fassade schmücken. Es war das Haus eines heute fast vergessenen Dichters, PEDRO SOTO DE ROJAS, eines Schülers GÓNGORAS. Er war Domherr der nahen Kirche El Salvador, wo er auch begraben liegt, und sein bekanntestes Gedicht hat einen schönen Garten als Hintergrund; ein gewöhnliches Wohngebäude, nachdem es eine Kaserne der Guardia Civil war.

Die Calle del Pardo liegt an der Rückseite des nächsten Blocks, und in Nr. 32 finden wir eine weitere **Casa Morisca**. Sie ist fast vollständig erhalten und kommt einem Haus aus der Zeit vor der Reconquista so nahe, wie man nur wünschen kann. Da sieht man Friese mit geometrischen Fliesen, Zackenbögen und Stuckarabesken. An den Wänden des Patio mit dem üblichen Mittelbrunnen eines wohlhabenden Hauses findet man schmiedeeiserne Ornamente und Fliesen vieler Art, darunter die leicht erkennbaren Fajalauza-Arbeiten und ungewöhnlich schöne Alfarjes. Bei früher durchgeführten Ausgrabungen hat man das alte Leitungssystem entdeckt, durch das dieses Haus von der Sierra Alfácar aus mit Wasser versorgt wurde, und einen Tunnel, der in den wirren Zeiten gegen Ende der Nasridenherrschaft wohl als Fluchtausgang dienen sollte; er führte wahrscheinlich zur nahen Calle de Minas.

Die Kirche **San Salvador** wurde über der Freitagsmoschee des Albaicín errichtet, deren Patio erhalten blieb, mit einer Aljibe in der Mitte, die heute allerdings nicht mehr in Betrieb ist. Aber die aus Backstein errichteten, originalen Doppelarkaden mit Spitzbögen zu beiden Seiten haben sich erhalten. In der Kirche gibt es nichts anzusehen; sie wurde bei einem Erdbeben beschädigt und brannte 1936 im Bürgerkrieg aus. Die Calle de Panaderos führt zur Plaza Larga, wo die **Puerta Nueva** mit dem üblichen Hufeisenbogen und einem rechtwinklig geführten Verteidigungsgang steht. Nach Westen verlaufen die Reste der massiven Mauern der alten Alcazaba, im 13. Jahrhundert auf den Fundamenten der römischen errichtet; dieser Bergrücken bildete nämlich die nördliche Grenze von Iliberis.

Im Tor erklimmen Sie ein paar Treppen und wenden sich am Ausgang scharf links in die Callejón de San Cecilio. Das weißgetünchte Oratorium des Märtyrers liegt zwischen den Häusern an der linken Straßenseite. Dieser Bau mit seinen schweren Mauern läßt uns vermuten, daß wir es mit den Resten des Ḥiṣn ar-rummān, was auf arabisch Granatbaumschloß heißt, zu tun haben. Am Ende der Straße ist die breite Plaza der Kirche San Nicolás, die im Bürgerkrieg niedergebrannt wurde. Aber der Weg lohnt sich, weil man von der Terrasse einen herrlichen Blick nach Süden genießen kann, ein weitgespanntes, von der Sierra Nevada abgeschlossenes Panorama.

Am Ende der Straße, die sich zwischen typischen »Cármenes« herabwindet, liegt die **Cuesta de María de la Miel**. Sie bezeichnet die östliche Grenzlinie des Forums und der Basilika der Römersiedlung, die sich von der Puerta Nueva bis zur Kirche San Miguel im Westen erstreckte. Die Grabungstunnel, die die Archäologen im 18. Jahrhundert anlegten, gaben der Placeta de las Minas, der wir uns jetzt zuwenden wollen, ihren Namen. Die Straße María de la Miel wurde nach einem Aljibe benannt, dessen Wasser so kalt und süß war, daß die Mauren ihn »Honigquell« tauften, was dann von den christlichen Eroberern buchstabengenau übernommen wurde. In der Nähe sind auch die Reste eines ursprünglich während der Regierungszeit des letzten Ziridenkönigs angelegten Aquäduktes, der das Wasser von Alfácar zur Westseite der Alcazaba leiten sollte. Er wurde als die arabische »'Ain ad-Dam'at«, die »Fontäne der Tränen«, identifiziert.

Wir wenden uns rechts entlang der Cuesta de María de la Miel, bis wir auf die **Placeta de las Minas** stoßen, direkt an der Puerta Nueva. Von der Puerta aus führt eine Straße links entlang der Innenseite der Alcazabamauer nach Westen. Es lohnt sich, hier Erkundungsgänge auf eigene Faust zu machen, so zum Beispiel entlang dem ehemaligen Maultierpfad, der durch eine Pforte (wohl ein ehemaliges Ausfalltor) in den gewaltigen Mauern führt. Ein anderer Weg bringt uns zu einer Mauerecke, wo die Nr. 15 der Straße Carmen del Aljibe del Rey einen Garten hat, von dem aus man einen hervorragenden Blick auf den ganzen Mauerabschnitt gewinnt. Noch weiter westlich führt die Callejón del Ladrón del Agua (Wasserdiebes) am **Palacio Daralhorra** vorüber, einer weiteren Residenz der Mutter König BOABDILS, die auch La Horra, die Keusche, genannt wurde. Er gehört zum Kloster Santa Isabel la Real (das wir von der anderen Seite aus besuchen wollen und hat viel von dem ursprünglichen Bau aus dem 15. Jahrhundert bewahrt, vor allem die dekorativen Bögen zwischen den einzelnen Räumen und die bemalten Holzdecken, besonders in den Arkaden des Patios.

Dies ist das Herz des älteren Teils von Granada, denn der Palast ist über den Fundamenten des großen Kastells, des Ziridenkönigs Bādīs errichtet; es blieb zweihundert Jahre lang die einzige Festungsanlage in Granada, bis MUḤAMMAD IBN AL-AḤMAR begann, die Alhambra zu bauen. Diese Gegend hat jenes Flair, wie man es von der Umgebung eines königlichen Palastes erwartet, verstärkt durch die hohen Mauern und den Anblick sie überragender Baumwipfel.

Wenn wir den Mauern weiter nach Westen folgen, kommen wir zur **Puerta Monaita**. Das Tor ist das erste in Spanien, das seine kleinen Wachstuben den rechtwinklig angelegten Verteidigungsgang hatten. Wir gehen zurück zum **Callejón del Gallo**, wo noch bis in die Zeit der Reconquista ein Turm des verschwundenen Alcázar des Bādīs stand.

Wir biegen in die hübsche **Plaza de San Miguel** ein, deren dramatischer Effekt, wie so oft im Süden Spaniens, durch ein Kruzifix und einige Straßenlaternen erzielt wird. An der Ostseite ist eine gemauerte Aljibe mit einem Hufeisenbogen, der eigentlich zur Mauer der Kirche gehörte. Die Kirche ist fast immer geschlossen; Bocanegra wurde hier getauft. Die Südgrenze des römischen Forums muß über diesen Platz verlaufen sein, und auch Spuren einer frühen maurischen Burg hat man gefunden.

Hinter der Kirche liegt links an der westlich verlaufenden Straße der **Convento de Santa Isabel la Real**. Schon die Gründungsgeschichte ist interessant, denn die Katholische Königin hatte verfügt, daß er auf der Alhambra errichtet werden solle. Schwierigkeiten tauchten auf und machten das Vorhaben unmöglich; so ordnete ISABEL denn an, ihn an den heutigen Ort zu verlegen; in einen alten Palast der Maurenkönige von Granada. Dieser war aber bereits ihrem Sekretär HERNANDO DE ZAFRA versprochen worden, der nun mit einem anderen Landhaus abgefunden werden mußte, und zwar dem Casa de Castril. In den Klosterkomplex ist, wie wir sahen, auf der anderen Seite der Daralhorra-Palast einbezogen.

Die Klosterkirche erreicht man über einen kopfsteingepflasterten, stillen Hof mit schattenspendenden Kassias und

Schwarzpappeln. Ihr Portal ist eines der schönsten Beispiele des isabellinischen Stils, das wir sehen werden; es gemahnt an San Jacinto in Córdoba; die Reliefs der Embleme Joch und Pfeile sind in die Enjutas eingehauen. Das Schiff hat einen besonders reizvollen Artesonado und die Kapelle des Hochaltars eine spätere, aber ebenso anziehende Decke mit hängenden Schlußstücken, die an die englische Hochgotik erinnern.

Das Gebäude gegenüber, das **Orfelinato de Nuestra Señora del Pilar** (Waisenhaus) genannt, war ein Maurenpalast, dann ein Spital. Hier wurde Boabdil, in dessen Regierungszeit sich häuslicher Streit, innere Wirren und Bedrohungen von außen ablösten, ein zweites Mal zum König proklamiert, als er, vor seinem Vater Zuflucht suchend, in die alte Alcazaba kam.

Im Patio konnten nach dem Bürgerkrieg die Waisen, überwacht von Kirche und Staat, zwischen den Nasridensäulen spielen. Vergessen wir nie, daß zwischen 1936 bis 1939 300000 Menschen ihr Leben lassen mußten und daß in den ärgsten Repressionsjahren (1939-1943) rund 200000 Republikaner hingerichtet wurden oder in den Gefängnissen starben.

Die Kirche **San José** wurde am 7. Januar 1492 geweiht, man hat also keine Zeit verschenkt. Sie war die Moschee der »Marabut«, der nordafrikanischen Sekte kämpferischer Eremiten, die man für die Vorläufer der Templer und anderer streitbarer religiöser Orden hält, und aus der sich die Almohaden-Dynastie entwickelte. Der untere Teil des Minaretts ist alles, was noch von dem Bau des 9. Jahrhunderts übrig ist. Es lohnt sich, das Minarett zu besteigen, um den Hufeisenbogen in der Südwand zu sehen, von dem aus der Muezzin die Gläubigen zum Gebet rief. Zu seinen Füßen ist eine Zisterne, ohne Zweifel für den Wasservorrat zu religiösen Waschungen bestimmt. Die achteckige Mudéjarkuppel mit ihrem vergoldeten Alfarje über dem Hauptaltar ist das eine Prunkstück der Kirche; das andere ist eine »Kreuzigung« von JOSÉ DE MORA.

Von hier aus kann man entweder in südlicher oder westlicher Richtung in die Stadt zur Plaza Nueva oder zur Gran Vía de Colón hinuntersteigen. In der einen der gewundenen Straßen hügelabwärts streift man die verlassene Kirche San Gregorio Bético und kreuzt die Calderería Vieja, wo die Kesselmacher ihre Werkstätten hatten.

Andalusien auf einen Blick

Karten und Pläne:

Links: Weinüberwachsene Gasse in Jerez.

Reisehinweise von A bis Z

Auskunft (→ *Auto*)

Neben den → Botschaften und Konsulaten halten vor allem die Büros des *Spanischen Frendenverkehrsamtes* kostenlos alle wichtigen Informationen für Sie bereit.

In Deutschland:
4000 Düsseldorf, Graf-Adolf-Straße 81, Tel. 02 11/370467.
6000 Frankfurt/M., Myliusstraße 14, Tel. 069/72 50 33.
8000 München 15, Postfach 15 1940, Tel. 089/5301 58.

In Österreich:
1010 Wien, Rotenturmstraße 27, Tel. 01/53 31 425/5 35 31 91.

In der Schweiz:
8088 Zürich, Seefeldstraße 19, Tel. 01/252 79 30/31.
1207 Genève, 40 Boulevard Helvétique, Tel. 022/35 95 94/5.

In Spanien erhalten Sie in jedem örtlichen Touristenbüro (*Oficina de Información de Turismo*) kostenlose Hotellisten, Stadtpläne, Veranstaltungsprogramme usw. Auskunft erteilen in kleineren Orten auch das Rathaus (*Ayuntamiento*) und die *Patronatos de Turismo* sowie die *Delegaciones Provinciales* in den jeweiligen Provinzhauptstädten Almería, Cádiz, Córdoba, Granada, Huelva, Jaén, Málaga und Sevilla.

Auto (→ *Notruf*)

Wer mit dem eigenen oder einem Mietwagen durch Andalusien reist, kann sich immer an die Zentrale des *Autoclub Turístico Español (ATE)* in Madrid (Calle P. Huidobro s/n, Tel. 91/2 07 11 76) oder an den *Real Automóvil Club de España (RACE)* , der in allen größeren Städten Geschäftsstellen hat (*Zentrale* in Madrid 3, José Abascal 10, Tel. 91/447 32 00; *Pannendienst* von 0-24 Uhr in Madrid, Tel. 91/441 22 22) wenden.
Neben dem internationalen und Ihrem Führerschein benötigen Sie die *grüne Versicherungskarte* für Ihren eigenen Wagen; es empfiehlt sich, einen *Auto-Schutzbrief* zu erwerben und eine *Vollkaskoversicherung* abzuschließen.
Aber bitte beachten Sie: Die Versorgung mit bleifreiem Benzin läßt zu wünschen übrig; Schlaglöcher und Baustellen sind kaum gekennzeichnet, und die Polizei **(Notruf Tel. 091)** kümmert sich in erster Linie nur um Unfälle mit Personenschäden und Verkehrsübertretungen (hohe Bußgelder!), aber kaum um Blechschäden.
Notrufsäulen gibt es an den Autobahnstrecken; die *Guardia Civil de Tráfico* verfügt über einen Patrouillenpannendienst auf Landstraßen und der Autobahn; in Ortschaften ist die *Policía Municipal* zuständig.

Machen Sie sich vor Antritt ihrer Reise mit den spanischen Verkehrsregeln vertraut: vor Kurven wird generell gehupt, und der »schwächere« Verkehrsteilnehmer (Radfahrer, landwirtschaftliche Fahrzeuge, Tiere usw.) hat immer Vorfahrt. Spanische Autofahrer haben die Angewohnheit, selten in den Rückspiegel zu sehen! Achten Sie auf lässige Armzeichen beim Linksabbiegen und lassen Sie nichts im Auto liegen (→ Diebstahl).
Die Höchstgeschwindigkeit beträgt in Ortschaften 60 km/h, auf Landstraßen 90 km/h und auf Autobahnen (hohe Gebüren) 120 km/h. Es besteht generelle Anschnallpflicht.

Badeorte und -strände

An den andalusischen Küsten gibt es zahlreiche Badeorte mit herrlichen Stränden, von denen man aus einen kombinierten Strand/Bildungs-Urlaub (Saison ist von März bis Oktober) gut organisieren kann, um die zahlreichen Sehenswürdigkeiten und kulturellen Stätten, die auf der Rundfahrt im Haupttext beschrieben sind, aufzusuchen. Die nachfolgende Liste ist eine kleine Auswahl, alphabetisch geordnet nach den beiden großen Küstenabschnitten *Costa de la Luz* und *Costa de Sol*:

Costa de la Luz

Die »Küste des Lichts« umfaßt die Atlantikküste zwischen der portugiesischen Grenze bis Tarifa. Sie bietet ausgedehnte Sandstrände und Dünenlandschaften:

Barbate de Franco feiner Sand am über fünfhundert Meter langen Ortsstrand sowie die Playa de los Canos de Meca mit Grotten und Süßwasserquellen.

Cádiz verfügt über drei große Strände: die Playa de la Caleta im Ort und die Playa de Cortadura und Playa de la Reina Victoria etwa zehn Kilometer außerhalb.

Chiclana de la Frontera fünf Kilometer langer feiner Sandstrand Playa de la Barossa.

Chipiona der feine Sand der Playa de Regla ist direkt im Ort.

Conil de la Frontera bietet fast fünfzehn Kilometer feinen Sandstrand mit Dünen (Playa de los Bateles, Playa Roche).

Isla Cristina neben den freien Stränden gibt es zwei mit Serviceeinrichtungen (Playa Isla Canela).

El Puerto de Santa María die Playas de Valdelagrana, La Puntilla, Andalucía und Fuentebravia beim Hafen von Jerez de la Frontera.

El Romido auf einer großen Landzunge ein feiner Sandstrand.

La Antilla feiner Sandstrand.

Mazagón romantischer Strand mit feinem Sand.

Punta del Sebo Strand in den Mündungen des Río Odiel und des Río Tinto.

Punta Umbria Playa auf der westlichen Landzunge in der Mündung des Río Odiel.

Rota die Playa de la Costilla im Ort und die Playa la Almadraba im Vorort Hondo.

Sanlúcar de Barrameda die Playas La Jara, Sanlúcar und Bajo de Guía befinden sich an der Guadalquivirmündung.

Torre de la Higuera die Dünen der kilometerlangen Playa de Matalascans südlich des Ortes.

Costa del Sol

Die »Sonnenküste« umfaßt die andalusische Mittelmeerküste von Tarifa bis Cabo de Gata.

Aquadulce bei der großen Feriensiedlung gibt es nur zwei kleine Kiesstrände.

Algeciras die künstlich aufgeschüttete Playa El Rinconcillo ist zwei Kilometer lang; sechs Kilometer entfernt gibt es noch die Playa de Getares.

Almuñécar die Playa Punta del Mar hat einen Kiesstrand, westlich der Ortschaft gibt es noch die Playas de San Cristóbal und La Herradura.

Benalmádena Costa drei Kilometer langer Küstenstreifen, der zu Torremolinos gehört.

Buenas Noches / Bahía de Casares kilometerlange einsame Strände bei Bahía de Casares.

Calahonda Kiesstrand.

Estepona zwei Kilometer langer Sandstrand.

Fuengirola / Mijas Playa de las Gaviotas und Playa Santa Amalia in der Nähe von Appartementhochhäusern.

Málaga die Stadtstrände sind überlaufen; zwölf Kilometer außerhalb der Stadt gibt es noch die Playa Rincón de la Victoria.

Marbella Badeort der High Society mit überlaufenen Stadtstränden.

Roquesta kilometerlange Sandstrände östlich und westlich des Ortes.

Motril westlich und östlich der Ortschaft Sandstrände.

Nerja die Playa de Calahonda unterhalb des »Balcón de Europa«; westlich die Playa El Salón und die Playa de la Torrecilla; östlich die Playas de Burriana und de Caraveo.

Salobreña beim Ort die Playa de Salobreña.

San Pedro de Alcántara im Zentrum kilometerlanger Strand.

Tarifa auf der Mittelmeerseite felsig, auf der Atlantikseite kilometerlanger Sandstrand.

Torre del Mar sandiger Kiesstrand von drei Kilometer Länge.

Torremolinos Massentourismus; kilometerlange Strände.

Torrenueva zwei Kilometer langer Kiesstrand.

Banken (→ *Geld*; → *Post*)

Die Banken sind an vielen Orten von Montag bis Freitag nur vormittags von 9 bis 14 Uhr geöffnet. Beim *Wechseln* müssen Sie in der Regel Ihren Reisepaß vorzeigen; häufig genügt auch nur der Führerschein. Rechnen Sie immer mit einer langen Warteschlange. Je nach Bank werden auch verschieden hohe Gebühren verlangt; die Gebühren der Filialen ausländischer Banken sind unverhältnismäßig hoch!

Mit der (internationalen) EC-Karte können Sie auch Geld aus dem *Geldautomaten* erhalten. Fragen Sie aber vorher bei Ihrer Hausbank nach, ob das mit Ihrer EC-Karte möglich ist.
Mit einem *Scheck* können Sie bis zu 25.000 Ptas abheben. Schreiben Sie sich Ihre Scheck- sowie Kreditkartennummern vor der Abreise auf.
Bei *Verlust* der Scheckkarte können Sie diese bei der Bereitschaft des »Zentralen Annahmedienstes für Verlustmeldungen von Euroscheckkarten« in Frankfurt/M., Tel. 07 49/69/74 77 00 sperren lassen.

Botschaften und Konsulate

In Deutschland:
5300 Bonn 2, Schloßstraße 4, Tel. 02 28/2 17 094/95;
Konsulate gibt es in Berlin, Bremen, Düsseldorf, Frankfurt/M., Hamburg, Hannover, Mainz, München und Stuttgart.

In Österreich:
1040 Wien, Argentinierstraße 34, Tel. 01/65 57 80.

In der Schweiz:
3006 Bern, Kalcheggweg 24, Tel. 031/44 04 12;
das Konsulat ist in 8006 Zürich, Stampfenbachstraße 85, Tel. 01/3 63 06 44.

Bei *Schwierigkeiten* oder Problemen **in Andalusien** helfen Ihnen die Botschaften in *Madrid* und die Konsulate weiter:
Botschaft der *Bundesrepublik Deutschland*, Calle de Fortuny, Tel. 91/4 19 91 00.
Schweizer Botschaft, Núñez de Balboa, 35, Edificio Goya, Tel. 91/4 31 34 00.
Botschaft der *Republik Österreich*, Paseo de la Castellana, Tel. 91/4 56 53 15.

Konsulate:

Bundesrepublik Deutschland
41011 Sevilla, Av. Ramón de Caranza, 22, Tel. 954/45 78 11;
29016 Málaga, Paseo del Limonar, 26, Villa Ibis, Tel. 952/22 78 66.

Republik Österreich
29639 Benalmádena, Casa INTI, Calle Occidente s/n, Tel. 952/44 12 81.

Schweiz
29005 Málaga, Puerta del Mar, 8, Tel. 952/21 72 66.

Briefmarken (→ *Post*)

In braunbeschilderten Tabakwarenhandlungen (*Tabacos* oder *Tabacalera*) sowie bei den Postbüros (*Estafetas de Correos*) können Sie Briefmarken kaufen; selten an Kiosken oder in den Hotels. Die Gebühr für eine Ansichtskarte: 45 Ptas (bei nur fünf Wörtern 31 Ptas) und ein Brief 50 Ptas.

Diebstahl (→ *Notruf*)

Tragen Sie nach Möglichkeit keine größeren Geldbeträge mit sich herum, und Ihren Schmuck sollten Sie lieber zu Hause lassen. Größere Geldbeträge, Schecks und Ihre Reisedokumente sind in einem Hotelsafe gut aufgehoben; bei vielen Hotels ist der Service gratis. Im Auto sollten Sie nichts,

Flamencodarbietung in Sevilla.

aber auch gar nichts – nicht einmal eine leere Plastiktüte – für längere Zeit liegen lassen! Melden Sie den Diebstahl bei einem Polizeiposten (*Comisaría*), dort liegen auf deutsch vorgedruckte Formulare für Ihre Reiseversicherung, die Sie vor Ihrer Reise abschließen sollten, aus.

Einkauf

Neben den vielfältigen Andenken, die Sie überall erwerben können, bieten Ihnen größere Kaufhäuser (*Corte Inglés, Galerías Preciados*), die durchgehend geöffnet haben, ein reichhaltiges Warenangebot. Hier akzeptiert man auch Schecks, und die Ware wird Ihnen sogar nach Hause geschickt. Achten Sie darauf, daß Ihnen beim Kauf die Mehrwertsteuer (*IVA*) vom Verkaufspreis abgezogen wird; machen Sie den Verkäufer auf jeden Fall darauf aufmerksam, daß Sie Ausländer sind und daß die IVA abzuziehen ist. Bei ausgezeichneten Waren gibt es nichts zu feilschen; auf dem Trödelmarkt können Sie ja Ihr Glück versuchen …

Essen

Das Frühstück (*Desayuno*) nimmt der Spanier gern in einer Bar ein: Milchkaffee (*Café con leche*) und irgendein Gebäck.
Mittagessen (*Comida, Almuerzo*) gibt es ab 14 Uhr;
Abendessen (*Cena*) ab 20 Uhr.

Tip: Gehen Sie nicht zu früh in ein Restaurant; man ist noch nicht vorbereitet …; eine gute Zeit ist um 13.30 oder 20.30 Uhr, dann sind die Kellner noch frisch und sehr zuvorkommend.

Die spanische Küche ist nicht so reichhaltig wie die italienische oder so raffiniert wie die französische. Es ist eher eine ländliche, bodenständige Küche. Es wird viel mit Olivenöl und Knoblauch gekocht. Bei der Wahl eines guten Restaurants berät Sie auch gern das Touristenamt am Ort.
Ein gewöhnliches spanisches Tagesmenü (*Menú del día*) besteht aus drei Gängen: Vorspeise (*Entremeses/Entrada*) – Fruchtsaft, Suppe, Hors d'œuvres, Tortilla usw.), Hauptgericht (*El Primero*) mit Fleisch oder Fisch und Dessert (*Postre*) mit Früchten, Eiskrem, Flan oder Kaffee. Ein Hauswein ist meistens dabei; Käse ist seltener.

Beim Bestellen dürften Sie mit der → Sprache kaum Schwierigkeiten haben; in besseren Lokalen liegt die Speisekarte (*Lista de platos*) häufig in deutsch aus; und in einfacheren Gaststätten können Sie sich ruhig einmal überraschen lassen. (*Trinkgeld:* 5 bis 10%)
Die gesundheitspolizeilichen Vorschriften werden in Spanien streng kontrolliert.

Feste

Irgendwo wird in Andalusien immer ein Fest gefeiert; sei es ein großes, wie die Semana Santa während der Karwoche oder die Feria in Sevilla Ende April, oder ein kleines lokales für einen Dorfheiligen, eine Wallfahrt (*Romería*), einen Stierkampf (*Corrida*) oder ein Flamencofestival. Am besten erkundigen Sie sich im Touristenbüro oder an der Hotelrezeption. Bei großen Festen sind nachmittags fast alle Läden geschlossen.

Gesetzliche Feiertage:

1. Januar Año Nuevo

6. Januar Reyes Magos (Dreikönigstag)

19. März San José

Karfreitag Viernes Santo

1. Mai Día del Trabajo (Tag der Arbeit)

Fronleichnam Corpus Christi

24. Juni San Juan (Johannisfeuer)

29. Juni San Pedro y San Pablo

25. Juli Santiago (Heiliger Jakobus)

Festlicher Umzug in Jerez de la Frontera.

15. August Asunción (Mariae Himmelfahrt)

12. Oktober Día de la Hispanidad (Entdeckung Amerikas)

1. November Todos los Santos (Allerheiligen)

8. Dezember Inmaculada Concepción (Mariae Empfängnis)

25. Dezember Natividad del Señor (Weihnachten)

Kleiner andalusischer Veranstaltungskalender:

1. Januar überall Año Nuevo (Neujahr); lebhafter Straßentrubel während der Sylvesternacht

2. Januar Granada; Gedenktag der Reconquista (1492)

17. Januar an vielen Orten San Antonio, Segnung der Haustiere

5. Februar an vielen Orten Tag der heiligen Águeda

Karwoche an vielen Orten, aber besonders in Sevilla, Córdoba, Granada, Málaga, Jerez und Jaén die Prozessionen der »Semana Santa«

Ende April Sevilla: Ferias de Abril

Anfang Mai Jerez de la Frontera; Pferdemarkt

Mai Cádiz, Fiestas Gaditanas (Umzüge, Stierkämpfe)

1. bis 12. Mai Córdoba; Blumenwettbewerb der Patios; Flamencofestival

Pfingsten El Rocío (Huelva); Wallfahrt

Fronleichnam an vielen Orten, aber besonders in Granada, Cádiz und Sevilla prächtige Prozessionen zu Ehren des »Santísimo Corpus« über Blumenteppichen

Virgen de la Macarena – eine der berühmtesten Figuren, die während der großen Karwochen-Prozession »Semana Santa« durch die Straßen Sevillas getragen wird.

24. bis 29. Juni Sevilla; Volkstänze

Ende Juni/Anfang Juli Granada; internationale Musik- und Tanzfestspiele

16. Juli in allen Hafenstädten; Meeresprozession für die Virgen del Carmen

1. bis 9. August Málaga; Feria mit Stierkämpfen

5. bis 9. September Jerez de la Frontera; Weinlese

8. September an vielen Orten; Wallfahrten

25. bis 27. September Córdoba; Herbstmesse

29. September Albaicín (Granada); Wallfahrt

Geld (→ *Banken*; → *Post*)

Nehmen Sie etwa die Hälfte Ihres Urlaubsbudgets in Schecks, Reiseschecks oder Ihr Postsparbuch mit. Den *Verlust* Ihrer Scheckkarte können Sie beim »Zentralen Annahmedienst für Verlustmeldungen« in Frankfurt/M.,
Tel. 07 49/69/74 77 00 melden.
Planen Sie das *Wechseln* immer frühzeitig, da auf dem Land z. B. die Banken am Nachmittag und am Wochenende geschlossen sind oder eventuell Ihre Schecks nicht akzeptiert werden; wechseln Sie am besten in größeren Städten. Wechseln in Hotels ist etwas teurer als bei der Bank; auch Kaufhäuser wechseln.
Sie können in Spanien selbstverständlich auch mit Ihrer *Kreditkarte* zahlen.
Die *Währungseinheit* ist die spanische Peseta (Pta). Es gibt Banknoten zu 500, 1.000, 2.000, 5.000, 10.000 und 20.000 Ptas sowie Münzen zu 1, 5, 25, 50, 100, 200 und 500 Ptas.
Der schwankende *Wechselkurs* beträgt etwa:
100 Ptas = 1,60 DM; = 12 ÖS; = 1,40 sfr.;
1 DM = 62 Ptas; 1 ÖS = 8 Ptas; 1 sfr = 71 Ptas.

Hotels

Im örtlichen Touristenbüro erhalten Sie eine Hotelliste. Alle Übernachtungsorte werden staatlich kontrolliert. Übernachtungsmöglichkeiten erkennt man an den hellblauen Tafeln mit weißen Buchstaben:
(F) = *Fonda*
(Gasthaus, unterste Qualität)
(P) = *Pensión*
(relativ wenig Komfort)
(HS) = *Hostal Residencia*
(1 bis 4 Sterne; mit etwas weniger Service als in Hotels)
(R) = *Residencia* (gut geeignet für längere Aufenthalte)
(CH) = *Casa de Huéspedes*
(Gästehaus mit Restaurant)
(H) = *Hostal* (Hotels gehobenen Standards mit 1 bis 4 Sternen).
Eine besondere Klasse bilden die *Paradores*, die staatlich geführten Hotels, in denen Sie nicht mehr als in anderen Hotels bezahlen. In den Paradores werden überwiegend einheimische Speisen serviert.
An der Küste kann man in den →Badeorten *Appartements* mieten.

Zuschauer eines Festumzuges in Niebla.

Klima

An der andalusischen Mittelmeerküste weht eine angenehme Brise, die an der Atlantikküste oft zu einem Sturm werden kann.
Kontinentales Klima mit kalten Wintern und extrem heißen sowie trockenen Sommern herrscht im Landesinneren, das auch die »Bratpfanne« Spaniens (Écija, Sevilla) genannt wird. Es ist im Sommer erdrückend heiß: 40 Grad sind keine Seltenheit; in den bewaldeten Gebirgsregionen (Grazalema, Alpujarras, Cazorla) hingegen ist es auch im Sommer angenehm. Ab Oktober bis November setzen heftige Regenfälle ein, und der Winter kann sehr naßkalt sein; viele Hotels sind auch auf solche Witterungsbedingungen nicht eingestellt.

Reisezeit: Am schönsten ist Andalusien im späten Frühling oder im frühen Herbst. Ab Mitte April präsentiert sich das ganze Land in subtilsten Grüntönen: Alles blüht, es ist noch nicht allzu heiß, die Touristenmassen sind noch nicht da, die Ferienorte und Sehenswürdigkeiten sind noch nicht so überlaufen. Die Andalusier feiern in dieser Zeit auch viele ihrer traditionellen → Feste. Es kann zwar ab und an, je nach Region, oft noch bitter kalt werden und stark regnen – doch auch das ist Andalusien.
Im frühen Herbst, nach der Hochsaison, finden die Andalusier wieder langsam zu sich selbst. Der Alltag ist längst nicht mehr so hektisch: Es ist die Zeit des Schulbeginns, der Ernte, und es ist vor allem Konzertsaison.

Notruf (→ *Auto*)

An der Autobahn gibt es Notrufsäulen; die *Guardia Civil de Tráfico* unterhält einen Patrouillenpannendienst auf der Autobahn und auf Landstraßen; im Ort ist die *Policia Municipal* zuständig.

Polizei und *Ambulanz*: **Tel. 091.**

Pannenhilfe (in deutscher Sprache) – Real Automóvil Club de España, Madrid: **Tel. 91/441 22 22.**

ADAC-Notrufzentrale München (von 0 bis 24 Uhr besetzt): von Spanien aus **Tel. 07 49/89/22 22 22** oder **07 49/89/76 76 22 44.**

DRK-Flugdienst Bonn: von Spanien aus **Tel. 07 49/2 28/23 00 23.**

Deutsche Rettungsflugwacht Stuttgart: von Spanien aus **Tel. 07 49/ 7 11/70 10 70.**

Öffnungszeiten (→ *Banken*)

Im heißen Andalusien gehen die Uhren etwas anders als in Mitteleuropa: Das öffentliche Leben beginnt selten vor 9 Uhr; von 13 bis 17 Uhr ist vor allem auf dem Land (außer den Restaurants) alles geschlossen.
Geschäfte sind in der Regel von Montag bis Samstag von 9 bis 13 Uhr und von 16 bis 20 Uhr geöffnet; in Badeorten oder auf dem Land eventuell auch am Sonntag. Die Mittagszeit auf dem Land: bis 17 Uhr!

Post (→ *Briefmarken*; → *Telefon*)

Haben Sie viel Geduld, wenn Sie zum Postamt gehen; die spanische Post ist nicht die modernste. Wa-

Droschkenkutscher in Córdoba.

ren, die Sie nach Hause schicken wollen, sollten Sie am besten vom Geschäft aus versenden lassen (→ Einkaufen), denn Sie selbst müßten sich auf der Hauptpost (*Correos*) erst nach dem richtigen Schalter durchfragen und dann noch sehr lange Wartezeiten in Kauf nehmen.
Neben der Hauptpost gibt es die stets überfüllten Zweigpoststellen (*Estafetas de Correos*), die Ihnen nicht unbedingt immer weiterhelfen können.
Guthaben von *Postsparkassenbüchern* können bei der *Caja Postal de Ahorros* täglich bis zu DM 1000,— (ca. 66.000 Ptas; aber max. DM 2.000,— monatlich) und vom *Postscheckkonto* bis zu 25.000 Ptas täglich abgehoben werden. Bei der Auszahlung muß der Personalausweis bzw. Reisepaß vorgelegt werden. Geldtransfers sollten Sie aber besser über eine → Bank abwickeln.

Sprache

Ein einfacher Sprachführer und wenige spanische Sätze werden Ihnen weiterhelfen. Andalusier sprechen im allgemeinen sehr schnell und haben die Tendenz, Buchstaben (z. B. Endungs-s) nicht auszusprechen und andere zu verwechseln (z. B. r/l).

Taxi (→ *Verkehrsmittel*)

Taxis sind sehr günstig!, auch wenn die Taxis vor den Hotels und am Flughafen etwas höhere Tarife haben. Der Grundtarif beträgt ca. 150 Ptas; der Kilometer kostet etwa 40 Ptas.

Telefon (→ *Notruf*)

Von Deutschland, Österreich und der Schweiz **nach Spanien**: Vorwahl 00 34 und die Regionalnummer ohne 9: die andalusischen Regionen (es gibt keine Stadtvorwahl) haben folgende Vorwahlennummern: Almería (9) 51; Cádiz (9) 56; Córdoba (9) 57; Granada (9) 58; Huelva (9) 55; Jaén (9) 53; Málaga (9) 52; Sevilla (9) 54.

Wenn Sie **in Spanien** telefonieren, warten Sie immer erst den Summton ab, dann wählen. Spartarif: 22 bis 8 Uhr; von jedem Münztelefon (Bedienungsanleitung beachten: 3 x 5 oder 1 x 25 Ptas bei Stadt- und bei Ferngesprächen 25er oder 100 Ptas-Münzen). Telefonkarten (*Tarjeta Prepago*) erhalten Sie bei der Post und in Tabakläden. Bei Provinzüberschreitung die obige Regionalnummer mit der 9. Es sind noch nicht alle Ortsnetze an das Selbstwählverfahren angeschlossen (Handvermittlung).

Auskunft: 003; Auslands-Auskunft 008; Weckdienst 096; Zeitangabe 093; die Nummer der Telegrammannahme ist in jedem Ort verschieden (örtl. Telefonbuch !).

Von Spanien *nach Deutschland*: 07/49 (alte Bundesländer) und 07/37 (neue Bundesländer) – Ortsnummer ohne Null
nach Österreich: 07/43 – Ortsnummer ohne Null
in die Schweiz: 07/41 – Ortsnummer ohne Null

Spartarif: 22 bis 8 Uhr; von jedem Münz- oder Kartentelefon aus können Sie ins Ausland telefonieren; in größeren Ortschaften gibt es Telefonzentralen (*Telefónicas*). Wenn Sie vom Hotel aus telefonieren, bezahlen Sie immer einen Aufschlag.

Verkehrsmittel (→ *Taxis*)

Billiger als das Taxi ist der Bus; in den Touristenbüros erhalten Sie Fahrpläne, vor allem über die Fernbusverbindungen; jede größere Stadt hat einen Busbahnhof (*Estación de Autobuses*). Das Streckennetz der Spanischen Eisenbahn *(RENFE)* ist auch in Andalusien gut ausgebaut. Flughäfen gibt es bei Jerez de la Frontera, Málaga und Sevilla.

Zoll (→ *Geld*)

Es gelten die üblichen EG-Bestimmungen; den aktuellen Stand erhalten Sie bei Ihrer Bank, beim Fremdenverkehrsamt oder beim Konsulat.
Bei der *Einreise* dürfen zollfrei nur Gegenstände des täglichen Bedarfs und Reiseproviant in kleineren Mengen eingeführt werden. Für Videogeräte, tragbare Radios und Fernseher kann der Gegenwert als Zollgarantie verlangt werden.
Bei der *Ausreise* müssen die bei der Einreise mitgeführten Gegenstände wieder ausgeführt werden.
Zollfrei sind: 1 kg Kaffee, 400 g Pulverkaffee, 200 g Tee, 300 Zigaretten oder 75 Zigarren oder 400 g Tabak, 5 Liter Wein, 1,5 Liter Spirituosen.

Glossar

Historische, kunstgeschichtliche und kulturelle spanische Fachausdrücke

Sterne * verweisen auf den arabischen Ursprung eines Begriffes.

*Abbasiden** Kalifengeschlecht aus Bagdad, 750 bis 1258

*Ajaraca** Schlingenverzierung → Sebka, Lazo

*Ajimez** Zwillingsfenster mit eingestellter Mittelsäule

*Alberca** Zierteich, Wasserbecken eines Patio

*Alcalde** Bürgermeister

*Alcarraza** Tonkrug zum Kühlhalten des Wassers

*Alcazaba** Maurische Zitadelle, → Alcázar

*Alcázar** Maurische Burg- oder Schloßanlage, später auch allgemein für Residenzen christlicher Herrscher gebraucht

*Alfarje** Holzdecke mit Flechtwerk in Form von Intarsia, Marketerie oder Kassetten; heute oft auch als → Artesonado bezeichnet

*Alfiz** Rechteckiger Rahmen oder auch Rahmennische um Fenster, Portale, Arkadenbogen u. ä.

*Alhóndiga** Getreidehalle, öffentlicher Kornspeicher

*Alicatado** Fayencemosaik

*Aljibe** Zisterne

*Alminar** Minarett

*Almocárabes** Stalaktitdekor, meist in Nischenwölbungen, Trompen oder Kuppeln

*Almohaden** 1121 gegründete und gegen die dogmatische Haltung der Almoraviden gerichtete Berbersekte unter Führung der gleichnamigen Dynastie, die von 1147 bis 1245 das islamische Spanien beherrschte und auch auf dessen Stilentwicklung großen Einfluß nahm

*Almohadillo** Waffelförmiger, tief reliefierter Stuckdekor (Waffelmuster)

*Almoraviden** Streng dogmatische, puritanische Sekte des Islam unter Führung der gleichnamigen Dynastie, die 1091 bis 1144 auch das maurische Spanien beherrschte

Apside, Apsis Chorabschluß, Altarraum

Arianer Anhänger der Glaubenslehre des Arius', nach der Christus nicht Gott, sondern das erste von Gott aus dem Nichts geschaffene Geschöpf sei. 589 von den Westgoten aufgegeben.

Artesonado Urspr. Bezeichnung für trogförmige, reich ornamentierte Holzdecke (artesa: Trog); heute häufig auch für ähnlich dekorierte, aber nicht trogförmige Decken, eigentlich → Alfarje, gebraucht

*Atalaya** Wachtturm

*Ataurique** Stuckiertes Rankenwerk

Ayuntamiento Rathaus

*Azulejo** Meist quadratische, glasierte, urspr. überwiegend blaue, später dann auch anders- und mehrfarbige Keramikplatte (Fliese) für Wandverkleidungen u. ä. In der sog. »Cuerda seca«-Technik erscheinen die einzelnen Farben durch dunkle Linien, sog. »Tote Ränder« getrennt, beim »Cuenca«-Typ durch Reliefpressung. Die Ableitung des Namens aus dem Arabischen früher von azul = blau erklärt, heute von al zulaich = Kleiner Stein.

Barbakane vorgelagerter Verteidigungsbau
Belén (= Bethlehem) Weihnachtskrippe
Brasero Flache Tonschale auf Beinen, Kohlenbecken

Keramikwand im Alcázar von Sevilla.

Cabecera Chorraum
Calle Straße; in übertragenem Sinn auch die senkrechte Bahn eines gefelderten Altarretabels, der dazwischenliegende Streifen heißt »Entrecalle«
Camarín Altarkapelle hinter oder über dem Hochaltar, meist vom Langhaus aus sichtbar
Campanario Freistehender Glockenturm
Cancela Gitter vor Haustüren und Patios
Capilla Kapelle
Capilla Mayor Hochaltarraum
Cartuja Kartause
Casa Haus, auch Palast; Casa Consistorial: Rathaus, Casa Señorial oder Casa Solariega: altes Adelshaus
Castillo Schloß
Castizo kaum eindeutschbares Wort im Sinne von »echter, altspanischer Art«
Celosía Fenstergitter aus Holz, Stein oder Stuck
Churrigueresco, churrigueresk, -er Stil, spätbarocke Stilrichtung Spaniens mit besonders üppigem Dekor, benannt nach dem Architekten José Benito Churriguera (1665-1725)
Cimborio Vierungskuppel
Ciudad Stadt; bei größeren Städten meist einschränkend für Altstadt gebraucht
Claustro Kreuzgang
Cofradía Bruderschaft, religiöse, nichtklösterliche Vereinigung
Convento Kloster
Converso Zum Christentum konvertierter Jude, auch Marrano
Coro Typische Choranlage Spaniens; meist aus dem Hauptschiff, unmittelbar vor der Vierung durch Mauer- oder Holz-

schranken ausgeschiedener Raum, der gewissermaßen als Kirche in der Kirche erscheint; wegen Beeinträchtigung der Raumwirkung und der heute als störend empfundenen Trennung von Klerus und Gemeinde im Zuge der jüngsten Liturgiereform manchmal entfernt

Cortijo Gutshof, Gehöft

Coto Revier

Crucero Querschiff

Cuenca, Cuenca-Fliese → Azulejo

Cuerda seca → Azulejo

Cueva Höhle

Custodia Sakramentshäuschen, Monstranz

Embalse Stausee

Enjuta Zwickel

Enlacería Dekor mit spitzenartigem Muster

Ermita Einsiedelei

Fayence Tonware mit weißer Zinnglasur, in Italien Majolika genannt

Feria Jahrmarkt, Messe

Flamboyant Stilrichtung der Spätgotik, flammen- oder fischblasenförmige Ornamentik

Fray Abkürzung von »Fraile« – Ordensbruder

Fuente Brunnen, Quelle

*Ḥammām** Türkisches Bad

*Harén** Privat- und Frauengemächer

Hidalgo Angehöriger eines adeligen Hauses, entstanden aus der Abkürzung für »Hijo de algo« – »Sohn von etwas«

Hormigón Mauerwerk unter Verwendung von Mörtel und kleinen Steinen; ausgezeichnet durch große Härte

Wandfayence von 1791 in Granada.

Huerta Ackerbaugebiet, Plantage, Gemüsegarten

Iglesia Kirche

Imaginería Heiligenbildschnitzerei

Inquisition Kirchliche Gerichtsinstitution basierend auf geheimen Verfahren gegen alle Andersdenkenden. 1183 ins Leben gerufen. In Spanien 1834 abgeschafft

Isabelino, Arte Isabellinischer Stil. Spanischer spätgotischer Dekorationsstil, benannt nach Königin Isabel der Katholischen (1451–1504)

Katholische Könige → Reyes Católicos

Konquistador Eroberer

*Kufisch** Eckige Monumentalform der arab. Schrift bis ins 12. Jh.

Lazo Reliefiertes oder intarsiertes Bandwerkmuster an Dekken, Kuppeln, Wänden oder Türen, dessen nach Art eines Labyrinths scheinbar unendlich verlaufende, verflochtene und sich kreuzende Bänder meist einen großen Stern formen, an den sich kleinere Sterne fügen. Je nach Anzahl der Strahlen des Mittelsterns spricht man beispielsweise von »Lazo de diez« oder »Lazo de doce« bei einem zehn- bzw. zwölfzackigen Stern
Lisene senkrechter Wandstreifen
Lonja Börse, Börsengebäude; auch Vorhof und Loggia

Manta (Woll)decke
*Maqṣūra** Vergitterte Fürstenloge, meist neben dem → Miḥrāb
Marisma Sumpf, Moor
*Māristān** Irrenhaus
Marrano Zum Christentum bekehrter Jude
Media naranja Kuppel mit schmalen konkaven Sektoren (wörtlich: Halborange)
*Medrese** Islamische Theologenschule, in der Frühzeit stets der Moschee angegliedert
*Meriniden** Marokkanische Vertreiber der Almohaden, 13. bis 15. Jh.
Mesta Schafzüchtervereinigung, die von 1273 bis 1836 königliche Privilegien genossen
Mexuar Allgemein zugänglicher Raum, Gerichtssaal eines Palastes
*Mezquita** Moschee; im besonderen für die Große Moschee von Córdoba gebraucht
*Miḥrāb** Nach Mekka ausgerichtete Gebetsnische in Moscheen
*Minbar** Erhöhter kanzelartiger Predigtplatz in Moscheen
Mirador Erker, Turm, Aussichtspunkt
Mocárabes → Almocárabes
Monasterio Kloster
Morisco Moriske, nach der Reconquista zum Christentum übergetretener Maure
Moro Maure
*Mozárabe** Mozaraber, unter maurischer Herrschaft lebender Christ
Mozarabisch Vulgärlatein der Spanier, Altspanisch
Mozarabischer Stil Von Christen unter maurischem Einfluß geprägter Stil vom Anfang des 9. bis zum frühen 11. Jh. in Spanien, der vom Geist her christliche Kunstauffassungen mit maurischen Ausdrucksformen verbindet
*Mudéjar** Unter christlicher Herrschaft lebender Muselman
Mudéjarstil Weiterleben maurischen Motiv- und Formenguts in der christlichen profanen und sakralen Kunst; je nach dem Voranschreiten der Reconquista ergeben sich maurisch-romanische, gotische und Mauro-Renaissance-Mischstile
*Muladí** zum Islam bekehrter Christ
*Muquarna** Stalaktite
*Mushrabija** Ornamentiertes hölzernes Fenstergitter
Musivarbeit Einlegearbeit, Marketerie

Narthex Vorhalle
*Nas·chi, Neschi, Naskhi** Islamische Kursivschrift mit betonten Rundungen, die im 11. Jh. ent-

wickelt wurde und das eckige Kufi allmählich ablöste

*Nasriden** Granadinisches Herrschergeschlecht (1230-1492)

*Nazarí** *Arte Nazarí, Nasridenkunst* Maurische Stilrichtung, unter den Nasridenherrschern in Granada im 13. Jh. entwickelt und bis zum Untergang des maurischen Königreichs von Granada in Blüte

*Noria** Großes Wasserschöpfrad für künstliche Bewässerungsanlagen

Olambrilla Kleine ornamentierte Fliese

*Omaijaden** Kalifengeschlecht aus Damaskus (661-750)

Innenhof (Patio) eines Altstadthauses in Córdoba.

Paneel vertieftes Feld eines Holzgefäßes

Pantano Stausee

Parador Staatliches Hotel

Parroquia Pfarrkirche, Pfarrei

Pasadizo Enger Gang

Paso Figuren und Figurengruppen, die bei religiösen Umzügen, vor allem bei der Karfreitagsprozession, mitgetragen werden

Patio Innenhof

Pendentiv Zwickel

Peña, Peñón Fels

Pilar Pfeiler, Säule, Wegstein; Brunnenfigur, Brunnen

Plateresco, Platereskstil Wörtlich: Silberschmiedeartiger Stil (von span. Platero – Silberschmied); spanischer Architekturstil des 16. Jh. mit verschwenderischer Anwendung maurischer, gotischer und Renaissance-Ornamentik

Plaza Platz, Plaza Mayor = Hauptplatz, von Laubengängen umgebener Marktplatz

Predella Sockel eines Altaraufsatzes

Presa Staudamm

Presbiterio Raum für die Geistlichkeit vor dem Hochaltar

Puerta Eingang, Tür, Tor, Stadttor

*Qamarija** Farbfenster

*Qibla** Richtung, in die sich der Mohammedaner wendet, in der Moschee durch die Lage des → Miḥrāb angezeigt

Racimo Von Zierdecken hängender Dekor, urspr. in Traubenform, dann auch Büschel, gemusterte Holzkegel u. a.

Reconquista Rückeroberung der von den Mauren seit 711 besetzten Gebieten der iberi-

Der Coro (Holzchor), Schranke zwischen Klerus und Gemeinde – eine »Kirche in der Kirche« – in der Kathedrale von Sevilla.

schen Halbinsel durch die Christen in langsamem Vordringen von Norden nach Süden: Barcelona 801 eingenommen, León 856, Toledo 1085, Zaragoza 1118, Córdoba 1236, Sevilla 1248 und als letztes Granada 1492

Reja Trenngitter, vor allem in Kirchenchor und -kapellen

Retablo Retabel, auf oder hinter der Mensa stehender Altaraufbau, auch Altarbild

Retablo Mayor Hochaltar mit in Spanien zumeist hochaufragenden, reich figural und ornamental gestalteten Rückwänden

Reyes Católicos Wörtlich: Katholische Könige (= allgemeine, gemeinsame Könige); in der spanischen Geschichte jedoch einschränkend für die mit diesem Titel ausgezeichneten Herrscher Isabel von Kastilien (1451-1504) und Ferdinand von Aragón (1452-1516) gebraucht, die mit ihrer Heirat 1469 die politische Einheit Spaniens schufen und durch die Einnahme Granadas 1492 endgültig das Land vom Islam befreiten

Risalit Gebäudevorsprung

Rollo Säule oder Pfeiler mit Stadtwappen zur Kennzeichnung der Grenzen einer bestimmten Gerichtsbarkeit

Rosetón Fensterrose

Saeta Flamencogattung, Spontanes Klage- oder Loblied bei Prozessionen

Sagrario Urspr. Sakramentshäuschen, dann auch eigener Altar zur Aufnahme des Allerheiligsten, Kapelle für diesen Altar und schließlich sogar eigene, von der Kathedrale unabhängige Pfarrkirche, in der die Sakramente gespendet werden

Santiago Sankt Jakob, Schutzheiliger Spaniens, oft auch als »Sankt Jakob der Maurentöter« oder »Sankt Jakob mit dem Schwert« bezeichnet und dargestellt

*Sebka** Rautenmuster an Bauten des maurischen oder Mudéjarstils

Sefardí, Sefardita Spanischer Jude

Sellia Stuhlreihe

Semana Santa Karwoche

Sierra Gebirge, Gebirgszug

Sillería Chorgestühl

Soga y tizón Wörtlich: Seil und Glut; Maurischer Mauerverband, der ungefähr dem Blockverband mit abwechselnden Läufer- und Binderschichten des Ziegelbaus entspricht, aber aus Sandsteinen besteht

Soportal Von Holzstützen oder Steinpfeilern getragene Erdgeschoßarkaden in der Randbebauung einer Plaza Mayor oder längs einer Calle Mayor spanischer Städte und Dörfer

*Taifa** Bezeichnung für jene maurischen Zwergkönigreiche, die nach dem Ende des Kalifats von Córdoba 1031 entstanden

Tapa »Appetithäppchen«, beliebt als kleinere oder vor größeren spanischen Mahlzeiten

Tapia Mauer, Lehmrand; Maurische Mauertechnik, entspricht etwa dem sog. »Pisé-à-terre« (Stampfmauerwerk)

Tartesser Frühiberisches Volk im Mündungsgebiet des Guadalquivir (6. vorchr. Jh., Atlantis?); archäologisch bisher nicht nachgewiesen

Tinaja Wasserkrug

Toldo Schattenspendende Tuchsegel über Straßen und Plätzen

Trascoro Meist architektonisch gestaltete oder plastisch dekorierte Außenwand des → Coro

Trassagrario Chorumgang zwischen Hochaltar und Chorschluß

Triptychon dreiteiliger Flügelaltar

Vega Fruchtbare Ebene

Verja Gitter

Virgen Wörtlich: Jungfrau; meist gebraucht als Kurzform für die Jungfrau Maria bzw. bestimmte, oft mit Attributen bezeichnete Madonnenstatuen, z. B. Virgen del buen Retiro – Maria von der guten Zuflucht

Volut Schmuckspirale

Yesería Stuckwerk in Stalaktitform

*Zaguán** Diele

*Ziriden** Gründerdynastie, die das Taifareich Granada im 11. Jh. vom Kalifat Córdoba unabhängig machte. Starben 1148 aus

*Zoco** Markt

Detail des kunstvollen Chorgestühls in der Kathedrale von Córdoba.

Spanien allgemein

Goytisolo, Juan: *Spanien und die Spanier*. Frankfurt/M. 1982.

Haensch, Günther u. Hartig, Paul (Hg.): *Spanien. Handbücher der Auslandskunde*. 3 Bände (1. Staat und Gesellschaft; 2. Sprache und Literatur; 3. Bildung und Kunst). Frankfurt/M. 1975.

Hinterhäuser, Hans (Hg.): *Spanien und Europa. Stimmen zu ihrem Verhältnis von der Aufklärung bis zur Gegenwart*. München 1979.

Madariaga, Salvador: *Spanien. Land, Volk und Geschichte*. München 1983.

Schmitz, Helge: *Spanien*. Darmstadt o.J.

Vicens Vives, Jaime: *Geschichte Spaniens*. Stuttgart 1969.

Mauren

Burckhardt, Titus: *Die maurische Kultur in Spanien*. München 1980.

Crespi, Gabriele: *Die Araber in Europa*. Stuttgart 1983.

Grabar, Oleg: *Die Alhambra*. Köln 1989.

Haarmann, Ulrich (Hg.): *Geschichte der arabischen Welt*. München 1987.

Renz, Alfred: *Geschichte und Stätten des Islam von Spanien bis Indien*. München 1977.

Schreiber, Hermann: *Halbmond über Granada*. Bergisch-Gladbach 1981.

Wördemann, Franz: *Die Beute gehört Allah*. München 1986.

Flamenco

Schreiner, Claus (Hg.): *Flamenco gitano-andaluz*. Frankfurt/M. ^{3}1988.

Vollhardt, Anja: *Flamenco. Kunst zwischen gestern und morgen*. Weingarten 1988.

Stierkampf

Collins, Larry u. Lapierre, Dominique: *... oder du wirst Trauer tragen*. München 1988.

Imhasly, Pierre: *Corrida. Der spanische Stier und sein Fest.*

Flora und Fauna

Polunin, Oleg u. Smythies, B. E.: *Guía de campo de las flores de España, Portugal y Sudoeste de Francia*. Barcelona 1981 (auch engl.).

Polunin, Oleg u. Huxley: *Blumen am Mittelmeer*. München 1981.

Belletristik

Beaumarchais, Pierre de: *Die Figaro-Trilogie*. Frankfurt/M. 1976.

Cervantes, Miguel de: *Die Novellen*. Frankfurt/M. 1987.

García Lorca, Federico: *Bilder und Texte*. Frankfurt/M. 1986.

Goytisolo, Juan: *Johann ohne Land*. Frankfurt/M. 1988.

Goytisolo, Juan: *Sommer in Torremolinos*. Reinbek 1963.

Heise, Hans-Juergen: *Bilder und Klänge aus al-Andalus: Höhe-*

punkte spanischer Literatur und Kunst. Köln 1986.
Le Porrier, Herbert: *Der Arzt aus Córdoba (Maimonides).* Wien 1977.
Marañón Posadillo, Gregorio: *Don Juan. Legende und Wirklichkeit.* Darmstadt 1954.
Mérimée, Prosper: *Carmen.* Zürich 1984.
Ortega y Gasset, José: *Stern und Unstern über Spanien.* Stgt. 1952.
Schoeck, Georg: *Seneca für Manager. Sentenzen.* Zürich 1985.
Siebenmann, Gustav u. López, J.M.: *Spanische Lyrik des 20. Jahrhunderts.* Spanisch/Deutsch. Stuttgart 1985.
Tirso de Molina: *Don Juan.* Stuttgart 1983.

Detail an der Puerta San Miguel der Moschee von Córdoba.

Personenregister

Namen mit vorangestelltem Artikel (arab. al-, an- und as-, span. El, La, Los, Las) sowie der Präposition de und van müssen unter dem Anfangsbuchstaben des Grundwortes gesucht werden.

Orts- und Sachregister

Namen mit vorangestelltem Artikel (span. El, La, Los, Las) müssen unter dem Anfangsbuchstaben des Grundwortes gesucht werden.
Halbfette Seitenzahlen verweisen auf Kapitel, *kursive* Seitenzahlen auf Bildlegenden.

Abbildungsnachweis

Klaus Brenning, München/Berlin: Umschlag-Rücken; Farbtafeln 4, 20; Seite 136, 312, 313. Werner Neumeister, München: Farbtafeln 1, 2, 21; Seite 30, 35, 43, 60, 93, 123, 133, 220, 227, 253, 259, 271, 275, 306, 317, 320, 321, 323, 324, 325, 327. Michael Pasdzior, Hamburg: Umschlag-Vorderseite; Seite 129, 177. Gregor M. Schmid, Gilching: Farbtafel 5; Seite 138. Hubert Stadler, Buchenau: Seite 279. Thomas Stankiewicz, München: Seite 191, 315. Thomas Widmann, Regensburg: Farbtafeln 3, 6, 7, 8, 9, 10, 11, 12, 13, 14, 15, 16, 17, 18, 19; Seite 2, 23, 75, 83, 88, 107, 151, 171, 180, 185, 281, 314.

Kartographie: Astrid Fischer, München.

ANDALUSIEN
N
Gruta de las Maravillas
Aracena
Riotinto
Zalamea la Real
Valverde del Camino
R. Tinto
Río Odiel
Ruinas de Itálica
Santiponce
Olivares
La Palma del Condado
Villalba del Alcor
Niebla
Sanlúcar la Mayor
SEVILLA
Carmona
Río Guadal
R. Cor
El Viso del Alcor
Mairena del Alcor
Alcalá de Guadaira
San Juan del Puerto
Pilas
Aznalcazar
Dos Hermanas
HUELVA
Moguer
Palos
Monasterio La Rábida
Almonte
El Rocío
Utrera
Las Marismas
Las Cabezas de San Juan
Coto de Doñana
R. Guadalete
Lebrija
Zahara de los Membrill
Arcos de la Frontera
Graza
Cueva d
Sanlúcar de Barrameda
Chipiona
JEREZ de la Frontera
Rota
Puerto de Sta. María
Medina-Sidonia
CÁDIZ
San Fernando
Alcalá de los Gazules
Santi Petri
La Barrosa
Chiclana de la Frontera
El Conil
Vejer
Zahara de los Atunes
Bolonia
Algecir
Tar
Costa de la Luz
ATLANTISCHER OZEAN
Straße
10 km